KB152635

마지막
인터뷰

Inside Drucker's Brain

한 권으로 읽는 피터 드러커 일생의 통찰

마지막 인터뷰

제프리 크레임스 지음
장진원 옮김

티움

기업의 미래를 꿰뚫어 본 드러커 교수 일생의 통찰을 한 권으로 정리한 책

경영학 그리고 경영 컨설팅 분야를 개척한 피터 드러커를 흠모하며, 그의 지혜와 통찰을 기리는 책을 쓰는 분들이 많다. 그러나 피터 드러커와 대좌하여 그의 육성으로 그의 생각과 철학을 경청할 기회를 가진 분들은 많지 않다. 특히 드러커 교수가 돌아 가시기 전 몇 년간은 그를 접하여 장시간 심도 있는 대화를 나누기가 쉽지 않았을 것이다. 저자가 술회한 것처럼, 수년간에 걸쳐 읽은 경영학 관련 책에서보다, 그가 드러커 교수와 마주하여 보내 6시간여의 대담에서 경영의 진수를 더 많이 파악할 수 있었다고 한다. 비록 연로한 석학과 마주한 대화였지만, 드러커 교수의 통찰과 혜안은 그의 책을 읽고 해석하느라 보낸 시간보다 그와 마주하며 직접 지혜의 숨결을 느끼며 들었을 때 더욱 현실로 다가왔다고 했다. 그리고 그의 통찰과 혜안을 실행practice으로 옮겨 보고 싶은 용기를 갖게 되었다고 한다.

드러커 교수의 지혜에 대한 저자의 탐구심과 열정은 드러커 마니아mania에게 귀감이 될만하다. 드러커 교수의 저서들을 번역본 또는 원서로 열심히 읽고, 나름으로 이해한 것을 책으로 출간하고 있는 드러커리언Druckerian들에게 경종이 아닐 수 없다.

추천서를 쓰고 있는 필자도 2004년 10월말 드러커 교수 댁으로 찾아가 2시간여 대화를 나눈면서 한국에 피터드러커 소사이어티 설립 허가를 받은 경험이 있다. 신체 나이를 속일 수는 없어, 다소 불편해 하면서도 흔쾌히 들려 주었던 드러커 교수의 시대를 꿰뚫는 통찰과 진단은 왜 그가 돌아 가시고 나서도 세계적 석학이나 컨설턴트, CEO들이 그를 기념하고 생전의 대화를 공유하는지 이해할 수 있었다.

이 책의 저자인 제프리 크레임스는 2003년 클래어먼트에 있는 드러커 교수 댁을 방문하여 6시간에 걸쳐 다양한 주제에 관해 인터뷰를 했다. 이 인터뷰와 드러커 교수의 저서들에 대한 광범위한 탐구를 바탕으로 저자는 드러커 교수의 인생과 사고의 저변에 대한 이해를 심화시켜 주는 이 책을 발간하게 되었다. 원래 잭 웰치에 관한 책을 저술한 바 있었던 저자는 역사적 패턴pattern에 입각하여 기업의 미래를 꿰뚫어 본 드러커 교수의 혜안을 이 책에서 정리한 것이다.

저자가 이 책에서 피력했다시피, 드러커 교수는 GE를 약 50년간에 걸쳐 직·간접적으로 도와 세계 굴지의 기업으로 성장시키는데 기여했음에도 불구하고 그의 업적이 세상에 드러나지 않아 안타까

워했다. 저자는 드러커 교수가 겸손을 솔선수범했기 때문이라고 밝혔다.

드러커 교수가 산업혁명 후 기업 경영의 목적과 존재 의미를 일깨운 말은 아직도 경영학 교과서의 정석이 되고 있다. 즉 기업은 고객을 창출하는 것이 목적이며 외부 고객, 공급자 및 기타 외부 이해관계자의 관점에서 기업 내부의 문제를 바라 보는 것이 중요하다는 것이다. 변화무쌍한 지식기반 사회의 도래를 일찍이 예측하였고, 최고경영자들에게 던진 질문은 아직도 잭웰치Jack Welch를 비롯한 세계적 기업의 CEO들에게 정곡을 찌르는 성찰이 되고 있다.

"당신의 사업은 무엇인가?"

드러커 교수는 과거를 탈피하고 미래를 끌어 안으며 살아 왔다. 그 과정에서 그가 발견한 지혜는 계획적 포기, 즉 새로운 것을 구축하기 위해선 익숙한 무언가를 허물어야 한다는 것이다. 드러커 교수는 더 이상 효과가 나지 않는 것을 버리고, 더 이상 중요해지지 않은 것을 포기하는데 주저함이 없었다. 바로 그러한 삶이 그가 남들보다 몇 배에 이르는 성취를 이룰 수 있었던 이유이기도 하다.

이 책은 남다른 사고 모형을 보여 준 피터 드러커 교수의 직관, 지혜, 혜안을 심층적으로 조명해 보려는 시도다. 저자는 1990년대와 2000년대 사례들을 포함하여 드러커 교수의 관점을 해석함으로써 드러커 교수의 지혜에 생동감을 불어 넣었다. 더욱 인상적인 것은 얼마나 많은 경영 관련 저자들과 연구자들이 드러커 교수의 아이디어를 사고의 출발점으로 삼고 있는가를 보여 줌으로써 드러커가 고전이 아니라 후학들이 계승하고 있는 아이디어의 원천임을 보여 주었다. 드러커 교수가 제시한 수많은 아이디어는 오랜 시간이 경과한 이 시대에도 여전히 중요하고, 다양한 경영 문제를 해결하는 데 도움이 되고 있다.

드러커 교수가 어떤 사고를 했고, 어떤 삶을 살았으며, 기업과 사회에 어떤 기여를 했는지 되새겨 보고자 한다면, 이 책이 독자의 올바른 선택이 될 수 있음은 두말할 나위가 없다. 특히 세상이 혼미하고 갈팡질팡하며 방향을 잃고 있을 때, 등대가 될 지혜와 혜안을 찾고자 한다면 바로 이 책에서 그 답을 얻을 수 있다

경희대 교수 겸 피터드러커 소사이어티 공동대표

장영철

차례

Inside
Drucker's
Brain

반세기 전 이미 제4차 정보혁명을 예견한 피터 드러커

나는 GE의 회장을 20년간 역임한 불세출의 경영자 잭 웰치에게 많은 영감을 얻었다. 지금도 『잭 웰치와 4E 리더십』(제프리 크레임스, 2005)과 『잭 웰치, 승자의 조건』(잭 웰치 & 수지 웰치, 2007)을 가까이 두고 가끔 들여다본다. 그 덕분에 웰치에 지대한 영향을 끼친 사람은 피터 드러커였음을 알게 되었다. 그는 '경영 발명자' 또는 '경영학의 아버지'라 불리며, GE의 경영 사관 학교인 크로톤빌연수원을 공동으로 설립했다. 잭 웰치는 1981년 GE 회장에 취임하기 바로 전에 드러커의 자택을 방문하여 경영 자문을 받은 바 있다.

어쨌든 나는 웰치에 관한 책을 통해 피터 드러커를 알게 되었고 곧바로 그의 추종자가 되었다. 하지만 그가 쓴 수많은 책(총 36권)을 어디서부터 읽어야 할지 난감했다. 두껍기도 하고 다소 어렵다는 그의 책을 다 읽는다는 것은 시간에 쫓기는 직장인으로서는 너무 벅찬 일이었다. 그래서 나는 최근 책부터 찾아보다가 드러커의 모든 것을 쉽고 간결하게 정리한 책을 발견했는데 그것이 바로 이 책이다. 저자인 제프리 크레임스Jeffery Krames는 웰치를 15년간 연구했으며 유명한 리더십 전문가이자 베스트셀러 작가로 활동하고 있다. 그는 드러커가 타계하기 2년 전 자택에 찾아가 인터뷰하고 수년 간 조사·연구한 끝에 드러커의 사상과 경영 원리를 집대성했다. 저자는 이 책을 쓰기 위해 드러커의 저서 35권을 한 번 이상 읽었다고 하니, 나의 수고도 덜어준 셈이다.

나는 피터 드러커가 기업은 물론 세상 사람들에게 얼마나 지대한 영향을 끼쳤는지를 이 책을 통해 알게 되었다. 경영의 대가이자 베스트셀러 작가인 톰 피터스Tom Peters는 『초우량 기업의 조건In Search of Excellence』에서 "내 책의 모든 내용은 사실 드러커의 『경영의 실제The Practice of Management』 어딘가에 이미 다 있다. 우리는 드러커의 생각을 베꼈다."라고 고백했다. 이 외에도 『리엔지니어링 기업혁명Reengineering the Corporation』의 마이클 해머Michael Hammer, 『혁신기업의 딜레마The Innovator's Dillema』의 클레이튼 크리스텐슨Clayton Christensen, 부즈 앨런 & 해밀턴 전략리더십센터의 대표인 제임스 오툴James O'Toole 등 수많은 경영 전문가들이 한 목소리로 드러커를 칭송한다.

오죽하면 그들이 드러커의 책을 펼칠 때마다 놀라움과 좌절을 동시에 느낀다고 말했겠는가? 또한 『좋은 기업을 넘어 위대한 기업으로Good to Great』와 『성공하는 기업들의 8가지 습관Built to Last』을 쓴 짐 콜린스Jim Collins는 드러커를 "경영분야의 선구적 창설자이며, 그의 업적은 일개 아이디어가 아닌 경영분야 전체다."라고 칭송했다.

더욱 중요한 것은 GE, GM, IBM, P&G, 인텔, 마이크로소프트 등 수많은 세계적 기업의 경영자들이 드러커의 자문을 받거나 그의 철학을 실천함으로써 세계적 기업을 만들었다는 것이다. 이 책은 그러한 드러커의 수많은 경영 원리 중 핵심을 요약하여 보여주고 있다.

피터 드러커는 경영사상가일 뿐만 아니라 미래 학자로서 세기를 뛰어넘어 오늘의 시대를 예견했다. 지금으로부터 약 60년 전 대량생산 체제의 산업시대가 절정을 향해 달리고 있을 때 그는 일찌감치 '지식근로자'가 미래의 주역이 될 거라고 예고했다. 그는 1990년대 후반 인터넷이 등장할 때 이미 원격 의료와 원격 교육의 시대를 예고했고, 또한 제4차 정보혁명이라는 단어를 처음 썼다. 그의 선견지명이 놀랍다고 하지 않을 수 없다.

특히 그는 미래의 역사가들이 주목하게 될 중요한 현상은 신기술도 인터넷도 아닌 인류가 처한 전례 없는 변화라고 말했다. 따라서 다가올 제4차 산업혁명 시대에 대한 드러커의 안목은 우리에게 나침반이 될 수 있으리라 생각한다. 피터 드러커는 "미래를 예측하는 가장 좋은 방법은 스스로의 손으로 미래를 만들어 내는 것이다."라는 유명한 말을 남겼다.

사실 이 책은 단순히 기업을 위한 경영서만이 아니라, 개인의 성공과 행복에 이르는 방법을 제시하는 자기계발서이기도 하다. 드러커는 "자기계발이란 스킬을 연마하는 것(외적 성장)만이 아니라 더 성숙된 인간이 되는 것(내적 성장)을 의미한다."고 했다. 특히 내적 성장은 인간으로 성숙해가는 과정으로, 인간적 그릇이 커가는 것을 말한다. 신념과 가치, 사람을 대하는 태도, 균형 감각 등이 이에 해당된다. 그는 노동(일)이 삶을 지탱하는 기둥이며, 사람은 이를 통해 두 가지 성장을 이룰 수 있다고 했다. 얼마나 실천적이며 설득력 있는 멘토인가.

그는 학자, 컨설턴트 그리고 작가로서 자신의 가치관을 실천하고 스스로의 강점을 찾아내 발휘하는 삶을 살았다. 드러커는 일평생 경영뿐 아니라 경제, 역사, 국제 관계, 금융, 심지어 일본 그림에 이르기까지 많은 분야에 걸쳐 꾸준히 학습하고 배우는 자세를 보였다.

독자들은 이 책에서 불의에 맞서 행동하는 지성인 드러커를 만나게 될 것이다. 그는 30살에 쓴 반파시즘 책 『경제인의 종말The End of Economic Man』에서 유태인 대학살(홀로코스트)을 예고했으며 그 책은 나치에 의해 불살라졌다. 결국 그는 나치의 협박을 피해 미국으로 망명한다.

드러커는 2005년 11월, 95살의 일기로 타계했지만 그의 영향력은 오히려 계속 증가하고 있다. 미국은 물론 한국과 전 세계에 피터 드러커 소사이어티가 발족되어 그의 사상을 현대적으로 계승 발전시켜나가고 있으며, 캘리포니아 클레어몬트대학원에 있는 '드러커 인스티튜트(Drucker Institute)'가 이를 주도하고 있다. 2009년 중국에서 열린 드러커 탄생 100주년 행사에는 1만 명의 팬이 운집하기도 했다. 이렇게 드러커의 사상과 지식체계는 불멸의 고전 대열에 들어섰다.

내가 이 책을 번역하게 된 것은, 드러커의 안목과 지혜 그리고 그의 인간적 매력을 혼자만 간직하기에는 너무 위대하여, 나누고 싶었기 때문이다. 더욱이 드러커의 핵심 사상과 철학을 알기 쉽게 요약 정리한 책이어서 바쁜 현대인들에게 매우 유익하리라 생각한다.

이 책의 한국어판 출간에 도움을 준 틔움출판 장인형 사장과 편집자 등 관계자, 번역에 도움을 주신 Young Lee선생님, 그리고 많은 시간을 함께 하지 못함을 이해해 준 아내 글라라에게 감사한 마음을 전한다.

2016년 12월

프롤로그 |

드러커를 찾아서

2003년 11월 초: 월요일 아침 드러커에게서 연락이 오리라고는 전혀 예상하지 못했다. 내가 직접 연락을 취한 적은 없었는데 그가 내 전화번호를 어떻게 알았는지 아직도 궁금하다. 그동안 20년 이상 도서 편집자이자 출판인으로서 저명한 저자들과 많은 통화를 해왔지만 이번처럼 드러커가 먼저 전화를 해온 것은 처음이었다.

나는 그가 말하는 것을 최대한 놓치지 않으려고 무척 애썼다. 94번째 생일을 불과 한 달 앞두고 있었던 그는 귀가 밝지 않은 듯 큰 소리로 말했다. 나 역시 전화기에 대고 외치다시피 했는데, 그러다 보니 그는 기분이 좀 상한 듯했다.

그간의 과정: 나는 GE의 전 CEO였던 잭 웰치에 관한 책을 몇 권 쓴 다음, 4년 동안 드러커에 관한 책을 쓰는 것에 대해 진지하게 생각해왔다. 웰치의 훌륭한 수많은 아이디어는 대부분 드러커에게서 유래했기 때문이다. 다른 많은 기업 경영자나 저자들의 아이디어도

드러커에게서 비롯되었기 때문에, 그를 직접 만나보고 싶었다.

드러커가 경영과 사회에 관한 책을 무려 36권이나 썼지만 그를 포괄적으로 기술한 책은 아직 나온 적이 없었다. 나는 전기를 쓸 생각이 없었다. 우선 두 가지 중요한 목표를 가지고 이 책을 쓰고자 했다. 첫째는 드러커의 경영 철학과 전략 중 가장 중요하고도 대표적인 것을 소개하고, 그것이 처음 그가 주장했던 때와 마찬가지로 지금도 얼마나 유용하게 적용되는지를 보여주고 싶었다. 둘째는 과거 20년 동안 출간된 베스트셀러 경영서들 중 얼마나 많은 책이 드러커가 창안한 아이디어에 바탕을 두고 있는지를 보여주고 싶었다.

드러커가 경영에 기여한 것은 방법론을 제시한 것뿐 아니라 사고방식mindset을 바꾼 것이다. 드러커 철학의 핵심은 경영자로 하여금 올바른 질문을 던지도록 하는 것이다. 경영자는 자신이 알고 있다고 생각하는 것 이상을 보고, 과거의 방법에서 눈을 돌려 미래를 볼 수 있어야 한다.

그날 아침 예상치 못한 전화를 받았지만 드러커의 전화가 뜬금없는 것은 아니었다. 나는 처음 드러커가 아니라 그의 출판사로 연락했었다. 드러커가 까다로운 변호사처럼 자신의 글이나 저작물이 함부로 인용되는 것을 철저하게 감시한다고 알려졌기 때문이다. 그래서 그의 기존 출판물에 대한 인용 허가를 얻기가 무척 어렵겠다는 생각이 들었다.

정말로 그런지 확인해보기 위해 나는 어느 한 책에서 발췌문을 골라서 출판사에 허가 요청서를 보냈다. 놀랍게도 해당 서적의 출판사인 트루먼 탤리Truman Talley에서 200달러를 내고 자료를 사용해도 좋다는 동의서를 보내왔다.

생각보다 쉬웠지만 어떤 과정을 거쳐 동의하게 되었는지는 알 수 없었다. 동의서를 받고 며칠이 지난 뒤 이상한 일이 생겼다. 내가 밖에 있는 동안 아내가 장난 전화 같은 것을 받았었다고 했다. 어떤 전화였냐고 묻자, 아내는 상대방이 무슨 말을 하는지 잘 알아들을 수 없어서 전화를 끊었다고 대수롭지 않게 말했다. 이런 일이 몇 번 더 있고 나서 일주일 후 같은 남자에게서 또 전화가 왔는데, 그때서야 나는 그것이 장난 전화가 아니었음을 알아차렸다. 그동안 아내는 어처구니없게도 피터 드러커의 전화를, 그것도 한 번도 아니고 여러 번을 끊어버린 것이다.

우여곡절 끝에 드러커와 통화는 되었지만 그는 내 말을 잘 알아듣지 못하는 것 같았다. 그래서 나는 일을 분명하게 해야겠다는 생각에 편지를 쓰겠다고 말했다.

나는 몇 통의 편지를 보내게 되었는데 첫 번째 편지에서 내가 쓰고자 하는 책에 대해 상세하게 설명했다. 그리고 그가 수십 년 동안 받아들이지 않았던 '경영의 발명자'란 명칭을 사용하겠다고 말했다(그는 애써 거부하지 않았다).

드러커와 나는 두 달여 동안 내가 쓸 책과 그 접근방법에 대해 몇 차례 편지를 교환했다. 11월 중순경 드러커는 내가 그의 책에서 뭐든 인용할 수 있도록 허락해주었고, 곧바로 캘리포니아 주 클레어몬트에 위치한 자신의 집으로 인터뷰를 하러 오라고 했다.

우리는 여러 가지 주제를 광범위하게 다루기로 하고 인터뷰 날짜를 12월 22일과 23일 이틀로 잡았다. 그에게 인터뷰 질문에 대해 미리 알고 싶은지 물었더니 그렇게 하면 좋겠다고 했다. 나는 이 책 주제와 가장 관련이 있을 것으로 생각되는 24개가량의 질문을 다듬느라 일주일을 꼬박 매달렸다.

질문을 보내고 나서 드러커에게 마음에 드는지를 물었더니 간단히 대답할 수 없다고 말했다. 질문은 좋은데 너무 많다면서 6개 정도로 줄여달라고 했다. 나는 당혹스러웠다. 어떻게 5~6개 질문으로 이틀이나 인터뷰를 할 수 있을까?

나중에 알게 되었지만, 드러커가 경영 이외의 어떤 주제를 가지고도 하루 온종일 대화할 수 있는 사람이라는 것을 그때는 알지 못했다.

D-데이: 2003년 12월 22일, 월요일, 오전 5시 40분. 나는 비행기가 활주로에 착륙하는 소리에 잠에서 깼고, 내가 어디 있는지 잠시 잊었다가 정신이 들었다. 캘리포니아 남부에서만 볼 수 있는 구름 한 점 없는 파란 하늘의 겨울 아침이었다. 수천 마일 떨어진 시카고는 내가 떠나올 때 진눈깨비가 날리고 있었다.

나는 재빨리 샤워를 하고, 양복을 입고, 넥타이를 매며, 아이러니하게도 한 인간으로서 드러커에 대해 거의 아는 것이 없다는 것을 깨달았다. 나는 '경영'에 관한 그의 저서 35권을 대부분 한 번 이상 읽었기 때문에 그의 경영 철학, 경영 원칙은 물론 사회에 대한 그의 생각에 대해서도 많이 알고 있었다(드러커는 경영과 사회 관계에 대한 글도 폭넓게 썼다).

그의 두툼한 자서전 『피터 드러커 자서전Adventure of a Bystander』조차도 그가 실제로 누구인가를 거의 보여주지 못했다(자서전의 하이라이트는 에필로그 참고). 나는 녹음기 2개, 자동차 열쇠, 그의 책 몇 권을 들고 렌터카로 향했다. 내가 어떻게 여기까지 오게 되었는가를 돌이켜보니 묘한 생각이 들지 않을 수 없었다.

경영서적 업계에 종사하는 사람들에게 드러커는 경영이라는 학문 분야를 사실상 발굴하고 오랜 기간에 걸쳐 이를 꾸준히 발전시켜 온 독보적인 인물이었다. 그러나 많은 비평가들이 이미 드러커는 경쟁 우위의 시대적 유용성을 상실했다고 생각하고 있었다. 그리고 드러커를 한물간 인물로 생각하는 부류가 엘리트 학자들만 있는 것은 아니었다. 클레어몬트대학원의 피터 드러커 비즈니스 스쿨*의 원장조차 〈비즈니스위크〉의 존 번John Byrne에게 "드러커라는 브랜드는 내리막길을 걷고 있다."라고 말하기도 했다.

드러커는 놀랍게도 그때나 지금이나 자신에 대한 이런 평가와 비

---

* 2003년, '피터 드러커 & 마사토시 이토 경영대학원'으로 개명되었음.

슷한 소문들을 잘 알고 있었다. 내 인터뷰 요청에 동의했을 때 자신이 남길 정신적 유산을 염두에 두지 않았나 하는 생각이 들었다.

나는 드러커에 대한 비판이 전혀 근거가 없다는 것을 알았다. 수백 시간에 걸친 연구 결과, 유명 언론과 엘리트 학자들이 잘못 알고 있었다는 것이 점점 분명해졌다. 드러커의 글은 1980년 이후 붐을 이루면서 나온 수많은 베스트셀러 경영서들의 토대였다.

오늘날 경영서 붐을 촉발한 대표적인 책 『초우량 기업의 조건In Search of Exellence』의 저자 톰 피터스Tom Peters는 다음과 같이 말했다.

"드러커 이전에는 경영이 진정한 학문으로 존재하지 않았다. 드러커는 현대 경영의 창조자이자 발명가다. 1950년대 초에는 통제 불능에 빠진 몹시 복잡한 조직을 관리할 만한 시스템을 누구도 가지고 있지 않았다. 드러커는 우리에게 조직 관리 지침서를 처음으로 제공한 사람이었다."

소문에 의하면, 피터스가 『초우량 기업의 조건』에 쓴 내용은 모두 드러커가 쓴 『경영의 실제The Practice of Management』의 어딘가에서 찾을 수 있다고 한다. 놀라운 사실이다.

경영과 조직 행동 분야의 전문가로 주목 받는 찰스 핸디Charles Handy는 "사실상 모든 것의 출처는 드러커로 거슬러 올라간다."라고 말했고, 또 하나의 독보적 경영서 『좋은 기업을 넘어 위대한 기업으로Good to Great』의 저자 짐 콜린스는 드러커를 '경영분야의 선구적 창설자'라고 부르며 그의 업적을 인정했다. 그는 또한 드러커의 주요 업적은 일개 아이디어가 아니라, 오히려 하나의 분야 전체에 이른다고 했다.

다른 유명한 저자들도 대부분 드러커의 공로를 인정한다. 그중 메가 베스트셀러 『리엔지니어링 기업혁명Reengineering the Corporation』의 저자 마이클 해머는 드러커를 영웅이라고까지 했다. 해머가 또 다른 컨설턴트 겸 저자*에게 "드러커가 초창기에 쓴 책을 펼칠 때면 약간의 전율을 느낀다. 나의 최신 아이디어들을 수십 년 전에 이미 그가 예견했음을 알게 될까 봐 두렵기 때문이다. 그런데 사실 그렇다."라고 말했다.

다른 베스트셀러 경영서들도 드러커가 수십 년 앞서 이미 밝힌 내용을 담고 있다. 마이클 해머와 제임스 챔피James Champy의 『리엔지니어링 기업혁명』에 추가하여 마커스 버킹엄Marcus Buckingham과 도널드 클리프턴Donald Clifton의 『위대한 나의 발견, 강점혁명Now Discover Your Strengths』, 클레이튼 크리스텐슨Clayton Christensen의 『혁신가의 딜레마와 해결책The Innovator's Dilema and The Innovator's solution)』(국내 미발간), 리처드 놀런Richard Nolan과 데이빗 크로슨David Croson의 『창조적 파괴Creative Destruction』, 래리 보시디Larry Bossidy와 램 차란Ram Charan의 『실행에 집중하라Execution』 등을 예로 들 수 있다. 이러

* 그 컨설턴트 겸 저자는 『피터 드러커, 마지막 통찰The Definitive Drucker』을 쓴 엘리자베스 하스 에더샤임Elizabeth Haas Edersheim이다.

한 책과 그 외의 것들에 영향을 미친 드러커의 사상을 이 책에서 상세하게 살펴볼 것이다.

부즈 앨렌 & 해밀턴 전략리더십센터 대표와 동 센터의 학술자문회의 의장을 역임한 바 있고 뛰어난 경영 전문가인 제임스 오툴James O' toole은 "오늘날의 경영에 대한 중요한 개념 중 드러커가 발명했거나 적어도 최초로 언급하지 않은 것을 찾아보기란 매우 어렵다."라고 단언했다. 그리고 "나는 놀라움과 좌절을 동시에 느끼며 이 말을 하고 있다."고 덧붙였다.

마이클 델Michael Dell, 인텔 설립자 앤디 그로브Andy Grove, 마이크로소프트 설립자 빌 게이츠Bill Gates와 같은 최고경영자들도 드러커를 칭송했다(빌게이츠는 누구의 책을 읽었느냐는 질문에 '당연히 드러커'라고 대답했다).

하지만 대부분의 저자들은 번번이 자신의 책에 드러커가 깊숙이 영향을 미친 점을 인식하지 못한 채, 그에게 공을 돌리지 않는 경향이 있다. 드러커는 그런 것에 전혀 신경 쓰지 않는다고 내게 말했다. 나는 그가 수많은 경영서 저자들에게 영감을 주었으며, 그 영감이 그가 원하는 정신적 유산이라고 생각한다. 다시 말해, 그는 자신의 아이디어들이 여러 세대에 걸쳐 참조되고 활용되기를 원했다. 그래서 자신이 바라는 대로 세상이 변하기를 원했다.

드러커가 처음부터 그런 생각을 가졌음이 분명한데도 대부분의 사람들은 여전히 그의 말에 귀를 기울이지 않는다. 그가 새로운 지평을 열었던 『경영의 실제』라는 책의 제목은 정말 적절하다. 이는 경영자에게 경영 방법을 알려준 최초의 책이기 때문이다.

드러커는 "그 책 이전에는 경영에 관해 쓴 책이 아무것도 없었다....(중략) 아무것도 써지지 않았다."라고 말했다. 그래서인지 1990년 이후에 드러커에 대해 쓴 글을 보면 대부분 드러커가 끼친 영향이 일시적 유행에 지나지 않는다는 인상을 강하게 갖게 된다. 예를 들어, 오늘날 경영학 교과서에는 드러커에 대해 단지 한두 개 주석만 있을 뿐이다. 교과서에서는 경영 분야에 기여한 그의 업적을 찾아보기 어렵다.

늘 겸손했던 드러커는 자화자찬과는 거리가 먼 사람이었다. 자기 직업에 대해 물으면 그저 "나는 작가다."라고 간단하게 대답했다. 이 '작가'는 새로운 생각이 떠오르면 그저 책을 썼다. 그런데 특이한 것은 자신이 이전에 쓴 글들은 읽지 않는다는 것이다. 그의 책을 출판한 출판사가 그의 기존 서적의 일부를 재편집했을 때도 그의 관점은 과거가 아닌 미래에 있었다.

과거를 잊으라는 것은 이미 드러커 DNA의 일부가 되어 있었다.

드러커 집으로 가면서 나는 그가 비협조적일 거라고 생각했다. 그 이유는 한때 그가 "젊음을 유지하는 비결은 인터뷰에 응하지 않고 자신의 일에 전념하는 것인데, 내가 그렇게 하고 있다. 미안하지만, 시간을 낼 수 없다."라고 말한 적이 있었기 때문이다.

드러커는 자신의 명확한 서면 허가 없이 자신의 책에서 자료를 뻔뻔하게 도용하는 저자나 출판사를 엄격히 단속했다. 우리가 편지를 주고받던 짧은 기간에도 드러커는 나에게 보낸 글에서 하버드 경영대학원 교수가 허락 없이 자신의 책에서 3개의 단락을 사용한 이후부터 엄격한 감시자 역할을 하게 되었다고 했다.

또한 드러커는 발신자를 그의 '비서'(자신의 실제 비서였음)로 한 우편엽서를 서랍 가득히 넣어놓고 저작권 승인이나 인터뷰를 요청하는 사람이면 누구한테나 그 엽서를 보냈다.

"드러커 씨는 당신의 친절한 관심에 감사드립니다. 그러나 기사 또는 서문을 쓰거나....(중략) 인터뷰 기회를 갖거나 원고를 추천하는 것 등을 허락할 수 없습니다....(중략)" 3년 전 내가 처음 쓴 책을 추천해달라고 요청했을 때도 그 엽서를 받은 적이 있었다.

나는 인터뷰하기로 한 월요일 아침 10시까지 그의 집에 도착하기로 되어 있었다. 그래서 드러커가 팩스로 보내준 지도를 가지고 혹시나 길을 못 찾게 될까 봐 40분의 여유를 두고 출발했다. 그러나 깊이 생각에 잠기는 바람에 분기점을 놓쳐 수 마일을 벗어나게 되었다. 나는 애를 태우며 왔던 길을 돌아서 10시 4분 전 정확한 주소에 차를 세웠다.

나는 잠시 그의 집을 빤히 쳐다보았다. 특별한 인상을 주지 않는 아주 평범한 집으로 조용한 미국 교외에서 쉽게 볼 수 있는 그런 집이었다. 단정하게 잘 관리된 정원에 둘러싸인 집이지만 세월이 흘러 색이 바래보였다. 여기가 정말 그가 사는 집일까? 물론 드러커의 집이었다. 경영사상가는 더 호화스런 집을 사서 옮길 시간이 없었고 그런 의향도 결코 없어 보였다. 집을 바라보면서 아이슈타인 양복에 관한 이야기가 떠올랐다. 아이슈타인은 모두 같은 양복을 갖고 있어 뭘 입을까 고민하느라 시간 낭비를 하지 않았다고 언젠가 읽은 적이 있었다.

나는 녹음기와 책 몇 권 그리고 서류가방을 챙겨 들고 문을 노크했다. 그동안 오늘의 약속을 여러 차례 확인했고 드러커 역시 2일간의 인터뷰를 위해 시간을 꼭 비워두겠다고 약속했다. 나는 그를 만나기 위해 3200킬로미터를 날아왔고 그래서 이곳에 그가 없을 거라고는 감히 생각하지 않았다. 그 생각이 막 바뀌는 순간이었다. 노크를 해도 아무런 반응이 없자, 나는 초인종을 눌렀다. 1분, 2분이 지나고 3분, 4분, 5분이 지나도 아무런 반응이 없었다. 혹시 날짜를 잘못 알고 있었나 생각했지만 그건 아니었다. 수 분이 지난 후(마치 1시간처럼 느껴짐), 내 차로 돌아와 휴대폰을 찾았다. 믿을 수가 없었다. 수개월 동안 오늘을 학수고대해왔고, 세세한 사항까지 준비하고 확인했는데 그는 지금 대체 어디에 있단 말인가?

10여 차례 전화벨이 울린 후 드러커는 마침내 전화를 받고서는 곧 내려가겠다고 말했다. 그는 현관문에서 나를 맞이하며 보청기를 착용하지 않아서 그런 것 같다고 말했다.

드러커는 지난달 94회 생일을 맞이했으며, 그 많은 세월만큼이나 나이가 들어보였다. 그는 여위고 쇠약해보였다. 안경은 내가 상상했던 것보다 두꺼웠고 보청기도 크게 보였다. 하지만 안경 낀 나이든 얼굴 속에 숨어 있는 날카로운 생각을 금방 읽을 수 있었다. 그는 지팡이에 의존해서 거동했으며, 내가 예상했던 것보다 훨씬 천천히 움직였다. 여러 색깔이 섞인 스웨터와 스포츠 재킷을 입고 있었는데, 그날 날씨가 따뜻했는데도 그는 추워보였다. 그와 악수를 했는데, 힘이 없어 보였다. 몇 주 동안 몇 차례 친밀한 편지를 주고받았지만 내가 무단침입자가 된 것처럼 느껴졌다. 그런 기분은 시간이 흐르면서 점차 바뀌었다.

나를 응접실로 안내했고 수영장이 바라보이는 테이블로 데려갔다. 수영장은 오랫동안 사용하지 않은 것처럼 보였다. 커튼이 거의 내려져서 방의 절반 정도에 그림자가 지자, 드러커는 조금 밝게 하기 위해 2개의 램프를 가리켰다. 나는 불을 켠 후 그가 안내한 의자에 앉았고 드러커와 나는 1미터 정도의 거리를 두고 가까이 앉았다. 내가 앉았던 그 자리는 1981년 잭 웰치가 GE의 CEO 취임을 몇 주 앞두고 앉았던 자리라고 그는 나중에 설명했다.

나는 둘 사이에 있는 테이블 위에 녹음기 2개와 책 몇 권을 올려놓았다. 확인해봐야 할 경우를 대비해서 드러커의 책 6권을 가져갔는데, 그는 나중에 내가 요청하지 않았는데도 각각의 책에 사인을 해주었다.

안부를 묻는 정도의 인사를 나누고 우리는 곧바로 본론으로 들어

갔다. 정확히 말하면, 그가 먼저 시작했다. 나는 사전에 합의한 질문지를 얼른 꺼내서 탁자 위에 올려놓았지만, 하루 종일 한 번도 그 질문사항을 다루지 않았다.

그는 자신만의 의제agenda를 가지고 있는 듯 몹시 서둘렀다. 그가 말을 시작할 때 내가 녹음기 쪽으로 손을 뻗자, 그는 녹음을 하지 말라고 말했다. 내가 몇 차례 녹음기에 손을 내밀자 그는 마지못해 허락했다. 지금까지도 드러커가 왜 녹음기를 싫어했는지 그 이유를 알 수 없다. 아마 그의 억양과 관련이 있었을 것이다. 그는 한 학문분야를 점화한 경영사상가라기보다 오히려 독일 물리학자처럼 보였다. 기침을 자주 했고 그 바람에 진행이 늦어졌다.

그를 만나면서 내가 안절부절못할 것 같았는데 그렇지 않았다. 나는 그와 함께하는 시간을 조금도 낭비하지 않으려고 몰두했다. 그는 귀가 잘 들리지 않아 대부분의 질문과 대답을 두 번씩 되풀이해야 했다. "뭐라고?" 하는 말은 드러커가 가장 많이 한 답변이었다. 그래서 그에게 내 말을 이해시키기 위해 신경 쓰느라 농담을 할 시간이 거의 없었다. 하지만 그의 자기 비하적 유머는 종일 계속되었다. 그의 겸손은 진정성이 있었고 매우 인상적이었다.

드러커는 유럽에서 보낸 어린 시절과 나중에 어떻게 '전적으로 우연히' 경영분야에 발을 들여놓았는지를 이야기하는 것으로 시작했다. 그는 자신이 결코 경영을 해본 적이 없다고 말했다.

그는 슬며시 웃으면서 빈정대듯, '나는 세상에서 가장 서툰 경영자'라고 힘주어 말했다. 그가 아무것도 경영해본 적이 없었다고 한 그 마지막 부분이 스스로 웃긴다고 생각했거나 아니면 신경이 쓰이는 듯했다. 그 둘 중에서 어느 쪽인지 구분하기 어려웠다.

그는 자신이 쓴 최초의 경영서로 인해 전통적인 경력과 동떨어진 새로운 길을 가게 된 배경을 말했다. 그 책은 『기업의 개념Concept of Corporation』으로 1946년 출판되었으며 미국 자동차 회사 GM에 대한 광범위한 연구내용을 담고 있었다. 그 책은 미국과 일본에서 바로 베스트셀러가 되었는데, 덕분에 그는 유명세를 타며 경영의 아이콘 같은 인물이 되었다. 하지만 책이 인기 있다고 해서 바로 출세로 이어진 것은 아니었다.

드러커의 친구인 베닝턴 칼리지Bennington College 총장이 드러커에게 "피터, 이 책은 정부에 관한 것도 아니고 경제학도 아닐세. 어디서 직장을 얻을 건가?"라고 말했다고 한다. 드러커는 그 친구가 옳았다고 말했다.

물론 그 후 드러커는 자신의 길을 개척하게 된다. 하버드대학이나 스탠포드대학이 자신의 이력서에 등장하지는 않지만, 그는 후회하지 않았다. 그는 "하버드 경영대학원의 제의를 거절했다. 그곳은 확실히 내가 있을 곳이 아니었다. 나는 스스로 글을 쓰거나 컨설팅을 하고 싶었는데, 당시 하버드 경영대학원에서는 컨설팅을 허용하지 않았기 때문에 나는 그곳의 제의를 받아들일 수 없었다. 나에게 쓸모없는 사례 연구를 요구했기 때문이다."라고 말했다.

드러커와 함께 한 그날 오전을 나는 영원히 잊을 수 없다. 우리는 정오까지 쉬지 않고 대화를 했다. 드러커는 시내에 자주 애용하는 이태리 식당에서 점심 식사를 하자고 말했다. 우리는 집을 나섰고 나는 그를 부축하여 렌터카로 갔다.

내가 넉넉한 차로 렌트한 것은 잘한 일이었다. 그는 시내를 잠시 구경시켜 주었는데 그 가운데에는 클레어몬트대학교에 있는 '피터 드러커 경영대학원'도 있었다.

우리는 음식점에서 한 블록 떨어진 곳에 주차를 해야만 했다. 식당은 학생들로 붐볐고 주차장도 만원이었기 때문이었다. 드러커는 몇 야드 이상 걸을 때마다 내 팔을 잡았다. 그날 나는 사람들이 왜 나이 먹는 것을 싫어하는지 알게 되었다.

우리는 점심시간에도 계속 작업을 했다(적은 양이었는지는 모르지만). 나는 녹음기를 틀어놓았고 그는 파스타를 먹으면서 인터뷰를 계속했다. 그는 자신의 대가족, 특히 중년을 훨씬 넘은 매우 영리한 자식들 이야기를 했다. 그들은 아버지가 생계를 위해 한 일에 대해 전혀 또는 거의 관심이 없다는 사실도 얘기해주었다. 이해할 수는 없었지만, 생각해보면 그들의 아버지는 경영의 발명가이고 자식들은 각자 일에 바빠 그랬을 수도 있었을 것이라 생각했다. 드러커는 자식들이 의사와 같은 전문직 종사자들로서 각자의 길을 걷는 것을 당연하게 받아들이는 것 같았다. 그는 자식들이 아버지 일에 조금이라도 관심을 보였다면 놀랐을 거라고 말했다.

함께 한 점심시간 동안 그가 잠깐 기억을 놓치는 것을 한 차례 보았다. 자신이 주문한 메인 요리를 종업원이 가져왔을 때 다른 음식을 시켰다고 우겼다. 곧바로 자신의 실수임을 인정했는데 그것 말고는 여느 때처럼 명료했다. 내가 하는 모든 질문에 재치 있게 반응하고 과거 일을 예리하게 기억하고 말했다는 사실이 이를 입증했다.

점심 식사를 마치고 나에게 심부름을 시켜도 되느냐고 물었고, 나는 흔쾌히 응낙했다. 그러자 아내에게 크리스마스 선물을 사주고 싶다며 제과점에 데려다 달라고 했다. 부인 도리스Doris와는 70년 동안 결혼 생활을 해오고 있었다. 내가 알기로 그녀는 런던정경대학London School of Economics에서 수학한 성공한 저술가이자 기업가였다. 피터가 제과점에서 초콜릿을 사는 동안 나는 차 안에 기다리면서 문득 오전에 집에서 그녀를 못 봤다는 생각이 들었다("나는 항상 그녀에게 초콜릿을 사준다."고 그는 말했다).

한참을 기다리고 나서야 그가 나왔고(크리스마스를 사흘 앞두고 도시 전체가 초콜릿을 원하는 듯 제과점은 사람들로 가득 차 있었다) 우리는 집으로 돌아가 아까 멈춘 곳에서 다시 이야기를 시작했다.

오전에 자신의 자서전에 관해 많은 이야기를 했으므로, 다른 흥미로운 주제를 깊이 다룰 수 있었다(의제에는 없었지만). 경영서적 편집자이자 출판업자인 내가 이 분야의 베스트셀러 작가 중 한 사람인 드러커와 자리를 함께하는 기회가 언제 또 있을까라는 생각에 출판에 대해 질문했다.

그는 자기 생애에서 무엇보다도 출판에 관한 생각이 틀렸었다고 토로했다. 이 대목에서 다시 한 번 자기 비하적 유머가 있었다. 출판에 대한 그의 예측은 많이 틀렸지만, 출판의 역사에 대해서는 모든 것을 분명히 알고 있었다. 사실 그는 내가 만나본 유명 인사들 중에 어느 누구보다도 광범위한 주제에 대해 많이 알고 있었다.

오후 시간에 그는 출판에 대한 중요한 예를 들려주었다. 먼저 자기 이름을 영어로 번역하면 '인쇄기'라고 설명했다. 그러고 나서 자기 조상에 대해 언급했다. "내 가족은 암스테르담에서 인쇄업을 했는데....(중략) 가장 큰 교회에 납품했으며....(중략) 가장 큰 돈벌이는 코란을 인쇄하는 것이었다. 네덜란드의 동인도회사에 코란을 인쇄해 납품했기 때문이다(1602년에 설립된 이 회사는 세계 최초의 다국적 기업이었다)."

출판에 관한 내용이 사전에 합의한 질문 목록에는 없었지만, 우리가 함께 보낸 시간을 의미 있게 만들어 주었다. 그는 애초에 합의한 6가지 질문과는 상관없이 즉석에서 스스로 가장 흥미롭다고 여기는 화제를 가지고 이야기했다. 그는 자신이 흥미의 대상이라고 생각해본 적이 없었다(어느 한 인터뷰에서 "나는 전혀 흥미로운 사람이 아니다."라고 말했다).* 그러나 인터뷰가 있었던 그날, 드러커는 자신의 인생에 대해 유달리 자세하고 길게 얘기했다.

* 그 인터뷰를 한 사람은 존 번이었다.

잠시 후, 분위기를 주도한 것은 경영사상가 드러커가 아닌 교수 드러커였다. 그는 활자의 역사에 대해서 즐겁게 이야기했다.

최초로 인쇄된 소설인 『돈키호테』가 1605년(전편)에 등장했는데 활자가 발명되어 가능했다고 했다. 그 다음 색채 인쇄에 관한 기술 혁신은 16세기 말에 파리가 아닌 앤트워프에서 일어났다고 말했다. 누군가가 새로운 석판 인쇄 기술과 새로운 인쇄 기술을 결합해서 최초의 삽화 책을 만들었다. 그러나 그 내용은 200년간 변하지 않았다고 재빠르게 덧붙였다. 외관과 디자인은 변했지만, 책의 내용은 17세기 말이 되어서야 변했다.

그러고 나서 그는 수백 년을 건너뛰어 머지않아 출판될 자신의 책에 대해 설명했다. "그 책은 많은 페이지를 여백으로 만들어서 독자가 단순히 읽는 사람이 아닌 사용자가 되게 했다."고 말했다. 드러커는 2005년 타계하기 전에 2권의 책을 추가로 출판했다. 하나(피터 드러커 경영바이블, The Daily Drucker)는 글보다 흰 여백이 더 많고, 또 하나(The Effective Executive in Action, 국내 미발간)는 그의 명작 중 하나를 연습장 형태로 만들었다. 이런 식으로 책을 인쇄한다는 것은 몇 년 전만 해도 상상할 수 없었다. 그러나 출판계는 변했고 드러커도 함께 변했다.

그는 계속해서 온라인 출판online publishing에 대해 길게 설명했다. 온라인 출판이 업계 지형을 어떻게 바꾸고 있는지를 설명했다. 그리고 자신의 친구가 쓰고 있는 의학서적을 다음과 같이 묘사했다.

"이 책은 인터랙티브 컨텐츠(이북, 인터랙티브 씨디, 또는 웹페이지 형태의 컨텐츠 - 역자 주)로 컴퓨터에서 볼 수 있도록 구성되었다....(중략) 처음부터 기획된 것은 아니지만 마치 그랬던 것처럼 재구성되었다. 출판사가 저자에게 '우리는 빈 페이지를 더하고 싶다'라고 말했다고 한다....(중략) 출판사는 독자가 필기할 수 있는 공간을 원했던 것이다."

인터뷰가 4시를 조금 넘겨 마무리에 들어가자, 그날 있었던 유일한 방해꾼이 방으로 갑자기 쳐들어왔다. 그의 부인 도리스였다. 그녀는 남편이 너무 혹사당하고 있는 것이 아닌가 걱정스럽다며 나에게 즉시 떠나라고 했다. 그녀는 시간이 지날수록 드러커의 기침이 잦아지는 것을 들었던 것이다(나는 몇 분마다 괜찮은지 물었지만 그는 괜찮다고 우겼다). 나는 당황스러웠고 나로 인해 건강이 나빠지는 것을 볼 수는 없었다.

겨우 내 물건들을 챙기면서 도리스와 드러커가 나누는 이야기를 들을 수 있었다. 갑자기 나쁜 예감이 들었다. 내가 뭔가를 포기해야 한다는 사실을 바로 알아차렸다.

도리스는 피터가 하루 종일 일을 했기 때문에 내일은 쉬어야 한다고 주장했다. 결국 계획했던 이튿날의 인터뷰는 불가능하게 되었다. 드러커와 스냅사진을 찍으려고 카메라를 들고 갔으나, 도리스는 들으려 하지 않았다. 나는 얼른 드러커에게 감사하다고 말하고는 물건을 챙겨 나왔다. 솔직히 말하자면, 속상한 일이었다. 쉐라톤 공항으로 운전하는 도중 나는 인터뷰 내용을 되새겼다.

내가 가장 중요하다고 생각한 질문에 대해 충분한 답변을 얻지 못한 것은 아닌지 걱정했다. 그러나 내 우려와는 달리 실제 약속한 것보다 훨씬 많은 것을 얻었음을 알게 되었다. 그날 드러커는 노령의 나이에도 불구하고 건강한 모습을 보여주었고 믿지어지지 않을 만큼 많은 이야기를 들려줬다. 그때는 몰랐지만 그 인터뷰는 이후 수년간 내게 깊은 감명을 주었다.

나는 6시간 남짓 되는 녹취 내용을 문자화하는 데 수개월이 걸렸다. 그러나 그의 가르침이 즉각적으로는 와 닿지는 않았다. 그것들이 내 마음속에 스며들 때까지는 몇 달 심지어 몇 년을 기다려야만 했다. 나는 드러커와 그 분야의 기라성 같은 인물들의 책을 수년간 읽으면서 알았던 것보다, 그날 드러커로부터 듣고 배운 것이 훨씬 더 경영의 진수에 가깝다는 사실을 알게 되었다.

지난 20년 동안 나는 수많은 저자들의 경영서적을 출판해왔다. 그러나 하루 동안 드러커 옆에서 직접 배운 내용보다 더 많은 것을 나에게 제공해준 책은 없었다. 그의 강의는 교육, 사회, 정치, 의료 분야로 깊이 파고들었다. 드러커는 궁극적인으로 르네상스적 인간이어서 나중에 그가 타계했을 때 거대한 지식체계가 그와 함께 사라진 것 같았다.

드러커는 과거를 버리고 미래를 준비해야 한다는 정신으로 삶을 살아왔다. 그러는 동안 그는 "짓기 위해서는 부숴야만 한다."라는 중요한 역설을 하게 된다. 그는 허무는 일에 별 어려움이 없었다. 잘 되지 않는 것은 버리고 더 이상 중요하지 않은 것은 뒤로 미루었다. 그렇게 해서 수많은 업적을 남길 수 있었다.

이 책을 쓴 주요 목적은 이 비범한 사상가의 사고 패턴에 대한 새로운 관점을 독자들에게 제공했으면 하는 바람에서다. 동시에 이 시대의 많은 사례를 통해 드러커의 놀랄만한 지식체계의 일부가 실현되기를 바라고, 그의 독창적 사상들이 만들어졌던 당시 만큼이나 오늘날에도 유용하게 쓰였으면 하는 바람에서다.

그날 드러커가 나에게 전해준 것 가운데 진수를 골라서 이 책에 실었다. 즉, 이 책은 경영과 리더십에 대한 드러커의 통찰과 전략을 보여주고 있다. 드러커는 수십만 페이지에 이르는 유례없는 아카이브archive를 축적했다. 이어지는 페이지들은 늘 내일이 우선시되는 드러커의 세상 속으로 들어갈 수 있는 열쇠를 제공할 것이다.

1 Inside Drucker's Brain

기회는 준비된 자의 것이다

"피터, 자네는 학자의 길을 걷지 못하게 되었군."

드러커가 『기업의 개념』(1946)을 출간한 후 그의 친구가 한 말이다.

그날 아침 드러커와 앉아 있으면서, 그의 집 내부도 외부처럼 깔끔하다고 생각했다. 집 안에 있는 책과 일본 그림, 튀지 않는 색깔의 소파와 의자들이 차분하게 정돈되어 있었다. 상패를 모아둔 방은 따로 없었고 장식장에 상패와 트로피를 진열해 놓지도 않았다.

드러커의 작가 경력은 『경제인의 종말The End of Economic Man』(1939) 출간과 함께 거의 65년 전으로 거슬러 올라간다. 그 책은 반파시즘에 관한 것으로 윈스턴 처칠의 관심과 칭찬을 받았다. 그 이후 미국 대통령들(예를 들어, 닉슨)로부터도 찬사를 받았으며, 2002년에는 '대통령 자유메달Presidential Medal of Freedom'(조지 부시 대통령이 시상)을 받았다.

나는 주위에 익숙해지자 눈앞에 닥친 일에 집중해야 한다는 생각이 들었다. 녹음기가 돌아가는 것만으로 충분치 않았고, 적절한 후속 질문으로 드러커를 대화에 끌어들이기 위해 세심한 주의를 기울여야만 했다.

하지만 드러커는 내가 첫 질문을 하기도 전에 마치 20개의 경기 계획을 미리 세워놓고 경기에 임하는 축구 코치와 같았으며, 조금도 지체하지 않고 본론으로 들어갔다.

그는 입을 떼자마자 자신이 기업계에 입문한 것은 뜻밖의 행운이었다고 말했다. 드러커는 자신이 우연히 경영의 세계에 발을 들여놓게 되었다고 말하며 그 과정을 길게 설명했다(그러나 나는 그가 경영 분야를 처음으로 창안한 장본인이라 생각했다). 처음에는 드러커가 나에게 재미삼아 이야기하는 것처럼 보였다(드러커와 같은 커리어는 결코 우연하게 생기지 않는다). 그가 이야기를 거듭할수록 나는 거짓되거나 계산된 겸손은 없다는 것을 알게 되었다. 그가 "우연히 경영의 세계에 발을 디뎠다."라고 말할 때 나는 진심을 느꼈다.

드러커는 자신이 경영자가 되어본 적이 없기 때문에 '기업 내부 관점에서의' 경영을 알지 못한다고 말했다. 그가 경영에 흥미가 없었다는 것은 아니다. 그가 미국으로 건너오기 전에 몇 가지 일자리를 가진 적이 있었는데, 이는 기업 세계의 여러 다른 분야를 섭렵할 수 있는 기회였다. "나는 없어진 지 오래되었지만 주요한 월스트리트 회사의 유럽 본사에서 수습사원으로 일했다....(중략) 그 회사는 독일에 있는 유태계 미국 회사로 19세기에 설립된 큰 규모의 회사였다. 나는 투자 부서의 수습사원이었는데 투자 부서는 미국에서 만들어진 것으로 유럽에는 처음 도입되었다....(중략)"라고 드러커는 말했다. 그러나 시기가 좋지 않았다. 그가 일을 시작하자마자 주식시장은 붕괴되었으며, 결국 투자은행에서 경력을 쌓을 거라는 희망은 접어야만 했다. "나는 주식시장이 무너지기 직전에 입사했다가 제일 먼저 퇴사한 사람이다."라고 아무렇지도 않게 말했다.

그가 해고된 직후, 운 좋게도 한 동료가 현지 신문사 소속의 출판사로 그를 데려갔다. 출판사는 기업과 외국 업무분야의 편집자를 구한다고 드러커에게 말했다. "그리고 한 시간 뒤 관련 경력이 거의 없는 내가 출판사에 채용되었다."라고 회고했다. 또 "나는 함부르크에서 18개월간 수습사원으로 일했는데, 거기서 문자 그대로 에든버러 철자 쓰는 것을 주로 배웠다. 18개월 동안 내가 한 일이라고는 봉투 쓰는 일이 전부였다."라고 말했다.

몇 년 후 함부르크를 떠나 기자로 일하면서 봉투 쓰는 일뿐 아니라 그 이상의 일을 했다. "나는 프랑크푸르트에 있는 몇몇 영국 신문사에서 미국 기업담당 기자로 일했고 그때 꽤 많은 회사들을 알게 되었다." 그런 신문사들 중 하나가 〈파이낸셜타임스〉의 전신이었다. 또한 그는 기자 일을 계속하면서 공공 및 국제법 분야에서 박사학위를 받았다. 그러고 나서 런던에 있는 국제은행에서 경제 분석가로 일했다. 그런데 그게 끝이었다고 했다. "그것이 내 기업 경험의 전부다....(중략) 런던에서 작지만 급성장하고 있던 투자은행에서 경제 분석 및 자산 관리자로 거의 3년을 보냈다....(중략) 그러나 다른 기업 경험은 없었다."라고 했다.

잠시 침묵이 흐른 후(너무 조용해서 테이프가 돌아가는 소리가 선명했다), 나는 그가 더 많은 기업 경험을 했음을 상기시켰다. 내가 "선생님은 경영컨설턴트입니다."라고 덧붙이자 곧바로 그는 "컨설턴트는 리스크를 지지 않는다....(중략) 그러나 그에게 리스크는 의뢰인이 찾아오지 않는다는 것이다. 컨설턴트의 실수로 큰 대가를 치르는 쪽은 의뢰인이다."라며 이야기를 끝내려는 듯했다.

드러커에 찾아온 행운의 기회

드러커는 1937년 미국으로 건너와 버몬트 주에 있는 베닝턴대학의 교양학부에서 정치와 철학 교수로서 경력을 쌓기 시작했다. 하지만 그 과목 중 어느 것도 자신이 원해서 가르치는 것이 아니었다. 그는 신입생들에게 글쓰기 과정을 가르치고 싶었다고 고백했다.

그는 12살 때부터 글을 썼다고 하며 "다국어를 하면서 자랐기 때문에 영어로도 글을 썼다. 집에서는 독일어와 영어로 말했는데 독어보다 영어를 더 많이 썼다."고 말했다.

그가 인생의 진로를 영원히 바꾸게 되는 행운의 기회를 얻게 된 것은 바로 베닝턴대학에서 학생들을 가르치는 동안이었다. 그것은 1943년 가을에 그가 받은 한 통의 전화로 시작되었다.

정확히 60년이 지났는데도, 마치 6주 전에 일어난 일처럼 하나하나를 생생하게 기억해서 이야기해주었다.

한 학문을 탄생시킨 전화통화

다른 쪽으로 시선을 돌리면서, 드러커는 "제너럴 모터스가 어떻게 나를 찾아왔으며 책임자가 누구였는지 지금까지도 알지 못한다."라고 말을 시작했다.

"우리는 1941년 여름이 끝나고 계속 버몬트에 올라와 있었고, 겨울에는 대학이 휴업 상태였다. 우리는 컬럼비아대학 가까이에 있는 아파트를 빌려 생활하면서 도서관에서 기업은 어떻게 운영되는지를 알아보려 했다....(중략) 그러나 그 주제에 대한 것은 아무것도 찾을 수 없었다."

"정확하게 60년 전 한 통의 전화가 올 때까지, 나에게 기업에 들어와 내부 경영 상황을 연구해 보라고 한 사람은 아무도 없었다. 그 전화기 너머로 '나는 폴 개럿Paul Garrett이라고 합니다. 공중 관리를 책임지고 있는 GM 부사장이며 귀하께서 우리 최고경영자에 대한 연구를 할 수 있는지 물어보라는 지시를 받았습니다.'라는 말이 들렸다. 나는 그 일을 원했던 사람이 GM의 누구인지 지금까지도 알 수 없다. 모든 사람이 모른다고 했다. 일을 수락하기 전에 먼저 회사를 둘러볼 수 있는지 물었다....(중략) 그러고 나서 당시 부회장인 도널드슨 브라운에게로 갔는데, 아마 그가 나를 불러들인 사람인 것 같았다. 나는 브라운에게 다음과 같이 말했다. 나는 이 연구를 할 수 없다. 아무도 말하지 않으려 할 것이다. 사람들은 나를 최고경영진이 보낸 스파이로 볼 것이기 때문이다....(중략) 하지만 이 일을 잘할 수 있는 방법이 하나 있다. 미국에서는 책을 쓰는 데 필요하다고 하면 모든 것이 가능하다. 그러자 브라운 씨는 '안돼요, 우리는 그렇게까지 하지 않을 것입니다.'라고 말했다."

"우리는 그렇게 헤어졌다....(중략) 6주가 지난 후 폴 개럿이 다시 전화를 걸어 그 점에 대해 계속 생각하고 있었고 디트로이트로 와서 논의하자고 했다. 결국 내가 책을 쓰는 것에 동의했다....(중략) 나는 GM에 실제 사실 외에는 그 책에 대해서 사전 검열을 받지 않겠다고 했다....(중략) 그렇게 일을 시작했고 18개월 정도를 보냈다....(중략) 나는 로키산맥 동쪽에 있는 GM의 모든 사업 부문을 방문했다. 보고서를 썼고 그 보고서를 출간해야 한다고 말했다. 우리는 그 책에 전념하기로 약속했다. 그러나 출판사에서는 누구도 이 책이 팔릴 거라고 생각하지 않았다."

"단지 이전에 내 저서 2권이 성공적으로 판매되었다는 이유로 이 책의 발행을 추진했다....(중략) 이 책은 엄청난 성공을 거두었다. 그렇게 해서 나는 경영에 입문한 것이다....(중략) 하지만 나는 실제로 기업 내부 관점에서의 경영은 알지 못한다."

사람들에게 대기업 GM의 내부 경영활동을 처음으로 결점까지 자세히 볼 수 있게 해준 것은 바로 1946년 출간된 『기업의 개념』이었다. 역사의 획을 그은 이 책은 분권화를 주장하며 하부조직, 그리고 실제로 일을 하는 사람들에게 의사결정을 위임하는 과정을 보여주었다. 이후 수십 년간 이 책에 더 많은 힘이 실리게 된다.

분권화는 이 책뿐 아니라 드러커의 다른 글에서도 중요한 테마였다. 그는 소수의 핵심 임원이 회사 전체에 호통 치듯 명령하는 큰 회사는 아무리 다양한 사업을 벌여도 실패하기 쉽다고 확신했다.

1980년대 〈포춘〉이 선정한 500대 기업 중 4분의 3 이상이 드러커로부터 영감을 받아 분권화되었다. 드러커는 또한 근로자의 인간화를 설득력 있게 주장했다. 그때 당시 근로자의 인간성은 말살되었고 톱니바퀴의 한 톱니나 '조력자'에 불과했으며, 자산이 아닌 비용으로 간주되었다.

드러커는 또한 '자치적 공장 공동체 창설'을 주장하면서 근로자들에게 의사결정 권한을 더 많이 부여해야 한다고 주장했다. 그는 개인과 조직간 관계를 상세하게 기술했으며 그것은 이후 나온 많은 경영서의 핵심이 되었다. 하지만 오늘날 경영서 저자들은 60년 이상 된 이 책을 거의 읽지 않는다. 나는 이 책을 현대 경영서의 할아버지라고 부른다.

『기업의 개념』을 출간한 계기로 드러커는 일생 동안 바꿀 수 없는 길로 들어서게 된다. 그 길은 전통적인 길이 아니었다. 사실 이 일화가 말해주듯이, 이 책을 출간한 후 드러커는 미지의 세계로 깊숙이 빠지게 된다.

“『기업의 개념』은 기업을 연구 주제로 확립시켰다.”고 드러커는 말했다. 그러나 그의 친구 베닝턴대학 총장은 “너는 그 책 때문에 거의 망했다.”라고 말했다.

학계에서 앞서가기 위해서는 누구나 연구를 하고 논문을 발표하며 종신 교수직을 얻는다. 그 당시 어느 신랄한 비평가는 이 유망한 젊은 학자(드러커를 지칭함)가 자신의 재능을 많은 사람이 관심 갖는 분야에 쏟기를 원했다.

명문대학 교수일수록 드러커가 쓴 대중적인 책들을 비웃곤 했다. 학자들은 드러커의 책을 수준 이하의 것으로 평가했고, 자신의 일을 방해하는 것으로 생각했다(그것은 오늘날 최고 수준의 대학에서도 여전히 마찬가지다). 드러커는 이러한 점을 알고 있었지만 신경 쓰지 않았다. 아이러니하게도 저자로서의 성공은 오히려 그를 불리하게 만들었다. 그러나 드러커는 그런 평가에 관심을 보이지 않았고 새로운 길을 열어나가는 것에만 집중했다. 그는 사람들이 어떻게 생각하든지 전혀 개의치 않았다.

히틀러가 권력을 장악한 직후, 20대 초반이었던 드러커는 나치가 금지서적으로 지정할 것을 예상하면서도 소책자로 된 2권의 책을 썼다. 몇 세대를 거슬러 올라가면 드러커의 집안에 유대인 조상이 있었지만, 드러커는 당시 유대인으로 지정되지는 않았다. 그러나 드러커는 조상이 유대인이기 때문에 이런 책을 쓴 것이 아니었다. 적어도 드러커는 자신이 폭정, 증오 그리고 파시즘에 맞섰다는 사실을 기록에 남기고 또 누군가는 반드시 해야할 일이라 생각했다고 말했다(그의 생애 중 이 기간에 대한 자세한 내용은 에필로그 참고).

아이젠하워에 의해 해고되다

드러커는 1950년까지 베닝턴을 떠나 콜롬비아대학에서 교수직을 갖도록 되어 있었다. 그러나 그렇게 될 운명이 아니었다. 다시 한 번 운명이 바뀌었다. 다음은 그가 '우연하게 시작한' 교수직에 대한 회상이다.

"나는 1950년에 뉴욕대학 경영대학원에서, 다시 한 번 말하지만 진짜 우연하게 가르치기 시작했다....(중략) 그때는 하버드대학의 제의를 거절한 지 1년이 지난 뒤였다."

드러커는 잘 운영되고 있는 컨설팅비즈니스를 포기하고 싶지 않았다. 하버드대학은 사례 접근법으로 잘 알려져 있었다. 그러나 그는 사례 연구 자료들을 쓰기 싫어했다. 결국 하버드는 더 이상 선택 대상이 아니었다. 대신 뉴욕에 있는 콜롬비아대학과 계약했다. 하지만 당시 총장이었던 드와이트 아이젠하워(그때는 아직 대통령이 되기 전임)는 '비용 삭감주의자'였기 때문에 드러커는 강의실에 발을 들여놓기도 전에 일자리를 잃었다.

콜롬비아로대학부터 안 좋은 소식을 듣고 얼마 안 되어, 뉴욕 시의 어느 지하철역으로 가는 도중 드러커는 아는 사람과 우연히 마주쳤다. 이 우연한 만남은 드러커 생애에 걸쳐 일어났던 우연한 다른 사건들처럼, 그에게 좋은 기회가 되었다. 그는 당시 우연한 만남을 이렇게 기억하고 있었다.

"친구가 무슨 일을 하고 지내냐고 물어서, 콜롬비아대학의 일자리가 방금 없어진 것을 알았다고 말했다. 친구는 자신의 경영대학원(뉴욕대학)에서 가르칠 사람을 구하러 콜롬비아대학으로 쳐들어가고 있다고 말했다....(중략) 나는 지하철역에 도착하기도 전에 뉴욕대학과 계약했다."

물론 드러커만큼 우연하게 성공을 이룬 사람은 없다. 내가 그에게 순전히 운과 우연으로 그 많은 업적을 이루었느냐고 묻자, 그의 목소리와 태도가 바로 진지해졌다.

"기회는 준비된 자의 몫이다. 기회가 노크할 때 사람들은 그 문을 열어야만 한다. 당신도 그 기회를 잘 받아들이기 바란다. 나는 그렇게 했다."

기회는 준비된 자의 것이다

드러커가 걸어온 발걸음은 늘 미지의 세계로 그를 인도했다. 그는 올바른 것이라고 느끼면 기회를 거절한 적이 없다. 오히려 기회가 왔을 때 유연하게 활용했다.

드러커는 불확실한 미래를 위해 이미 입증된 과거를 버리면서 유연성을 유지했다. 달리 표현하면, 사람들이 자주 가지 않는 길이 때로는 목적지에 가장 빨리 도착하는 길이 된다. 그런 모험적인 첫 걸음을 언제나 기꺼이 내디뎌야 한다.

2 Inside Drucker's Brain

항상 실행이 우선이다

"기업의 생존과 번영에 직접적이고 핵심적으로
영향을 끼치는 모든 영역에는 반드시 목표가 있어야 한다."

드러커는 일을 수행하고, 조직하고, 기여하고, 개발하고, 준비하여 성취하는 것이 경영의 핵심이라 했다. 그의 글 속에는 '행동action이야말로 성공적인 경영의 결정 요소'임을 의미하는 수십 개의 단어와 구절로 가득하다. 이는 조직 목표를 달성하게 만드는 책임 있는 행동을 말한다.

드러커의 주요 가설 중 하나는 '경영에서 가장 우선시되고 중요시되는 것은 실천'practice이라는 것이다. 경영자는 궁극적인 성공을 측정하는 것은 실적performance임을 알아야 한다고 말한다.

드러커는 내게 유능한 사람과 보통 사람, 보통 사람과 무능한 사람을 어떻게 구분하는지 설명했다. 그는 가장 유능한 경영자를 다음과 같이 묘사했다.

채용하고, 해고하고, 조직을 만들고....(중략) 승진시킨다.

전적으로 결과에 책임진다.

어떻게 상사에게 위임할지 안다.

소요기간을 면밀히 고려하고 정보를 기반으로 의사결정 한다.

심사숙고한 다음 의사소통 한다.

사업 계획을 올바르게 세운다.

마땅히 해야 할 일이 무엇인지를 묻고 우선순위를 정한다.

할 일을 분명하게 결정하고 나서 회의를 마친다(대부분의 회의는 흐지부지한 상태로 끝난다).

실천에 대한 드러커의 생각을 충분히 엿볼 수 있는 대목이다. 경영자는 직원을 채용하고 승진시키며 업무를 위임하는(조직 계층의 위아래에 모두 해당) 강력한 의사결정자다. 그는 단기는 물론 장기적으로 회사에 도움이 되는 효과적인 의사결정을 내리며 우선순위를 정하고 그것을 반드시 실행한다. 또한 일을 성취하고 나서도 또 다른 우선순위를 정한다.

예를 들어, 드러커는 내게 '웰치가 사업을 계획하는 데 적합한 사람'이라고 말했는데 그 이유는 그가 효과 없는 것(과도한 관리 계층, 관료주의, 저성장 사업, 독단적인 관리자)을 버리고, 이것을 효과가 있는 것(군살 없는 조직, 고성장 고마진 사업, 영감을 주는 리더, 학습 인프라)으로 바꾸어 놓았기 때문이다.

드러커는 지속적으로 실행하지 않는 개인, 특히 관리자 층을 제거하는 것이 중요하다고 강조했다. 비성과자가 무능한 방법으로 계속 일하게 하는 것이 가장 큰 과오라고 주장했는데, 이는 기준을 충족하거나 초과 달성하는 조직이나 고성과자들에게 불공정하기 때문이다. "지속적으로 차별화된 실적을 내지 못하는 경영자는 누구를 막론하고 단호하게 제거하는 것이 고위경영자가 해야 할 일이다."

실행의 필요조건은 버리는 것이다

드러커가 이룩한 대부분의 지식체계는 경영자와 '지식근로자'가 생산성을 높이는 데에 그 목표를 두고 있다. 드러커가 1960년대에 '지식근로자'라는 새로운 단어를 만들었는데 그들을 도제 노동자라기보다 '교육받은 노동자'로 묘사하기 위해서였다.

"지식근로자는 숙련노동자가 아니다. 지식은 학교에서 배우는 것이지 도제방식으로는 배울 수 없기 때문이다."

경영자에 대한 평가는 오직 어떤 성과를 이루었느냐에 달려 있으며, 실행execution은 단순히 일을 완수하는 것이 아니라 올바른 일을 완수하는 것이라고 드러커는 생각했다.

가장 유능한 리더는 실행하는 것과 버리는 것이 동전의 양면임을 알고 있으며, 동종 기업들보다 지속적으로 더 좋은 성과를 내는 조직은 시대에 뒤진 전략과 제품 그리고 프로세스를 버릴 줄 아는 조직이다. 오로지 이러한 정화과정을 통해서만 조직은 스스로 거듭날 수 있다.

계획적으로 버리는 것이 지속적인 실행의 선행조건인데, "버리기로 결정하면 뜻밖의 기회가 올 수 있다."고 드러커는 주장한다. "낡고 가치가 없는 것을 계획적이고 의도적으로 버리는 것이야말로 새롭고 유망한 것을 추구하는 전제조건이다. 무엇보다도 버리는 것이 혁신의 열쇠다. 버림으로써 필요 자원을 자유롭게 쓸 수 있을 뿐 아니라, 동시에 낡은 것을 교체하고 새로운 것을 찾도록 자극을 주기 때문이다."라고 말한다.

발등에 불이 떨어졌는데도 어제의 캐시카우Cash Cow를 버리지 않는 경영자는 무기력한 실행이라는 죄를 짓고 있는 셈이다. 그런 예가 소니Sony다.

1970년대에 소니는 카세트 플레이어인 워크맨을 출시하면서 세계를 사로잡았으며 20년 동안 시장을 리드했다. 그러나 애플의 아이팟이 대히트를 친 후에도 오랫동안 소니의 경영진은 엄청난 위협을 알아차리지 못했다. 심지어 애플이 6천만 대의 아이팟을 팔고 아이튠 스토어에서 15억 개의 음악을 팔고 난 후에도 소니는 음악만 나오는 기계를 계속 내놓았다. 결과적으로 애플은 전체 온라인 음원 판매량의 70퍼센트를 거머쥐었다. 그에 반해 소니는 뮤직플레이어 시장의 10퍼센트만을 차지했다. 한때 시장을 석권했던 일본의 거대 전자제품 회사에게는 쓰라린 교훈이었다.

소니는 '좋은 소비재인 전자제품을 만드는 데 있어 하드웨어가 원동력이다'라는 기초적 신념을 버리지 못했다. 그에 반해 애플은 사용하기 쉬운 브라우저를 아이팟에 탑재하여 어마어마한 히트상품으로 변모시킴으로써 소니의 생각이 더 이상 맞지 않다는 것을 입증했다.

실행의 장애물

실행을 잘하는 경영자는 회사의 미래를 위협하는 요소들을 강력하게 막아내면서 성과를 올리는 습관을 가지고 있다. 아래의 요소들은 경영자의 능력을 감퇴시킬 수 있다.

- 버리기에 대한 실천 의지 부족

  경영자는 당초에 한 약속을 지속시키기 위해 규칙적으로 제품과 구성원을 점검해야 한다.
- 지나친 관료주의 또는 관리계층

  지나치게 억압적인 계층이 많은 만큼 조직을 숨 막히게 하는 것은 없다. 의사결정이 막혀 있다면, 형식이 과도하거나 질식할 정도로 관리계층이 많아서일 수 있다.
- 가치에 대한 불명확한 정의와 아이디어를 공유하는 시스템 부재

  성과를 잘 내는 조직은 회사를 정의하는 가치를 공유하고 있으

며, 회사 전체에 그런 가치를 심어주기 위해 회의와 평가와 교육 등 운영시스템을 갖고 있다.

- 잘못된 경영관리 조직 구조

  "조직 구조가 제대로 되어 있다고 해서 결과가 보장되지는 않는다."고 드러커는 『피터 드러커, 창조하는 경영자Managing for Results』에서 말한다. "잘못된 조직 구조로는 결과조차 만들지 못한다. 무엇보다도 경영관리 구조는 반드시 의미 있는 결과를 집중 조명하도록 구성되어야만 한다."

- 불명확하고 소통되지 않는 전략

  회사 내 모든 구성원이 소통할 수 있는 명확한 전략이 없다면, 자신의 업적이 조직 전체에 어떻게 기여하고 있는지 모른다.

- 잘못된 일에 집중하고 잘못된 행동에 보상하는 배타적 문화

  구성원이 좋은 결과를 낳도록, 고객과 시장에 초점을 맞추도록 독려하지 않으면 머지않아 무너지게 된다.

실행이라는 개념을 창안하다

2002년, 전 GE 부회장인 래리 보시디(잭 웰치의 친구)가 최고의 기업 컨설턴트이자 저자인 램 차란과 함께 경영서로 대히트를 친 『실행에 집중하라Execution, The Discipline of Getting Things Done』를 썼다. 이 책이 나온 시점은 매우 시의적절했다. 이 책은 마이클 해머와 제임

스 챔피가 쓴 『리엔지니어링 기업혁명』과 같은 책의 뒤를 이어, 하나의 대세를 이루었고 경이적인 사건으로 떠올랐으며 1백만 부 이상이 팔리는 등 수개월 동안 베스트셀러 순위를 유지했다(1백만 부 이상 팔리는 경영서는 2년에 한번 나올까 말까한 정도로 드물다).

책에서 저자들은 새롭게 발견한 '학문'을 이렇게 정의했다. "실행은 기업이 경쟁력을 갖기 위해서 터득해야 하는 일련의 행동 기법이다. 이는 그 자체로서 독립된 실천 덕목이다. 큰 기업이든 작은 기업이든 실행은 이제 성공하는 데 있어 필수 덕목이다."

책을 읽으면서 표현은 다르지만 묘하게 익숙한 느낌이 들었다. 실행은 드러커가 확립한 대부분의 개념들 속에 자리 잡고 있는 핵심이기 때문이다.

'무엇을 할 것인가, 무엇을 성취할 것인가, 어떻게 기여하고 평가하고 탁월한 성과를 낼 것인가', 드러커는 이것을 실행이라고 부르지 않았을 뿐이다. 드러커가 언젠가 언급했듯이 '추상적인 개념들'을 다루었고 여러 새로운 용어를 고안해냈지만(예를 들어 탈공업화, 지식근로자), 멋진 용어를 만들어내기보다는 새로운 개념을 창안하는 데 더욱 집중했다. 나는 드러커가 최근 경영학 교과서에 자주 등장하지 않는 이유 중 하나가 그것 때문이라고 확신하게 되었다.

테일러Frederick Taylor에게는 '과학적 관리', 프랑스의 앙리 파욜Henri Fayol에게는 '관리의 14가지 원칙' 그리고 조지 엘턴 메이오George Elton Mayo에게는 '인간 관계'가 있었다. 이러한 이론가들은 모두 경영학 교수들의 강의계획서에 잘 들어맞는다.

드러커는 "학자들의 눈에는 내가 별로 존경할 만한 대상이 아니었다."라고 일찍부터 자인했다. 다른 경영학 전문가들은 드러커가 '학자들에게 존경의 대상'이 되지 못한 이유에 대해 나름대로 가설을 가지고 있다. 이코노미스트의 존 미클스웨이트John Micklethwait와 안드리언 울드리지Andrian Wooldridge는 최근 학자들이 명성을 얻어 경영서적 코너의 일부를 차지했다고 말했다. 예를 들면, 마이클 포터Michael Porter 하면 전략을 연상케 하고, 테오도르 레빗Theodore Levitt 하면 마케팅을 떠오르게 한다. 그에 반해 드러커는 경영관리의 지형 전체를 다루었으며, 어느 한 특정 분야를 자기 것이라고 주장하지 않았다.

톰 피터스도 『초우량 기업의 조건』을 공동 저술하여 대 히트를 했는데(5백만 부 이상 팔림), 그가 탁월한 기업에 대해 연구한 결과물이 다른 많은 베스트셀러*에 반영되었다. 그러나 드러커의 개념 중에서 가장 잘 알려진 『목표에 의한 경영Management By Objectives』(부하직원들에게 목표를 부여하는 경영관리 도구)을 제외하고는, 경영학 교과서 저자들로부터 관심을 거의 받지 못했다.

『목표에 의한 경영MBO』은 드러커가 1954년에 발간한 『경영의 실

---

* 톰 피터스가 2001년 11월판 미국 경영 월간지 『패스트 컴퍼니Fast Company』에서 "우리는 드러커의 자료를 베꼈다."라고 인정했음에도 불구하고.

제』에 소개되었고 가장 자주 사용되는 개념 중 하나가 되었다. MBO가 지향하는 목표는 회사의 전략적 목적에 부합하는 개인의 목표를 분명하게 설정함으로써 조직의 생산성을 높이는 데 있다. 인텔의 앤디 그로브Andy Grove 같은 유명한 CEO들은 드러커의 MBO 방법론을 믿고 따르는 추종자들이었다.

어떤 사람에 의하면 MBO는 "제2차 세계대전 이후 수십 년간 전략적 사고를 지배했다."고 한다. 그러나 그것만으로 저술가들이나 경영학 교수들이 드러커의 중요성을 깨닫기에는 충분치 않다.*

톰 피터스와 경영전문가인 제임스 오툴에 따르면, 드러커가 많은 책을 썼어도 MBA과정에서 드러커의 책을 찾기는 정말 쉽지 않다고 한다. 피터스는 자신이 스탠포드 MBA를 포함해서 석·박사 학위를 얻는 동안, 드러커의 책에 대한 과제를 한 권도 부여받은 적이 없다고 말했다. 오툴은 한 걸음 더 나아가, 드러커는 주요 경영대학원에서 결코 장기 교수직을 얻지 못했을 것이라고 했다. 하지만 이러한 것들이 그의 업적을 훼손하지는 못한다. 드러커가 자신의 개념들을 깔끔한 용어로 표현하지 않았어도 여전히 그 용어의 이면에 자리 잡고 있는 개념들을 처음으로 분명하게 밝혔기 때문이다.

그 점을 아래 2개의 인용문을 통해 확인할 수 있다. 50년 간격으

* MBO는 그것이 하의상달식이라기보다 상의하달식이어서 명령 통제적이고 위계적인 회사에 오히려 적합한 것이라는 비판을 받으면서 빛이 바랬다.

로 쓰인 2권의 책에서 발췌한 것으로, 글뿐만 아니라 그 뒤에 숨어 있는 다음과 같은 의미를 자세히 살펴보기 바란다.

보시디와 차란의 『실행에 집중하라』와 드러커의 『경영의 실제』 간에 실제로 개념의 차이가 존재하는가? 아니면 경영학의 선구자로서 드러커가 처음 이 개념을 주창하고 나서 많은 세월이 흐른 뒤에 드러커와 관계없이 다른 사람이 우연히 그의 뒤를 이었다는 것인가?

아래의 인용문은 연속되는 내용이 아니고, 2권의 책에서 각각 다른 부분을 발췌한 것이다.

『실행에 집중하라』 (래리 보시디, 램 차란 2002)

"실행은 단지 전술이 아니다. 그것은 하나의 추구하는 덕목이고 시스템이다. 실행은 회사의 전략, 목표, 문화에 깊숙이 내재되어야 한다. 그리고 조직의 리더는 실행에 깊이 참여해야만 한다. 리더는 실행의 핵심을 이양해서는 안 된다. 많은 기업 경영자는 최신 경영기술을 배우고 보급하는 데 많은 시간을 쓰고 있다(램 차란, 6P). 실행을 하지 않는 기업들을 볼 때 그들은 일이 되게 하는 방법을 알고 있는 직원들을 평가하지도, 보상하지도, 승진시키지도 않을 가능성이 높다(래리 보시디, 73P).

[출처 : 보시디/차란, 『실행에 집중하라』 크라운 비즈니스, 2002]

『경영의 실제』(피터 드러커, 1954)

경영진은 항상 모든 의사결정과 행동에 있어서 경제적 성과를 우선시해야 한다. 경영진은 오로지 그들이 산출하는 경제적 결과물로써 그들의 존재가치와 권위를 정당화할 수 있다....(중략) 그리고 경영진에 대한 최종 평가는 사업실적이다....(중략) 경영자는 자신의 실적을 통제하기 위해서 자신의 목표를 아는 것만으로 부족하다. 그는 그 목표와 비교하여 자신의 성과와 결과물을 측정할 수 있어야 한다. 실적과 그 결과물이 사업의 생존과 번영에 직접적으로 영향을 미치는 분야에서는 목표가 반드시 필요하다.

[출처 : 드러커, 『경영의 실제』 하퍼&로, 1954, 7-8, 9-10, 131P]

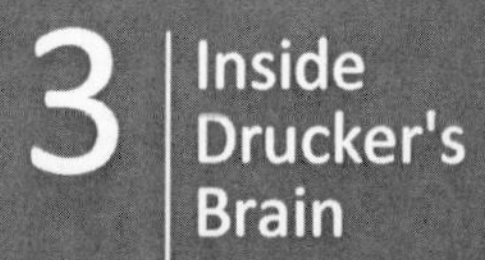

망가진 화장실 문*

*망가진 화장실 문(Broken Washroom Doors)은 드러커가 『경영의 실제』에 쓴 내용으로 그 배경은 다음과 같다: 미국 북서부의 어느 철도회사에서 일어난 일로, 회사가 관할하는 소규모 역들은 경비 절감을 위해 화장실 문의 열쇠를 하나씩만 가지도록 했다. 승객들이 그 열쇠를 반납하지 않고 가버릴 경우, 창구 직원은 문을 열 방법이 없게 된다. 새로 열쇠를 만드는 데 20센트가 들지만 회사 내부 규정상 '자본적 지출'에 해당되므로 본사의 승인을 받아야 하고 6개월이나 소요되었다. 할 수 없이 창구 직원이 자기 돈을 들여 열쇠를 다시 만들기도 했지만 대부분은 도끼로 아예 문을 망가뜨리는 경향을 보였다. 결과적으로, 회사는 부서진 문을 수리하느라 매년 더 많은 돈을 지출하게 되었다.(역자 주)

"모든 기업은 나름대로 잘못된 행동을 강조하고 보상하며, 올바른 행동을 벌하고 금지하는 이른바 '부서진 화장실 문'과 같은 잘못된 지침, 정책, 절차, 방법 등을 가지고 있다.

인터뷰하는 동안 드러커는 경영자들이 무엇을 올바로 했는지, 무엇을 잘못했는지, 무엇이 효과가 있었는지, 무엇이 효과가 없었는지에 초점을 맞추었다는 것을 알게 되었다. 그는 조직의 성공과 실패 이면에 숨어 있는 '이유'에 많은 관심을 가졌다.

점심을 서둘러 먹는 동안에도(그는 다른 어떤 일보다 식사를 빨리 했다) 드러커는 사회의 특정 부문이 직면하고 있는 가장 중대한 문제를 설명했다. 그는 비영리단체를 예로 들면서 그들이 제대로 한 것보다 잘못한 경우가 훨씬 더 많다고 했다. 모든 경영자가 비영리단체가 저지른 실수에서 무엇을 배울 수 있는지에 대해서도 말했다.

"사람들은 비영리단체의 자금 확보 경쟁이 시장에서의 상품 판매 경쟁보다 훨씬 치열하다는 것을 거의 알지 못한다. 그것은 정말로 치열하다. 많은 비영리단체가 좋은 결과를 얻지 못하는 것은 그들이 더 많은 노력을 해야 함을 의미한다."라고 드러커는 강조했다.

드러커는 불필요한 자리에 사람들을 앉혀 놓는 경우가 어디에나 존재하지만, 이런 현상은 기업체보다는 병원, 교회 그리고 다른 비영리단체에 더욱 만연되어 있다고 했다.

대부분의 조직에서 생산성을 높이기 위해 경영자들은 규칙적으로 핵심 인력과 그들의 강점 그리고 그들이 성취한 결과를 평가한다. 그러고 나서 스스로에게 다음과 같이 물어야 한다.

적절한 자리에 제대로 된 사람을 써서 최대의 업적을 내고 있는가? 그 자리는 올바른 것인가? 즉 과업을 달성했어도 조직에 가치를 보태지 못하는 사람들이 있지는 않은가? 더 좋은 결과물을 산출하기 위해 사람, 직책 그리고 일의 기능을 어떻게 변화시킬 것인가?

망가진 보상 시스템

80년대 중반, 드러커는 미국 기업에 점점 정나미가 떨어졌다. 최고경영진 급여는 "완전히 통제 불능 상태였다."라고 주장했다. 수만 명의 근로자를 해고하면서도 CEO들은 회사 실적과 무관하게 급여와 스톡옵션으로 수백만 달러를 지급받고 있었다.

드러커는 스톡옵션이 근시안적이며 잘못된 결과를 보상한다고 생각했다. 스톡옵션이란 미래를 희생시키면서 오늘을 위해 경영하도록 하는 인센티브이기 때문이다. 그는 주가가 CEO의 보상을 결정하는 판단 기준이 되어서는 안 된다고 말했다.

미국 CEO들이 평균 근로자들보다 수백 배 이상의 보수를 받는 것은 꼴불견이며, 반면에 일본에서는 전형적인 CEO의 급여가 보통 근로자의 40배를 넘지 않는다고 말했다.

결과적으로, 드러커는 본인이 40년간 연구대상으로 글을 써왔던 바로 그 회사들을 꾸짖기 시작했다. 그가 비영리단체로 관심을 돌린 이유가 그것이다. 드러커는 그전에 비영리단체에서 수년간 컨설턴트로 일했으나 C레벨 경영진(CEO, CFO, CMO 등)*의 탐욕에 대한 혐오감이 결국 전환점이 되었다.

미국 기업들은 1980년대에 과도기 상태였다. 그들은 직전 10년 동안 극심한 주식시장 침체, 여러 번의 불황, 석유 수출 금지 그리고 20퍼센트를 상회한 고금리를 겪은 후, 수년 동안 경쟁력 회복을 기다리며 버티고 있었다. 그러나 1980년대에 GE같은 기업은 오히려 공세적 태도를 취했다.

기업은 관리계층을 줄이고 전례 없이 많은 근로자들을 해고하면서, 어떤 희생을 감수하더라도 이익을 증대시키겠다는 결심을 하고 구조 조정을 단행했다. 뿐만 아니라, 수십억 달러짜리 기업 인수(그 중 많은 수는 적대적인 것이었지만)가 대부분 문제였다고 드러커는 주장

* CEO 는 최고경영자, CFO는 최고재무책임자, CMO는 최고마케팅책임자를 일컬음-역자 주

했다.

기업 인수와 관련된 회사들에게는 득보다는 실이 많았다. 무엇보다도 나쁜 것은 근로자들이 기록적인 규모로 해고당하는 가운데서도 CEO의 보수는 하늘을 찌르듯이 계속 늘어난 것이다. 1970년과 1990년 사이에 근로자 평균 급여는 인플레이션을 반영할 경우 거의 변화가 없었지만, CEO 보수는 대략 400퍼센트나 증가했다.

드러커에게 이것은 말도 안 되는 상황이었으며, 이를 계기로 그는 처음으로 근로자를 회사의 비용이 아닌 최고의 자산으로 보게 되었다. 그 전까지는 근로자를 비용으로 보는 것이 보편적이었다.

이러한 모든 탐욕은 드러커가 자신의 첫 경영서를 펴낸 이래로 옹호해온 '제퍼슨주의적 이상'(제6장 참조)의 관점에서 보는 뼈아픈 사례였다. 그는 '도덕적으로나 사회적으로 용서할 수 없는 일'이라고 이를 기술했으며, CEO 보수는 평균 근로자의 약 20배를 한도로 해야 한다고 말했다. "우리는 엄청난 대가를 치를 것이다."라고 경고하며, 더 나아가 이러한 어처구니없는 관행은 '기업자본주의의 궁극적 실패'라고 명명했다. 기업 스스로 일종의 '망가진 화장실 문' 신세가 되었다고 그는 생각했다.

80 : 20법칙을 올바로 이해하라

자신의 직관을 따르는 것을 결코 두려워하지 않는 드러커는 비영리단체에 모든 관심을 돌렸다. 교회, 대학, 다른 학교, 의료 및 지역 봉사단체, 자선단체, 심지어 걸스카우트에 이르기까지 모두가 그의 열렬한 고객이 되었다.

드러커는 "지금까지 많은 대학과 교회에게 혁신에 관하여 꽤 많은 컨설팅을 했지만 경영상 커다란 도전과제를 안고 있는 곳은 교회도 아니고 대학도 아니다. '망가진 화장실 문'을 가장 많이 가지고 있는 기관은 병원이다."라고 말했다. 경영하기 가장 어려운 곳이 병원인데, 병원은 중환자만 좋아한다고 했다.

덧붙여서 그는 한 할머니가 새벽 3시에 심장마비가 온다면 현장 간호사는 수분 내에 할머니를 위한 팀을 꾸리지만, 생명을 위협하는 위급상황이 아니면 병원은 전혀 조직적으로 움직이지 않는다고 말했다. 병원은 심각하지 않은 환자를 좋아하지 않는다는 드러커 철학의 또 다른 진수다. 경미한 부상을 입고 병원 응급실에서 계속 대기하고 있는 사람들 대다수는 다음과 같은 드러커의 말이 옳다는 것을 안다. "위기상황을 좋아하는 병원은 항상 위기상황에 대응해서 조직된다. 그러나 환자의 80퍼센트는 위급한 환자가 아니다....(중략) 병원은 매우 서툴게 일을 수행한다."

병원에 관한 드러커의 80퍼센트 원칙은 우리로 하여금 기업을 다른 방식으로 바라보게 한다. 즉 비즈니스의 80퍼센트는 20퍼센트의 고객으로부터 온다는 80 : 20 법칙은 이미 잘 알려져 있다. 하지만 드러커는 80 : 20 법칙을 다른 관점으로 재구성했다. 즉 '기업이 소수의 고객을 위해서 어떻게 조직되어야 하는가'라는 관점을 강조하면서 기업이 바탕을 두고 있는 기존 가정과 전략을 다시 생각하도록 강요하고 있다. 즉 아무것도 당연한 것으로 받아들이지 말라는 것이다. 예를 들어 규모가 작거나 일부의 미개척 시장에서 엄청난 결실을 거둬들일 때가 많으므로 드러커는 경영자가 회사의 고객뿐 아니라 비고객Non-customer에게도 엄밀한 주의를 기울일 것을 촉구했다.

이를 잘 실천한 현대 기업의 사례는 체중관리 회사인 누트리 시스템Nutri System이다. 이 회사는 1990년대에 휘청거렸고, 2000년대 초 사명을 두 차례 바꾼 후 전략적 주안점을 명확히 했다. 2006년 수익은 5억 6800만 달러로 167퍼센트 증가했고, 영업이익과 순이익은 약 300퍼센트씩 증가했다.

이 회사는 남성고객이 전체 체중감량 시장의 5분의 1을 차지했지만, 경쟁사들이 소홀히 하고 있는 남성고객에 집중함으로써 큰 성과를 냈다. 이 회사 CEO는 체중관리 회사들이 오랫동안 등한시했던 남성시장이 점차 확대될 수 있다는 것을 입증했다고 선언했다. 하지만 이 회사는 핵심 고객(여성)에게도 소홀하지 않았다.

대부분의 기관과는 달리, 병원은 20퍼센트 환자들을 위해 설계되고 조직되어야 한다. 그들은 선택의 여지가 없다. 병원은 심각한 질병과 외상을 다루는 마지막 방어선이지만 병원 사례는 극단적인 것이며 대다수 기업은 그만큼 제약을 받지는 않는다. 고위경영자들은 사업 환경(예를 들어 신기술, 경쟁자)이나 고객 기반(예를 들어 인구변화)

에 극적인 변화가 예상되지 않는다면, 현재의 일반 고객 또는 핵심 고객의 필요를 충족시킬 수 있는 조직을 새로 만들어야 한다. 그러나 누트리 시스템의 사례가 입증했듯이 엄청난 수의 비고객을 불러들일 수 있는 기회와 대박 가능성 또한 많이 있다.

올바른 시스템을 보호하라

경영자가 작은 사고, 잘못된 정책, 비합리적 방법, 업무수행을 방해하는 습관 등을 최소화할 수 있는 길은 다음과 같다.

- 최대로 기여할 수 있는 곳에 최고의 인재를 배치하라(예, 강점을 기준으로 사람을 배치하라).
- 우선순위를 적어라. 단, 두 가지를 넘지 않도록 하라. 구성원들도 올바른 우선순위에 초점을 맞추도록 하라. 드러커는 한 번에 두 가지 이상의 일을 다룰 수 있는 관리자를 본 적이 없다고 주장했다.
- 모든 경영자가 시장에서 고객과 함께 시간을 보냄으로써 외부 지향적 시각Outside-in을 유지하도록 하라. 결과물이 존재하는 곳은 시장 외에는 없다(이 주제에 대해서는 제4장 참고).
- 시스템, 프로세스, 정책을 점검하고 관료주의를 종식시키며 생산성을 감소시키는 것은 무엇이든 없애라.
- 실제로 의미 있는 변화를 만드는 결과물에 대해서 반드시 보상할 수

있도록 시스템을 만들고 수시로 점검하라.

사명 선언문이 조직의 기능 장애를 예방한다

드러커는 사업을 정의하는 것이 중요하지만, 그것이 결코 쉽지 않음을 일찌감치 설명한 바 있다. 그렇게 어려운 이유 중 하나는 '오로지 고객만이 사업 목적을 정의해줄 수 있다'는 드러커의 가장 근본적인 경영법칙에 있다. 이 점을 심층적으로 알아보기 위해 드러커의 병원 사례를 또 하나 들어보기로 하자.

드러커는 언젠가 병원 응급실의 사명 선언문 작성을 위해 병원 관리자들과 한 팀이 되어 일한 과정을 기술했다. 사명 선언문 작성이 겉으로 보기엔 쉬운 것처럼 보였지만 결코 그렇지 않았다. 대다수 병원의 가장 흔한 사명 선언문인 '우리의 사명은 건강 관리다'와 같은 것은 아무 쓸모가 없었다. 그것은 잘못된 정의라고 드러커는 단언했다.

"병원은 건강관리를 제공하는 곳이 아니고 질병을 돌보는 곳이다."라는게 그의 주장이다. "사명 선언문은 실행 가능한 것이어야 한다. 그렇지 않으면 단지 좋은 의도를 나열할 뿐이다." 드러커에게 보다 나은 응급실 사명은 '고통 받는 환자에게 확신을 심어주는 것'이었다. 많은 병원 경영자가 그러한 정의가 너무 일반적이고 뻔하게 들릴지 몰라도 드러커는 그 사명이 딱 들어맞는다고 생각했다. 그 사명 선언문은 20퍼센트와 80퍼세트를 동시에 인정하기 때문이다.

어찌 됐든, 응급실이 해야 할 일은 찾아온 대다수의 환자에게 확신을 심어주는 것이다. "당신의 아들은 고열이 있지만 곧 괜찮아질 겁니다."라고 어린 소년을 진찰한 응급실 의사가 말할 수 있다. "당신의 어머니는 발진이 심하지만 생명에는 지장이 없습니다." "당신 누이가 발목을 삐었지만 집에 가서 얼음찜질하면 됩니다." 하지만 실제로는 20퍼센트 이하의 환자가 즉각적인 의료 조치를 필요로 하는 심각한 병을 갖고 있다.

드러커의 초점은 항상 실질적인 문제에 맞춰져 있었으며, 가장 진지한 경영자조차 한눈팔게 만들 만한 어떤 문제가 있다 해도 거기에 주의를 기울이지 않았다.

드러커는 경영자가 할 일은 조직의 사명 선언문을 구체적인 것으로 바꾸는 것이라 했다. 즉 구체적인 사명 선언문만이 일반 직원들이 조직 목표 달성을 위해 어떻게 기여해야 하는지를 말한다고 생각했다.

점심을 먹는 동안, 그는 병원의 예를 더 얘기하면서 다른 주요 포인트를 강조했다. 심지어 저조한 실적을 내는 조직이더라도 일단 사명이 분명하게 정의되면 어떤 일을 잘할 수 있다고까지 말했다. 평판이 좋지 않은 병원이라도 위기 상황에서는 대처를 잘하기도 하는데, 위기상황을 좋아하는 것이 그들의 존재 이유가 되기도 한다. 이렇게 병원은 응급상황을 좋아하고 그것을 기반으로 번성한다.

또한 드러커는 조직의 사명이 인재 유형을 결정하는 데 중요한 역할을 한다고 설명했다. 예를 들어, 응급실에서 일하고 싶어하는 간호사는 진료실에서 일하는 간호사와는 전적으로 다르다.

"위기관리 간호사가 되고 싶지 않으면, 위기상황이 발생하지 않고 훨씬 편하게 일할 수 있는 일반 진료실로 가면 된다." 어떤 사람이 한밤중에 경련이 일어나서 의사를 부를 때, 의사는 응급실로 가라고 알려준다. 그때부터는 그 의사가 아닌 병원이 그를 맡는다.

출판업의 망가진 시스템

잘못된 일에 초점을 둔 조직이 어떻게 기능 장애를 가져오는지 또 다른 예를 들어보자.

이것은 상대적으로 작은 산업인 서적 출판에 관한 것이다. 그의 이름인 드러커가 '인쇄기'를 의미하면서도 그 업종의 미래를 가장 잘못 예측했었다고 말하는 것은 아이러니했다. 그는 전 생애에 걸쳐 어느 업종보다도 인쇄업을 잘못 이해했었다고 말했다.

아마도 그 이유는 책이라는 제품이 조립라인에서 나오는 것이 아니고 저자의 가슴과 창의성에서 나온다는 점에서 출판업이 독특하기 때문이었을 것이다. 또 하나의 중요한 요소는 출간 시점에 저자의 재능이 독자들의 수많은 다른 변수들과 얼마나 잘 맞아 떨어지는가에 있기도 하다.

대부분의 수익(아마 90퍼센트)이 몇 권의 책에서(예를 들어, 10퍼센트) 나온다는 점에서 출판업은 많은 다른 사업과 닮았다고 할 수 있다.

책은 출판된 이후에야 시장테스트가 가능하다. 전형적인 대형 출판사는 한 가지 브랜드에 집중하는 대신, 출판시즌 당 100권 이상의 책을 만든다. 나비스코Nabisco는 매년 봄, 여름, 가을마다 100개 이상의 과자를 새로 내놓지 않고, 코카콜라는 신제품으로 150가지를 내놓지 않는다. 그럼에도 서적은 일반 소비재들과 다르게 취급되는 몇 안 되는 소비재 중 하나다. 인기 서적들도 출간 전에는 좋은 쪽, 안 좋은 쪽을 예측할 수 없기 때문에 출판사가 '실패작'을 미리 제거할 수 있는 방법은 없다. 따라서 실제 시스템 내에 있는 '망가진 화장실 문'의 모습은 책이 출판된 뒤에야 적나라하게 드러난다.

실패한 책을 쓴 저자들은 종종 조직의 자원 중 많은 부분을 소비한다. 화가 난(자신의 잘못은 간과하고) 그들은 불평불만, 전화, 이메일 편지를 쏟아내며 출판사를 공격한다.

그들은 자신의 주장을 사장에게까지 가지고 가기 때문에 이런 일이 생길 때, 그 조직은 출혈을 멈추기 위해 과도한 방법을 동원하기도 하며 이른바 문제를 '해결'하느라 열과 성을 다한다. 그런 문제들이 조직의 하부로 내려갈 때, 종종 CEO와 편집자는 물론 영업 관리자들까지 모든 일을 제쳐두고 그 저자를 달래지 않을 수 없다.

대부분의 저자들은 일단 책이 실패하고 나면 영원히 실패한다는 사실을 잘 이해하지 못한다. 광고나 프로모션으로 만회할 수 없는 것이다. 미국에서 한 해에 17만 5000종 이상의 책이 출판되고 있지만, 대부분 실패한다는 사실은 놀랄 일이 아니다.

이것은 하나의 예에 불과하다. 얼마나 많은 회사가 유사한 예를 가지고 있는지 모른다. 드러커에 따르면, 많은 회사가 때때로 잘못된 일에 초점을 맞추는 경향이 있다고 한다.

"모든 회사는 잘못된 행동을 강조하고 보상하며 올바른 행동을 벌주거나 방해하는 '망가진 화장실 문'에 속하는 잘못된 지침, 정책, 절차, 방법 등을 가지고 있다."

'망가진 화장실 문'이 회사를 장악하지 않도록 고위경영자들은 조직, 사람, 시스템이 제품, 서비스, 사업상 가장 큰 몫을 가져다주는 고객에게 확실하게 초점을 맞추어야 한다. 그리고 유능한 사람이 내일의 캐시카우를 준비하도록 해야 한다.

이를 달성하는 한 가지 방법은 몇 개의 팀에게 회사의 미래에 중요한 부분을 차지할 구체적 연구과제, 제품, 아이디어를 맡기는 것이다. 그것은 회사가 혁신을 조직 내에 깊숙이 구축할 수 있는 방법 중 하나다. 그러나 경영자는 자신이 내린 의사결정이 가까운 미래는 물론 장기적으로 회사를 반드시 이롭도록 해야 하며, 핵심 사업과 고객을 소홀히 해서는 안 된다. 그렇지 않으면 미래는 보장되지 않는다.

망가진 화장실 문

'망가진 화장실 문'이 회사를 곤경에 빠지지 않도록 하기 위해서는 직원들이 가장 큰 역할을 할 수 있는 자리에 배치되도록 경영자는 규칙적으로 그들을 평가해야 한다.

뿐만 아니라, 시스템과 프로세스를 정기적으로 점검해서 조직에서 더 이상 맞지 않는 것들을 제거해야 한다. 구성원 모두가 회사의 사명을 분명하게 말할 수 있어야 한다. 구체적인 사명 선언문만이 구성원들에게 조직 목표 달성을 위해 어떻게 기여해야 하는지를 알게 한다.

마지막으로, 경영자들은 기회가 올 때 그걸 놓치지 않기 위해서 일부 기존 고객을 포기하는 대신, 비고객을 고객으로 만드는 데 노력을 아끼지 않아야 한다. 이는 경영자들의 시간과 자원을 잠식하기만 하는 '망가진 문'으로 인해 옆길로 빗나가거나 집중을 방해받지 않는다는 것을 의미한다(앞서 출판업의 예와 같다).

4 Inside Drucker's Brain

아웃사이드-인 시각

"경영자는 조직 안에 존재한다. 그는 두껍고 왜곡된 렌즈를 통해 바깥을 보며,

밖에서 어떤 일이 일어나고 있는지 직접적으로 알지 못한다.

그것은 보고서라는 조직 상의 필터를 통해 입수된다."

최근 수년 동안 '아웃사이드-인Outside-In' 시각의 중요성을 다룬 글이 많았다. 즉 고객, 공급자 또는 더 객관적인 외부인의 눈으로 자신의 조직을 바라보는 것이다, 이 주제는 몇몇 저명한 저자와 학자들의 관심을 사로잡기에 충분했다.

노엘 티쉬Noel Tichy(1980년대 중반에 GE의 크로톤빌 경영교육기관의 대표 역임)와 최고의 컨설턴트 램 차란은 비평가들조차 찬사를 보냈던 『모든 기업은 성장한다Every Business is a Growth Business』에서 이 주제를 다루었다. 최근에는 MIT대학 교수인 바바라 밴드Barbara Band가 『외부지향적 기업The Outside-In Corporation』에서 이 주제에 책 전체를 할애했다. 다른 주제에서 이미 살펴보았 듯 피터 드러커는 『외부지향적 기업』이라는 책을 낳게 한 정신적 아버지였다.

아웃사이드-인은 드러커 철학의 진수다. 이는 어제의 관점을 버리는 것을 의미하며, 그것은 새로운 현실을 받아들이는 것이다. 조직을 고객의 관점에서 보는 것이다. 이런 노력을 할 때 조직은 관리자 편이 아니다. 드러커는 조직이란 본질적으로 관리자를 가두고, 시야를 좁게 만들며, 리더의 효과성effectiveness을 파괴하는 잠재력을 가지고 있다고 최초로 말했다. 하지만 드러커가 하루아침에 그런 결론에 도달한 것은 아니다. 그의 사상은 진화해 왔다.

먼저 역사에 큰 획을 그은 드러커의 저서 『경영의 실제』에 내가 드러커의 법칙이라 부르는 것이 다음과 같이 쓰여 있다. '기업의 목적에 대한 단 하나의 유효한 정의는 고객을 창출하는 것이다.' 이것은 드러커의 경영원칙 중 가장 선구적인 것이다. 드러커는 이 정의가 주는 매력이 단순성에 있다고 하며 잠시 생각에 잠겼다. 그것은 '하나뿐인 움직이는 부품'*이기 때문이다. 드러커는 나중에 나온 2권의 책에서 관리자에게 영향을 미치는 현실 상황과 한계점을 서술함으로써 이 개념을 확장한다.

모든 경영자가 직면하는 8가지 현실

드러커가 스스로 '해야 할 일을 알려주는 책'이라고 부르는 『피터

* 기계에 많은 부품이 있지만 실질적으로 움직이는 부품은 하나뿐 이라는 뜻(역자 주).

드러커, 창조하는 경영자』(1964년)를 통해 아웃사이드-인 시각에 대한 자신의 생각을 진전시켰다. 또한 많은 경영자가 '치열한 생활'에 사로잡힌 나머지, 그들이 하는 일이라고는 수신함에 들어온 모든 것에 일일이 대응하고 있다고 말했다(오늘날에는 이메일의 받은편지함에 해당되며 그런 행동은 결국 인사이드-아웃inside-out 행동이다).

이러한 유형의 수동적 경영은(나는 이것을 '수신함에 의한 경영'이라고 부른다) 실패의 원인이다. 드러커는 왜 이것이 대다수 경영자들을 넘어뜨리는 흔한 함정인가를 설명하고 있는데, 그는 경영자들이 회사의 성과를 극대화하기 위해 대처해야 할 8가지 기업 현실을 펼쳐놓는 것으로 시작한다. 이는 근본적인 것과 변하지 않는 것으로 구성되어 있는데 경영자가 기정 사실, 제약 사항 그리고 도전 과제로 인식해야 하는 것들이다.

조직이 이런 현실 상황에 어떻게 대처하느냐가 그 조직의 운명을 결정한다. 제약 사항들을 기회로 전환시킬 수 있는 조직은 장기적으로 탁월한 결과를 만들어낸다.

- 결과물과 자원은 기업 외부에 있다.

  드러커는 조직 내에 수익이 없고 비용 부문만 있다고 되풀이해 강조했다. 사람들이 수익 창출 부문이라고 부르는 것들이 실제로는 코스트센터라고 말했다.

  "결과물은 회사 내부에 있는 어떤 사람에 달려 있지 않고 오히려 시장에 있는 고객에 달려 있다. 기업의 노력이 경제적 결과로 이어지느냐, 노력만큼 쓰레기가 쌓이느냐를 결정하는 사람은 항상 외부에 있는 어떤 사람이다."라고 드러커는 주장했다.

- 결과물은 문제 해결이 아닌 기회 극대화를 통해 얻어진다.

문제 해결은 조직을 단지 이전 상태로 되돌리는 것에 불과하다. 결과물을 얻기 위해 경영자는 기회를 최대한 활용해야 한다. 그러나 대부분의 조직에서는 경영자가 미래의 캐시카우를 찾기보다 당장의 불을 끄는 데 너무도 많은 시간을 쓰고 있다.

- 결과물을 얻기 위해, 자원은 성공을 위한 기회에 배분되어야 한다.

많은 경영자가 성공이 아닌, 문제 해결에 자원을 투입한다. 이는 자원을 낭비하는 실수다. "기회 극대화는 기업가의 책무에 대한 정확하고 의미 있는 정의다. 효율성efficiency보다 효과성effectiveness이 기업에서 더 중요하다는 것을 의미한다. 중요한 것은 일을 올바로 하는 것이 아니라 올바른 일을 하는 것이다."라고 드러커는 선언했다.

- 가장 의미 있는 결과물은 시장 리더의 몫이다.

"이익은 독창적이거나 적어도 차별적 기여에 대한 보상이다....(중략) 이익은 시장이 가치로 받아주는 것이다."라고 드러커는 주장했다. 규모가 리더십을 결정하지는 않는다. 규모가 큰 회사에 반드시 가장 큰 보상이 주어지는 것은 아니다. 드러커는 "경제적 결과물을 원하는 기업은 고객이나 시장에 대한 가치창

출에 있어서 리더십을 가져야 한다."라고 썼다. 리더십은 생산 라인의 중요한 어느 한 부분에 있을 수도 있고, 서비스에 있을 수도 있으며, 유통에 있을 수도 있고, 아이디어를 시장성 있는 제품으로 전환하는 능력에도 있을 수 있다....(중략) 빠르고 낮은 비용으로."

- 시장 리더십은 일시적이며 지속되기 어렵다.

시장 리더십은 일시적이다. "기업은 시장 지배적 위치에서 이류로 전락하는 경향이 있다."라고 드러커는 썼다. "경영자의 책무는 그러한 추세를 역으로 돌리고, 문제가 있는 영역에서 자원을 빼내어 성공 가능성이 높은 곳에 배분하는 것이다. 경영자는 새로운 에너지와 방향을 제시함으로써 이류로 바뀌는 추세를 되돌려야 한다."

- 현존하는 것은 쓸모가 없어진다.

드러커는 "경영자는 무엇보다도 과거로 되돌리느라 많은 시간을 보낸다."라고 말한다. 오늘의 성공적인 제품은 어제의 일부다. 최고의 경영자도 과거에 몰두하는 함정에 빠진다. 뛰어난 경영자는 자신의 의사결정과 행동이 사업에 반영되고 나면, 다양한 사건이 일어나거나 환경이 변하면서 더 이상 쓸모가 없어진다는 것을 알고 있다. "인간의 모든 결정과 행동은 이루어지자마자 진부해지기 시작한다."라고 드러커는 쓰고 있다. "군대 지휘관이 가장 최근에 치른 전쟁의 관점에서 다음 전쟁을 대비하듯이 경영자는 최근에 겪은 호황이나 불황의 관점에서 대응하는 경향이 있다."

- **기존 자원은 잘못 배정되기 쉽다.**

여기서 드러커는 80 : 20룰을 상기시키지만, 이 룰은 오히려 90 : 10과 같다고 말한다. 다시 말해, 기업에서 상위 10퍼센트의 노력이 90퍼센트의 결과물을 만든다는 것이다. 이는 제품, 고객, 심지어 판매원에게도 적용된다(상위 10퍼센트의 판매원이 전체 실적의 90퍼센트를 만들어낸다). 요점은 인재든 물적 자원이든 회사 최고 자원이 미래에 중요한 몫을 차지할 프로젝트나 제품에 배분되어야 한다.

- **최대 경제적 성과물을 얻기 위해서는 집중해야 한다.**

기업은 여러 가지에 조금씩 손대는 유혹에서 벗어나야 한다. 몇 개의 제품, 서비스, 고객, 시장 등에 초점을 맞춰야 한다. 집중의 원칙the principle of concentration만큼 지켜지지 않는 사업 규칙은 없다. 마찬가지로 비용을 절감할 때 경영자는 지방질을 떼어내기보다는 모든 분야에서 조금씩 줄이는 경향(근육을 포함해서)이 있다. 이런 접근 방식은 회사를 금방 곤경에 빠뜨릴 수 있다. 경영자는 사업의 기초를 해치지 않으면서 아낌없이 줄여야 할 부분과 손대서는 안 될 부분을 파악함으로써 훨씬 더 전략적으로 접근해야 한다.

『피터 드러커, 창조하는 경영자』를 출간하고 나서 3년 후 드러커는 자신의 저서 『피터 드러커의 자기경영노트 The Effective Executive』에서 "조직 내에는 결과물이 없다."라는 원칙을 추가했다.

드러커는 너무도 많은 조직이 근시안적이고 고립되어 있다고 지적했다. 드러커가 '오직 유일하게 중요한 곳'이라고 부르는 시장에서 그들은 충분한 시간을 보내지 않기 때문이다. 이러한 이유로 근시안적이고 내부지향적인 시각(예, 인사이드-아웃)은 회사에 가장 중요한 이해관계자를 이해하는 데 아무런 도움이 되지 않는다.

아웃사이드-인 시각을 기르는 것도 쉽지 않다. 조직 생활에 따르는 몇 가지 '벗어나기 힘든 현실'은 그러한 노력을 더욱 어렵게 만든다. 이런 현실이 『피터 드러커, 창조하는 경영자』라는 책에서 기술된 8가지 현실과 결합하면 일상에서 모든 경영자가 맞서야 할 장애물의 전체 모습이 된다,

시대를 초월하는 드러커의 견해들은 그가 40년 전에 처음 내놓았던 당시와 마찬가지로 오늘날에도 여전히 유용하다.

추가적인 경영 현실

경영자의 시간은 다른 모든 사람의 것이다. 다시 말해, 경영자는 자신이 속한 조직의 이른바 '포로'다. 경영자는 보스, 이사회, 부하직원들로 둘러싸여 있고 프레젠테이션, 예산, HR 등 많은 일을 처리해

야 한다. 시간을 빼앗는 산만한 일이 많아서 경영자의 시간은 엄밀히 말해 자기 것이라 할 수 없다. 게다가 고위직일수록 자신의 시간을 통제하기가 더 어렵다. 포로와 같은 경영자는 시장을 명확히 바라보는 것은 말할 것도 없고, 자신의 이메일조차 제대로 보기 어렵다.

또 하나의 현실은 "경영자는 조직 안에 존재한다."라고 드러커는 주장한다. "경영자는 적어도 두껍고 왜곡된 렌즈를 통해서만 바깥을 보며, 밖에서 어떤 일이 일어나는지 직접적으로 알지 못한다. 그것은 보고서라는 조직의 필터를 통해서 입수된다."

따라서 경영자는 아웃사이드-인 관점을 키우고 조직의 폐쇄적인 현실에서 오는 영향을 상쇄하는 것이 매우 중요하다.

경영자의 시간은 자신의 것이 아니며 경영자는 오로지 두껍고 왜곡된 렌즈를 통해서만 시장을 본다는 두 가지 현실을 감안할 때, 아웃사이드-인 관점은 경영자에게 주어진 중요한 도전 과제다.

드러커는 또한 CEO는 기업의 내·외부를 연결해주는 중요한 고리라는 점을 분명히 했다. 이러한 가르침이 특별히 어려워 보이지 않는다 해도 금세기 중 가장 성공적인 CEO 중 한 사람(잭 웰치를 의미함)조차 아웃사이드-인의 취지를 충분히 이해하는 데 수년이 걸렸다.

웰치의 굉장한 생각

잭 웰치는 언젠가 뉴욕 청중들에게 "아웃사이드-인은 대단한 개념이다. 우리는 100년 이상 인사이드-아웃 관점으로 살아왔지만 모든 것을 아웃사이드-인 관점으로 밀고 나간다면 패러다임이 바뀔 것이다."라고 말했다.

GE 회장이 된 지 거의 20년 뒤인 1999년, 웰치는 맨해튼에 있는 '92번가 Y문화센터(비영리 사회문화단체)'에서 많은 청중을 상대로 그렇게 말했다.

많은 회사의 위상이 추락했다. 회사 최고경영자들이 이러한 올바른 관점을 유지하지 못했거나 어떤 핵심적인 시장 역학관계로 인해 회사의 현실 여건이 변화되었다는 것을 인식하지 못했기 때문이다. 예를 들면 IBM 이사회가 회사를 회생시키고자 알제이알 나비스코RJR Nabisco의 CEO인 루 거스너Lou Gerstner를 영입했을 때 IBM은 이미 죽어가고 있었다.

스낵 푸드의 제왕인 거스너가 망가진 빅 블루Big Blue(IBM의 별칭)을 고칠 사람이라고는 아무도 예상하지 못했다. 1993년, 이 회사는 80억 달러의 적자를 기록했다. 거스너는 회사가 매우 커지고 관료주의화 되어 고객과의 접촉이 단절되었다는 것을 곧바로 알았다. 주가는 1980년대 이후 처음으로 15달러 이하로 떨어졌고 주가 전망은 암울했다.

거스너는 가장 필요한 시기에 나타난 적임자였던 것으로 판명되었다. 그는 내가 이전의 책 『7인의 베스트 CEOWhat the Best CEOs Know』를 집필할 때 다음과 같이 말했다.

"내가 해야만 했던 중요한 것은 회사가 성공의 유일한 척도인 시장에 초점을 맞추게 하는 것이었다." 또한 "IBM을 먹여 살리는 고객이 있다. 그리고 우리는 거꾸로 그 고객으로부터 회사를 재건할 계획이라고 사실상 모든 사람에게 말하는 것으로 시작했다. 이는 단순한 성명에 불과하지만 사고방식을 바꾸는 데 있어서는 엄청 중요했다."고 덧붙였다.

사고방식 바꾸기는 드러커의 철학에 있어서 중요한 부분을 차지한다. 새로운 현실에 맞는 사고방식을 위해 낡은 사고방식을 버리는 것이 드러커 철학의 진수다. 그것은 IBM이 오만으로 인해 개인용 컴퓨터 시장에서 기회를 놓친 후 거스너가 실천한 일이다. 아웃사이드-인 사고방식은 회사를 재탄생시켰고 5년 만에 80억 달러의 적자를 50억 달러의 흑자로 전환시키는 데 기여했다.

GE는 고객과 시장에 초점을 맞춤으로써 회사가 성공하는 데 위대한 역할을 한 또 다른 실례다. 그것은 잭 웰치의 대표적 전략인 식스시그마Six Sigma이며, 이는 조직이 결함이나 실수를 100만분의 3.4 이하로 줄이는 데 도움을 주는 품질 개선 이니셔티브였다.

웰치는 GE에서 다른 어떠한 이니셔티브보다 열정적으로 이 전사적(全社的) 프로그램을 실행했다. 그는 회사 내에서 경영자들이 식스시그마 품질 이니셔티브의 성공을 자축할 때 이를 지켜보았는데, 막상 고객들은 사정이 나아지지 않았다고 불평했었다.

드러커 식 표현에 의하면, 회사의 두꺼운 벽들이 경영자의 시야를 왜곡시켰다. 곧바로 웰치는 연례 고위경영자 미팅에서 호통을 쳤으며 상황이 바뀌지 않으면 안 된다는 점을 모든 사람에게 알렸다. 바로 그때서야 웰치는 진정한 아웃사이드-인의 가르침을 이해했다.

아웃사이드-인 소매 유통 회사

드러커의 아웃사이드-인이라는 필수 명제를 실천하는 또 하나의 회사는 영국에서 가장 큰 식료 잡화 및 소매 회사이자 세계 4위 소매 유통 회사인 테스코Tesco다. 월마트, 홈디포 그리고 프랑스의 까르프 다음으로 규모가 큰 곳이다. 이 회사는 고객으로부터 시작해서 거꾸로 회사로 가는 연결 통로를 찾음으로써 회사를 재탄생시켰다.

테스코의 여러 전략 중 하나는 전형적으로 슈퍼마켓이 제공하지 않는 서비스, 예를 들어 은행 및 금융서비스를 판매함으로써 회사의 제품과 서비스를 다양화하는 것이었다.

현재 유럽에서 급성장하고 있는 금융 서비스 회사 중 한 곳으로, 회사를 재탄생시키기 위하여 경영진은 회사의 미션에서부터 시작했다. 영국 체션트Cheshunt에는 본사에 들어오는 사람들을 환영하는 현판에 다음과 같이 새겨져 있다.

'고객의 평생 충성심 얻기 위해 고객을 위한 가치를 창조하라(경영진의 주요 관심사는 주주 가치가 아닌 고객 가치이며, 결국 '고객을 돌보라, 그러면 이익은 따라온다.'는 격언이 입증되었음에 주목하라).'

이 회사의 가치 항목들은 회사의 사명을 강화한다. 테스코의 가치 항목 중 첫 번째는 '누구보다도 고객을 잘 이해하는 것'이다.

회사의 현재 성공한 모습을 보면, 얼마 전만 해도 테스코는 수준 낮은 고객서비스와 경쟁자 따라하기로 알려진 이류 회사였다고 믿기 어려울 것이다. 테스코는 1990년대 초 매년 시장점유율을 1~2퍼센트씩 잃었다. 상황을 호전시키기 위해 회사는 다양한 조치를 취했으며 몇 년에 걸쳐 꾸준히 실행에 옮겼다.

회사 경영자들은 이같은 노력을 '벽 속의 벽돌bricks in the wall'이라고 불렀는데, 회사의 성공 원인이 한 가지의 '전면적sweeping 개조'이기보다 고객에 초점을 맞춘 다양한 '점진적incremental 변화'에 있음을 의미했다.

한 가지 중요한 조치는 TWISTTesco Week in Store Together로 명명된 관리 프로그램이다. TWIST프로그램 아래서 경영자들은 점포에서 일하며 고객을 더 많이 이해하고 그들이 하는 일이 더 큰 틀에서 고객과 부합하는지 알 수 있게 한 것이다. 예를 들어 물류 및 IT담당 관리자가 점포 진열대에서 제품을 판매하고, CEO는 계산대에서 고객을 응대하는 식이다.

이 밖에 고객 만족과 고객 충성심을 배가시킨 몇 가지 다른 조치들이 있었는데 1993년, 가격을 낮춘 '가치 제품군value line' 개발이 그것이다. '가치 제품군'은 영국에서 '자체 상표own label'로 알려진 별도 상품으로 출시되었다. 1994년, 이 회사는 '원 인 프런트one in front' 개념을 현실화시켰는데, 이는 어느 계산대에 2명 이상의 고객이 기다린다면 새로 계산대를 열도록 하는 것이다. 1995년, 회사는 클럽 카드 프로그램을 도입했다. 이것은 환불 프로그램으로 고객 구매액의 1퍼센트를 되돌려주는 것이다. 이 프로그램은 그동안 새로 내놓은 고객 충성도 확보 노력 중에서 가장 성공적인 것으로 『포인트 적립: 테스코는 어떻게 고객의 충성심을 얻었는가?Scoring Points: How Tesco Continues to win customer loyalty』라는 책에 전체적인 내용이 담겨 있다.

이것은 테스코가 식료품 시장의 30퍼센트 이상을 장악하면서 어떻게 영국에서 최고의 소매회사로 부상했는지를 잘 설명하고 있다. 또한 영국 외의 지역에서 판매되는 제품 역시 진출한 현지 시장의 니즈에 맞춰 개발하는 등, 문화적 차이를 잘 인식한 회사로 성장했다. 결국 테스코는 유럽 중심부와 아시아로 시장을 확장하면서 높은 수익을 거두기도 했다.

테스코의 CEO 테리 리히Terry Leahy는 세계 최고의 CEO 중 하나라는 명성과 함께 국제 언론의 주목을 받았다. 〈이코노미스트〉는 그에 대하여 다음과 같이 썼다.

"그는 고객 조사를 하고 판매 자료를 숙독하지 않고는 전구조차 갈지 않았다."

드러커는 테리 리히가 사업하는 방식을 좋아했을 것이다.

아웃사이드-인 습관을 가져라

당신이 경영자라면 이 장을 시작하면서 드러커가 기술했던 이른바 '두껍고 왜곡된 렌즈'를 극복하기 위해 무엇을 할 수 있는가? 아웃사이드-인 관점을 개발하기 위하여 무엇을 할 수 있는가? 아래사항을 생각해보자.

- 고객이 있는 곳으로 가라.

  테스코의 TWIST프로그램을 본받아, 직원이 직접 고객과 함께하게 하라. 고객과 대면할 수 있는 미팅, 콘퍼런스, 그밖에 여러 행사 또는 모임에 참석하고, 잠재고객을 잊지 마라. 그들은 현재 당신이 제공하는 것을 구매하지 않고 있지만 앞으로는 구매할 사람들이다,

- 고객과 공급자를 초청하여 직원과 만나게 하라.

  직접 대화하는 것을 대체할 만한 것은 없다. 직원들이 회사의 가장 중요한 이해 관계자들과 접촉하면 할수록 고객의 니즈와 선호사항을 더 많이 알게 된다.

- 고객 만족을 위해 기술을 활용하라.

  월마트는 점포, 창고, 본사 간에 흐르는 정보를 얻기 위하여 고성능 컴퓨터와 위성을 사용한다. 이러한 기술은 무엇이 판매되고 있는지 알게 해서, 매일 상품 판매대를 채우고 주요 품목이

떨어지지 않게 만든다(예, 팸퍼스). 테스코는 점포의 병목현상이 나 혼잡을 알아차리기 위해 열감지기를 사용한다. 이 기술은 무너진 건물 안에서 생존자를 찾는 데 사용되는데, 점포 내의 흐름을 개선하여 고객을 더 잘 응대할 수 있도록 한다.

- **경쟁사 웹사이트, 경쟁사 점포 등에서 매주 2~4시간을 보내라.**

  만약 당신 회사가 온라인으로 상당한 규모의 사업을 한다면 그 시장은 웹에 있다. 당신 회사가 한 단계 앞서가거나 경쟁자의 최근 위협을 막아내기 위해서는 직원들로 하여금 경쟁자들이 무엇을 꾀하고 있는지 반드시 알게 해야 한다.

아웃사이드-인 시각

드러커의 생각은 진화하며 경영의 필수 명제인 아웃사이드-인에 이르게 되었다.

처음에 '사업 목적에 대한 유일하면서도 유효한 정의는 고객을 창출하는 것이다.'라는 드러커의 법칙이 있었다. 그 다음, 아웃사이드-인 시각이 왜 성공에 매우 중요한가를 폭넓게 생각하게 하는 8가지 경영원칙을 기술했다. 이 원칙은 다음과 같은 내용을 담고 있다.

결과물이 어떻게 밖으로부터 오는가? 자원이 어떻게 기회 발굴에 쓰이고 문제해결에 쓰여서는 안 되는가? 가장 효율적인 회사는 어떻게 최소한의 제품과 서비스에 초점을 맞추고 있는가?

나중에 그는 경영자가 아웃사이드-인 관점을 개발하는 데 영향을 미치는 두 가지 현실 제약을 추가했다:

첫째, 경영진은 조직의 포로로 그의 시간은 자기의 것이 아니다. 또한 경영자는 기껏해야 두껍고 왜곡된 렌즈를 통해 시장을 바라본다. 이는 경영자가 가급적 고객에 가까이 다가가 여과되지 않은 시장 정보를 얻는 일에 주도적이어야 함을 의미한다.

이에 대한 하나의 좋은 모델은 영국 소매 유통 회사인 테스코와 그 회사의 TWIST프로그램이다. 여기서 고위경영자들은 사업의 내부 진행 과정을 이해할 수 있는 점포 단위에서 일주일을 꼬박 보낸다. 결국 더 중요한 것은 고객의 모습을 아주 가까이에서 있는 그대로 본다는 점이다.

5 Inside Drucker's Brain

타고난 경영자가 모자랄 때

"경영자의 일은 체계적으로 분석될 수 있다. 경영자가 반드시 갖추어야 할 능력은 대부분 배울 수 있다. 다만 경영자가 노력해서 얻을 수 없고 타고난 자질이 있는데, 그것은 바로 인격character이다. 천재성genius이 아니다."

드러커는 '타고난 경영자들naturals'에 대해서 많은 이야기를 했다. 그들은 올바른 우선순위를 정하고 다른 사람을 고무시키며 생사를 가를 만큼 중대한 결정을 어떻게 하는지 알고 있다.

그들은 신경이 곤두설 정도로 세세하게 사람들을 관리micromanage하지 않는다. 독재적 리더는 결코 효과를 내지 못하며 과거의 유물이다. 으름장을 놓으면 조직을 숨 막히게 하며 특히 창의적인 일에는 역효과를 낸다.

그들은 확신을 가진 사람들이며 힘든 결정을 내릴 수 있는 자신의 능력을 믿는다. 그들은 올바른 우선순위를 정하고 심지어 어려운 시기에도 일관성 있게 실행한다. 그리고 동료보다 더 빨리, 더 자주 승진한다.

이 장에서는 타고난 경영자에 대해 알아보자.

먼저 역사적 맥락에서 그들을 살펴보고, 이러한 유능한 A-level 경영자들과 관련된 드러커의 핵심 가르침을 개괄적으로 설명하기로 한다.

현대적 기업의 탄생

12월 그 날, 나는 그의 자서전을 쓸 계획이 없다고 얘기했음에도 드러커는 나를 자신의 자서전 저자로 보고 있는 것 같았다. 드러커에게 설명했듯이 내 목표는 그의 경영사상을 최대한 밝히고 그것이 오늘날 험난한 글로벌 시장에서 어떻게 적용될 수 있는지를 보여주는 것이었다. 하지만 그의 끊임없이 꼬리에 꼬리를 무는 이야기는 내게 또 다른 즐거움이었다.

우리가 사전에 동의했던 항목들은 거의 논의하지 않았음에도 드러커는 내가 요청한 것 이상을 내게 주었음을 이제야 깨달았다. 그는 어디에서도 언급한 적이 없는 교훈들을 포함해서 자신의 인생과 철학에 관한 이야기를 들려주었다. 인터뷰를 시작한 지 얼마 지나지 않아, 그는 자신의 업적을 큰 맥락에서 설명하기로 마음먹은 것처럼 보였다.

드러커는 나에게 현대적 기업이 언제 어떻게 만들어지고 형성되었는지, 즉 현대적 기업의 탄생을 알려주는 것이 그 목적을 달성하는 최상의 방법이라 생각한 것 같았다. 그는 또한 자신이 새로운 것을 고안할 수 있도록 길을 터준 선배들에게 아낌없이 공을 돌리는 데도 주저하지 않았다(드러커가 가장 존경한 경영의 선구자들에 대해서는 제6장 참고).

드러커는 대기업의 역사를 1870년대로 거슬러 올라갔다. 실제로 대기업들은 남북전쟁 이후에 나타났다고 했다. 아주 흥미롭게도 대기업들이 미국, 독일, 일본 그리고 영국에서 동시에 생겨났으며 프랑스는 주요 강대국들보다 더 오랫동안 가족 기업 형태를 유지했다.

"오랜 기간에 걸쳐 경영자들은 존재해왔다. 그러나 매우 드물었다."고 드러커는 덧붙였다. 대기업이 나타나기 전에는 가장 유능한 가족 구성원이 가족 기업을 운영했다. 드러커는 이들 중에서 경영을 잘하는 사람을 타고난 경영자라고 불렀다. "그러나 이들에 대한 수요가 많아지게 되자 사람들은 더 이상 이들의 공급에만 의존할 수 없게 되었다. 단지 그들에 대한 수요가 적을 때만 타고난 경영자들에 의존할 수 있었다."라고 드러커는 말했다.

"그러나 재능 있는 경영자가 많이 필요할 때, 경영을 배우거나 가르칠 수 있게 해야 한다. 그것이 바로 내가 했던 일이다."라고 했는데, 경영을 하나의 학문분야로 확립함으로써 재능이 없는 사람들을 유능한 경영자로 변모시킬 수 있는 절실한 도구들을 제공했다.

드러커의 책들은 제2차 세계대전 후 기업들이 수적으로나 규모면에서 폭발적으로 늘어나면서 경영에 대한 수요가 증가함에 따라 수천 명의 경영자를 교육하는 데 사용되었다. 1954년 『경영의 실제』의 출간은 새로운 시대의 큰 획을 그은 사건이 되었고, 이 책은 오늘날 최고의 경영관리 매뉴얼로 인정받고 있다.

예를 들어, 『좋은 기업을 넘어 위대한 기업으로』의 저자 짐 콜린스는 1956년 데이빗 팩커드David Packard(휴렛 팩커드 창립자)가 자기 회사 목표를 구상할 때 드러커의 『경영의 실제』에 의지했다고 밝혔다. 역사상 최고의 베스트셀러 저자 중 하나인 그는 "이 책은 역대 서적 중 가장 중요한 경영서로 자리 잡고 있다."고 극찬했다.

월간 〈아틀란틱The Atlantic Monthly〉의 선임 편집자이자 NPR 해설자이며 1998년 출간한 『드러커가 본 세상The World according to Drucker』의 저자인 잭 비티Jack Beaty도 콜린스의 말에 동의했다. 드러커와 긴 시간 인터뷰를 했던 그는 『경영의 실제』를 중요한 도서로 보며 다음과 같이 밝혔다.

"1954년 11월 6일 또는 그 즈음, 피터 드러커가 경영을 발명했다. 그의 타이밍은 절묘했다. 1950년대와 1960년대에 경영의 붐이 폭발적으로 일어났지만 새로운 시대를 알리는 책은 없었다. 경영자들에게 경영을 설명해주는 책도 없었고 경영을 20세기의 주요 사회적 혁신 중 하나로 확립한 책도 없었다. 그때 드러커는 없는 것을 제공하게 된다.

내가 드러커에게 비티가 언급한 내용, 즉 드러커가 1954년에 경영을 발명했다고 주장한 배경을 물었을 때 그는 진정으로 유쾌해하며

'비티는 내가 모르는 무언가를 알고 있나 보다.'라고 말했다. 드러커가 '나는 경영을 발명하지 않았다.'라고 말해온 겸손에 집착하는지 또는 주제를 딴 곳으로 돌리고 싶었는지 지금도 나는 알지 못한다. 하지만 그가 절묘한 시기에 나타난 올바른 사상가이고 적임자라는 점에 반론을 제기하는 사람은 없을 것이다. 『경영의 실제』가 나온 후 50년이 지나서 드러커는 리더 수백만 명에 큰 영향을 끼쳤다. 이들 명단에는 놀랍게도 GM, 포드, 세계은행과 같은 기관의 장들이 포함되어 있었다. 또한 그가 영국 탄광산업을 민영화하도록 마가렛 대처Margaret Thatcher를 자문했다는 사실이 보도된 바 있다.

짐 콜린스는 자신이 책에서 썼던 이러한 '선구적' 기업들에게 드러커가 직접적인 영향을 끼쳤다며 다음과 같이 기술했다. "『성공하는 기업의 8가지 습관』이라는 책을 쓰기 위해 조사하면서 제리 포라스Jerry Porras와 나는 머크, 프록터 & 갬블, 포드, GE, 모토롤라 등을 포함해 수많은 회사를 만났는데 그 회사 리더들이 드러커의 수많은 저서에 큰 영향을 받았다고 했다. 경찰서에서부터 심포니 오케스트라와 정부기관, 기업에 이르기까지 모든 형태의 수천 개 기관에 끼친 드러커의 영향을 모두 더한다면 그가 21세기에 가장 영향력 있는 사람 중 하나라는 결론은 피하기 어렵다."

분명히 말하지만 수년간 광범위한 조사 결과에 따르면, 『성공하는 기업의 8가지 습관』에 나오는 18개의 선구적 기업들은 주식시장 대비 15배를 능가하는 실적을 보였다.

베스트셀러 작가이자 〈비즈니스위크〉의 수석 편집자인 존 번은 20년 이상 여러 차례 드러커와 인터뷰를 한 바 있는데 '경영을 발명한 사람The Man Who Invented Management'이라는 제목으로 드러커에 대해 이렇게 쓰고 있다.

"피터 드러커에 관한 이야기는 경영 그 자체에 대한 것으로, 현대적 기업과 경영자들의 등장에 관한 이야기다. 그를 분석하지 않고는 전 세계로 뻗어나가는 기업들을 거의 상상할 수 없다."

드러커의 핵심 명저 6권

드러커는 자신이 가장 중요한 책이라고 생각하는 6권을 내게 말해주었다. 처음 2권은 당연하게 생각되었지만, 나머지 한두 권은 생각 밖이었다.

『기업의 개념Concept of the Corporation』(1946)

『경영의 실제The Practice of Management』(1954)

『피터 드러커, 창조하는 경영자Managing for Results』(1964)

『피터 드러커의 자기경영노트Effective Executive』(1966)

『단절의 시대Age of Discontinuity』(1969)

『미래사회를 이끌어가는 기업가 정신Innovation and Entreprenear-ship』(1985)

중간관리자와 지식사회 출현

드러커와 함께 할 시간이 제한되어 있어서 인터뷰하는 동안 계속 시간을 의식해야했다. 그날 아침이 휙 지나가고 막 정오를 지나자, 나는 그를 부축해서 렌터카에 태워 클레어몬트에 있는 그의 단골 이탈리아 식당으로 갔다.

드러커가 이미 대기업의 기원에 대해 부분적으로 역사 강의를 해주었지만, 나는 그 이후 상황이 어떻게 진화했는지 알고 싶었다. 그는 "가장 최근까지도 대부분의 경영서적이 당연한 것으로 생각하는 기업은 1918년식 이었다.

그때부터 기업의 꼭대기에 손에 꼽을 만한 사람만 있고 그 밑에 미숙련자 또는 반숙련자로 구성된 획일적인 대규모 집단이 있었다. 오늘날의 중간관리층은 당시에 존재하지 않았다. 중간관리층은 제2차 세계대전 이후로...(중간에 잠깐 멈춘 후) 하지만 제2차 세계대전 이전에는 얇게 형성되어 있다."라고 말했다.

그는 많은 회사가 수년 동안 그러한 불균형 구조를 계속 유지했다며 "실제로 이 나라에서 내가 처음 알게 된 회사들조차 여전히 일선 감독자들이 최고경영진에 직접 보고했다. 나는 지금 제조 회사를 생각하고 있는데....(중략) 예를 들면 코네티컷에 있는 레밍턴이다."라고 말했다.

중간관리자로서 인생의 대부분을 보낸 나는 중간관리자가 없는 회사를 상상하기 어려웠다. 나는 드러커에게 중간관리자가 어떻게 생기게 되었는지 묻지 않을 수 없었다. 그는 듀폰이 중간관리자를 갖게 된 첫 번째 회사이거나 적어도 초기 기업 중 하나라고 말했다(듀폰은 1802년 설립되었고 1880년까지 화약만 만들었다).

듀폰에서는 당시 다른 기업들처럼 오직 가족만이 최고경영진에 오를 수 있었다고 드러커는 설명했다. 그러고 나서 그는 화제를 돌려 "당신은 가족이 아닌 능력 있는 근로자들을 어떻게 다룰 거냐?"고 나에게 질문했다. "그들에게 중간관리자 역할을 줍니다."라고 말하자 "맞아, 듀폰은 단지 그들을 데리고 있기 위해 중간관리자 일자리를 만들어냈던 거야."라고 말했다.

드러커가 말하는 사람은 피에르 듀폰Pierre S. du Pont(1870~1954)으로 1915년에서 1919년까지 다각화된 듀폰의 사장을 역임했다. 1920년, 피에르 듀폰은 당시에 부도에 직면한 GM에 큰 투자를 했으며, GM을 분권화된 조직으로 만들기 위해 알프레드 슬론Alfred Sloan과 협업했다.

듀폰과 슬론은 둘 다 타고난 인재였다. 그러니 둘은 조직이 양적으로 팽창함에 따라 점점 더 많은 수의 훈련된 관리자를 필요로 했다. 드러커의 설명에 따르면 제2차 세계대전이 모든 것을 바꾸어놓았다. 그 배경은 미국 정부가 모든 전역 군인들에게 대학 학비와 사업 자금을 제공키로 하는 내용의 G.I.법안에서 기인했다.

"군 제대자 원호법The GI Bill of Rights이 미국 사회를 바꾸었다. 대학에 다닐 거라고는 생각해본 적이 없는 엄청난 수의 사람들이 대학에 갔기 때문이다. 그리고 일단 당신이 대학을 나온 이상 공장 바닥에서 일하는 블루컬러가 되고 싶지는 않을 것이다. 그러한 인력공급이 지식사회를 만들었지, 수요에 의한 것이 아니었다."라고 드러커는 말했다.

추가로 교육받은 수백만 명의 근로자가 노동인구로 유입됨에 따라 경영자가 되기 위한 복잡한 과정을 쉽게 배울 수 있는 도구들이 어느 때보다 절실했다. 드러커의 타이밍이 절묘했던 이유가 바로 거기에 있었다.

G.I.법안은 1944년 프랭클린 루스벨트Franklin Roosevelt 대통령에 의해 서명되었고 1956년 그 법안이 종료될 때까지 전역한 제2차 세계대전 예비역 1600만 명 중 거의 절반이 대학 또는 다른 형태의 정규교육을 받았다. 이는 수백만 명의 교육받은 '지식근로자'를 노동인구에 편입시키는 효과를 가져다주었다.

드러커의 저서 『기업의 개념』은 1946년에, 『경영의 실제』는 1954년에 각각 출간되었다. 전자는 분권화된 조직 구조의 장점을 권장했고(듀폰, GM, 시어스 그리고 GE가 1929년 이전에 분권화한 최초의 기업임) 후자는 경영을 해보지 않은 사람들에게 어떻게 사업을 정의하고 사람을 관리하며 우선순위를 정하는지를 알려주는 구체적인 지침서였다.

타고난 경영자를 해부하다

'타고난 사람'이라는 용어의 의미를 이해하기 위해 이야기를 계속 나눴다. 드러커 자신은 탁월한 경영서 저자이긴 하지만, 경영을 직접 실행해본 적이 없었음을 매우 분명히 했다.

"나는 기본적으로 사업 경험이 없어."라고 반복적으로 말했다. 그는 컨설턴트로서 "어느 컨설턴트와 마찬가지로 내가 하는 대로 하지 말고, 내가 말한 대로 하라."고 충고했지만 자신은 따르지 않았다고 덧붙였다. 하지만 그는 다른 사람들에게 자문한 것을 정작 자신은 하나도 실행하지 않으면서 60년 동안 36권의 책을 썼다. 그중 대부분은 경영 혹은 사회에 관한 책들이었다(2권의 소설과 1권의 자서전을 제외하고).

드러커는 자신이 경영에 대해 많은 책을 쓴 것은 분명하지만, 리더의 DNA는 갖지 못했다는 점을 계속해서 말했다. 우리가 만난 그날, 그런 역설은 드러커의 마음 속 깊숙이 자리 잡고 있었으며, 그것은 왜 스스로를 다음과 같이 묘사했는지 알게 해준다.

"나는 사람을 관리할 줄 모른다."

"나는 혼자 있기를 좋아한다."

"나는 사람을 채용하거나 해고할 줄 모른다."

"나는 전적으로 경영자 자격이 없다."

그는 수년 동안 타고난 여성 경영자의 행동을 관찰한 후 다음과 같이 묘사한 적이 있다(이 특별한 사람은 변호사였다).

"그녀는 사람을 배치할 줄 안다."
"그녀는 감정 기복 없이 사람들을 채용하거나 해고할 수 있다."
"그녀는 우선순위를 결정한다."

그녀는 동료보다 더 빨리 승진했다고 덧붙였다. "그녀는 법무법인에 채용된 지 얼마 되지 않아 바로 대표 변호사가 되었다."라고 했다.

타고난 경영자를 발굴하는 간단한 방법

타고난 경영자를 육성한다는 것이 또 하나의 역설이라는 점은 주목할 만하다. 누군가가 타고난 인재 또는 타고난 경영자라면 우리는 어떻게 그런 사람들을 찾아낼 수 있는가? 그 답은 경영자 훈련, 육성 및 현장 경험을 통한 경영자 선발에 있다. 타고난 경영자에 대한 드러커의 생각을 더 깊이 파헤쳐보자.

- 드러커가 말하는 타고난 경영자는 사람을 배치할 줄 안다.

  바꿔 말하면, 그는 최대로 기여할 수 있는 자리에 사람을 배치하는 직관을 가지고 있다. 이는 결코 쉬운 일이 아니다. 특히 경영은 사회적 학문이라고 드러커가 분명히 말했기 때문이다. 사람을 배치하는 것은 개인의 강점을 최대한 발휘할 수 있는 분야를 찾아줄 뿐 아니라 성격 마찰과 조직의 밥그릇 싸움을 최소화할 수 있는 부서에 투입하는 것을 말한다.

- 감정의 기복 없이 사람들을 채용하거나 해고할 줄 안다.

채용 면접과정에서 그런 인재를 찾아내기가 어려울 수 있는데, 진짜 인물을 찾아내는 데 도움이 되는 방법은 시나리오를 짜서 지원자들에게 그들이 특정상황에 처했을 때 어떻게 할 것인가를 질문하는 것이다. 예를 들어, 능력이 의문시되는 허구의 근로자를 어둡게 그린 다음, 지원자에게 그를 어떻게 처리할 것인가를 물을 수도 있다. 또 하나의 직접적인 방식은 지원자의 이전 상사에게 그 지원자에 대한 채용과 해고 및 그 이후 후유증에 대해 간단히 물어보는 것이다.

- 우선순위를 정할 줄 안다.

이 자질은 중요하지 않았던 적이 없다. 일주일에 6일, 하루 14시간 일을 하지만 아무것도 이루지 못하는 전문가와 경영자가 수없이 많다. 일관된 실적으로 입증된 사람을 승진시켜라. 경영자는 한 번에 오직 두 가지 우선 사항에만 집중해야 한다고 드러커는 생각했다. 그 이상을 처리할 수 있는 사람을 보지 못했기 때문이다. 그는 경영자에게 한 번에 한 가지 일을 하도록 촉구했다. 그리고 두 가지 우선 항목을 완수했을 때는 다시 새로운 목록을 만들라고 했다. 그때까지 완수된 우선순위들은 더 이상 의미가 없기 때문이다.

타고난 경영자에게 추가적으로 나타나는 4가지 특징

드러커는 무엇이 타고난 경영자를 만드는가에 대해 명확한 생각을 갖고 있었다. 나와 인터뷰하는 동안 설명한 3가지 자질에 추가하여 그는 효과적인 경영과 밀접하게 연관된 자질에 대해 폭넓게 글을 써왔다고 말했다. 그가 해준 최고의 조언을 요약하면 다음과 같다 (드러커의 이상적 리더십에 대해서는 제9장 참고).

- **타고난 경영자는 자신과 동료에게 "회사에 최대한 기여하기 위해 나는 무엇을 해야 하는가?"라고 일관되게 질문한다.**

  드러커의 설명에 의하면 "유능한 경영자는 상사와 부하직원, 무엇보다도 다른 부서의 동료들에게 다음과 같이 스스로 질문한다. '당신이 조직에 기여하도록 내가 어떻게 해주기를 원하는가?'"
- **타고난 경영자는 올바른 답을 찾는 것보다 올바른 질문을 하는 것이 더 중요하다는 사실을 안다.**

  이것이 드러커의 뛰어난 철학이다. "잘못된 질문에 대하여 올바르게 답하는 것만큼 쓸모 없는 일은 없기 때문이다." 올바른 답을 찾는 것으로도 충분하지 않다. 더욱 중요하면서도 어려운 것은 정해진 방침으로 결과를 만들어내는 것이다. 경영은 지식을 위한 지식이 아니다. 즉 성과에 관한 것이다.

- **타고난 경영자는 상황이 나빠질 때 불필요한 회의를 하지 않는다.**

  그들은 오히려 올바른 방향을 설정하고 모두가 확실히 그 방향으로 노를 저어가게 함으로써 상황을 통제한다.

- **타고난 경영자는 조직의 사기와 문화가 자신의 책임임을 안다.**

  유능한 경영자는 자신이 반드시 '올바른 일'을 함으로써 솔선수범한다. 그리고 그들은 '누가 옳은가'에 대해서는 전혀 무관심하다. 이런 유형의 믿음은 가치로 전환되어야 하며 회사에 전체적으로 명확하게 전달되어야만 한다.

타고난 경영자가 모자랄 때

드러커는 경영을 효과적으로 하는 데 있어서 코칭이 필요 없는 사람들, 즉 타고난 경영자에 대해 언급했다.

1870년대 이전, 즉 듀폰이 등장하기 전에는 많은 경영자가 필요하지 않았다. 하지만 회사가 갑자기 많아지자 경영자에 대한 수요가 훨씬 늘어났다. 드러커가 초기에 쓴 책들은 GE와 휴렛팩커드 같은 회사의 고위경영자들을 훈련시키는 데 도움을 주었다. 오랜 기간 동안 중간관리자는 없었고, 단지 최고경영진과 그 밑에 대규모의 미숙련 또는 반숙련 근로자이 있었다. 피에르 듀폰은 우수한 직원들이 회사를 떠나지 못하게 하려고 중간관리층을 새로 만들었다.

드러커는 타고난 경영자에 대한 그의 생각을 이렇게 기술했다. "그는 최대로 기여할 수 있는 자리에 사람을 배치하는 법을 알고 있다. 그는 사람을 채용하며 감정의 기복 없이 해고할 줄 알고, 한 번에 한두 가지 우선순위만을 정하고 거기에 집중한다."

타고난 경영자는 다른 사람들이 꺼려하는 질문을 제기하고 힘든 의사결정을 내릴 줄 안다. 특히 상황이 어려워질 때 더욱 그렇다. 타고난 경영자는 조직의 사기와 문화가 자신의 책임이라는 것을 알고 있다.

6 Inside Drucker's Brain

제퍼슨주의적 이상

"일을 만들고 진척시킴에 있어서....(중략)

지식과 서비스 관련 일, 책임감 있는 근로자와의 파트너십이 유일한 방법....(중략)"

드러커는 경영서를 쓰기 시작할 때부터 경영관리 법칙에 개인의 존엄성을 포함했는데, 그런 생각이 흔들린 적이 한번도 없었다. 그가 나타나기 이전의 근로자들은 자원이나 자산으로 간주되지 않았다. 개인의 존엄성은 아주 초기 단계의 연구 주제였고, 이는 1940년대 이전 미국 기업들의 통념과는 매우 다른 접근이었다.

제퍼슨적 민주주의(물론 미국의 3대 대통령에서 유래)는 개인, 즉 보통 사람의 권리를 지지하는 의회민주주의를 주장했다. 캐피털대학의 법학 및 역사 교수인 데이비 메이어David N. Mayer는 제퍼슨이 '미국의 의미를 정의한 사람'이라고 주장했으며 "제퍼슨주의 철학은 분명히 이성적 철학, 개인주의, 자유 그리고 제한적 정부다."라고 덧붙였다.

1801년 3월 제퍼슨은 첫 취임사에서 '공동의 선을 위한 공동의 노력'으로 단결할 것을 호소했다. 그는 "소수집단에게도 평등권이 있으며, 법이 이를 보호해야 하고 이를 어기는 것은 억압과 같다. 시민이 한 마음 한 뜻으로 단결해야 한다."고 촉구했다.

드러커의 첫 경영서인 『기업의 개념』은 냉정한 '대표 단체'(기업을 의미함-역자 주)보다도 제퍼슨주의적 개인의 존엄성을 다음과 같이 설명했다.

"만약 대기업이 미국의 대표적 사회 기관이라면 미국 사회의 이런 기본적 신념을 실현해야만 한다....(중략) 그 기관은 개인에게 지위와 역할을 주어야 하며 기회 평등의 정의를 제공해야 한다....(중략) 개인의 존엄성과 산업사회에서의 성취는 오로지 일 안에서 그리고 일을 통해서 주어질 수 있어야 한다."

드러커는 평등을 유럽에서는 그 유사점을 찾을 수 없는 특별한 미국적 현상이라고 썼다. "외국 관광객들에게 항상 강한 인상을 주었던 미국 사회의 평등은 여러 가지 특징을 설명하고 있다." 드러커는 이런 현상이 친절하고 질투하지 않으며 높은 자리에 있는 사람을 두려워하지 않는 문화에서 나온다고 묘사했다.

"평등의 기원이 무엇이든 간에 그것은 모든 미국인의 삶에 배여 있다. 이는 최고위 관리에게 누구나 접근할 수 있고 사무실 건물에 사장 전용 엘리베이터가 없는 것, 권력을 휘두르는 사람이나 그런 국가에게 깊은 혐오감을 나타내는 것 등으로 나타난다."

이것은 1946년 드러커가 책을 썼던 당시뿐 아니라 오늘날에도 유효하다. 오늘날 CEO들은 관리자나 근로자들과 과거 어느 때보다도 자주 접촉하고 소통하는데, 권력을 휘두르는 사람이나 국가에 대해 사람들은 '깊은 혐오감'을 가질 수밖에 없다. 대규모 조직은 대부분 지시나 해대고 아랫사람을 꾸짖는 일 외에 아무것도 안하는 독재적이고 오만한 속물들을 제거해왔다. 이유는 분명하다. 자신의 조직과 파트너십을 가지고 일하는 CEO가 아랫사람을 업신여기는 경영자들보다 훨씬 좋은 성과를 냈기 때문이다.

분명히 해둘 것은 구성원들이 모든 주요 의사결정에 투표로 참여하는 민주적 직장을 드러커가 주장한 적이 없다는 사실이다. 그는 알프레드 슬론과 GM에 대한 연구를 통해 최고경영진의 자질과 의사결정능력이 회사 미래에 무엇보다도 중요하다는 점을 알았다(최고경영진은 또한 값비싼 투자이기도 하다). 하지만 드러커는 어떻게 경영진이 구성되고 그들이 어떻게 사람을 관리하는가가 핵심 요소임을 다음과 같이 피력했다.

"모든 기업은 구성원들로부터 재능과 능력을 끌어낼 수 있도록 조직되어야 한다. 또 그들이 주도적 역할을 할 수 있도록 북돋아주고, 그들이 할 수 있는 것을 보여줄 수 있는 기회와 성장할 수 있는 범위를 제공해야 한다. 마지막으로는 그들에게 승진, 즉 사회적·경제적 지위를 부여하여 책임을 맡고자 하는 의지와 능력을 장려해야 한다."

수년이 지난 후 드러커는 "점점 더 우리에게 필요한 노력의 양은 우리가 통제하는 사람들이나 조직에서 나오는 것이 아니라 우리가 관계하고 있거나 파트너십을 맺고 있는 사람들과 조직으로부터 나온다. 우리는 그들에게 명령을 내려서는 안 된다."라고 말했다.

인터뷰를 하는 동안 그는 자신의 제자들과 그들의 이력에 대해 길게 소개했다. 그가 수백 명의 제자를 멘토링 해주었고, 그 일에 자부심을 가지고 그들 경력에 관심과 주의를 기울였음을 알 수 있었다.

그가 경영서에서 강조한 인간성은 단지 경영 이론이 아닌, 그가 어떻게 가르치고, 어떻게 살며 어떻게 멘토링을 해주었는지를 보여준다.

드러커는 자신을 세계에서 가장 서툰 경영자라고 했다. 그러나 어떤 기업을 경영했다면 그는 모든 근로자를 존엄성을 가지고 대했을 것이 분명하다. 그는 또한 일류 경영자에게 없어서는 안 될 또 하나의 자질을 가지고 있었는데, 그는 내가 만나본 누구보다도 겸손하고 진실한 자세를 지니고 있었다.

드러커의 눈을 통해 본 역사

드러커가 어떻게 경영의 법칙을 쓰고, 또 다시 썼는지를 충분히 파악하기 위해서는 그가 1940년대에 등장하기 전에 이미 존재하고 있던 경영 모델을 이해하는 것이 중요하다.

인터뷰하는 동안 드러커는 경영에 관한 역사를 짧고 설득력 있게 설명했다. 그는 자신의 책을 좋아하는 만큼 자신의 철학과 사상에 발판을 마련해준 앞서간 사람들을 지체 없이 집중 조명했다.

그는 일에 있어서 인간적인 면을 강조했던 초기 경영의 선구자인 메리 파커 폴레Mary Parker Follet(1868~1933)를 극찬했다. 그리고 "그녀는 완전히 잊혀졌다. 완전히"라고 힘주어 말했다.

"그녀는 억압에 의해 잊힌 것이지, 그냥 잊힌 것이 아니다. 그녀는 갈등과 대립 관계에 주안점을 두었던 1930년대 사고방식과는 정반대였기 때문에 그녀가 강조한 갈등 해결 방안이 받아들여지지 않았다."라고 드러커는 말했다.

폴레는 '군림하는 권력power over' 대신 '함께하는 권력power with'을 주장했고 '권위와 권력', '갈등 해결'과 같은 용어를 만들었다. 그녀는 조직을 강압적 수직구조가 아닌 '그룹 네트워크'로 보았다. 드러커가 그녀를 '경영의 선구자'라고 불렀던 것은 아마 그 때문일 것이다.

논란은 있지만 한 사람을 더 꼽자면, 가장 영향력 있는 20세기 초 경영 관련 인물로 프레드릭 테일러Frederick Taylor(1856-1915)가 있다. 과학적 관리의 아버지로 알려진 그는 자신의 연구를 스스로 '시간 연구'라 명명했다. 그것은 시간과 동작 연구로 알려졌고, 이는 과업을 수행하는 작업자들을 연구하고 각 과업의 구성요소를 100분의 1초까지 재는 것이다. 테일러는 과업을 수행을 통해 '하나의 최상의 방법'을 찾을 수 있다고 말했다. 그는 작업자가 모래를 삽질하는 것에서 시작했다.

테일러 이전의 삽은 비체계적으로 설계되어 있었고, 크기와 모양도 제멋대로였다. 테일러는 모래 삽 하나의 이상적인 분량은 9.75킬로그램이라고 확신하고, 정확히 그 양을 들 수 있도록 삽을 설계했으며 결국 노동자들을 더 능률적으로 만들었다.

드러커는 테일러의 주요 업적을 다음과 같이 요약했다. "테일러는 19세기 동안 기계 설계자들이 연장으로 하는 작업에 적용하기 위해 습득했던 원리들을 수작업에 적용했다. 즉 해야 할 일을 확인하고, 그것을 개별적 작업으로 세분화하며, 마지막으로는 그 작업들이 가장 빠르고 경제적으로 이루어질 수 있도록 19세기와는 달리 연속적으로 조업과정을 결합했다." 요컨대 "테일러는 숙련 노동자의 생산성을 높이기 위해 일에 지식을 적용했다."고 그는 말했다.

테일러의 책 『과학적 관리법Principles of Scientific Management』은 1911년 출간되었는데, 헨리 포드Henry Ford를 포함한 수많은 기업가들에게 영향을 끼쳤다(포드는 테일러에게 조립라인을 효율화하기 위해 자신의 자동차 공장에서 시간과 동작 연구를 하도록 요청했다. 그 공정은 1908년과 1927년 사이에 1500만 대의 동일한 검정색 모델 T를 만들어냈다).

테일러와 함께 자주 연상되는 또 하나의 경영사상가는 석탄 채굴 회사를 이끌었던 프랑스의 앙리 파욜Henri Fayol(1841~1925)이다. 드러커는 조직 구조의 필요성을 처음으로 이해한 사람이라고 그를 치하했다.

'권위'와 '지휘 체계의 통일'과 같은 개념을 포함한 그의 14가지 경영관리 원칙은 유럽과 미국에서 대단한 주목을 받았다.

테일러의 과학적 관리는 20세기에 들어와서 생산방식에 광범위하고 지속적인 영향을 미쳤다. 오늘날 경영학 입문 교과서의 대부분이 테일러의 과학적 관리와 파욜의 14가지 원칙을 몇 페이지에 걸쳐 할애하고 있는데, 이는 드러커에 할당된 것보다 훨씬 많다(앞서 언급했듯이 드러커가 어떤 교과서에서라도 단 몇 줄 또는 주석으로 나오는 것은 행운이다).

이런 상황은 지속되었으며 그 후로 100년간 경영학 교과서가 어떤 모습이었을까 하고 사람들을 궁금하게 만들었다. 1950년대 후반, 드러커는 이러한 경영관리 모델을 설명하며 "경영은 원인보다는 결과로, 기회의 창조보다는 필요에 대한 대응으로 인식되었다."고 지적했다.

조립라인 사고방식의 한계점

테일러는 그의 업적에도 불구하고, 개인의 가치와 존엄성을 떨어뜨린 몇 가지 생각들이 훗날 비판을 받게 된다. 그는 근로자의 생각과 가치보다는 짧은 시간을 중요시했으며 근로자를 조력자라 불렀다. 테일러는 "일을 만들고 진척시키는 데 있어서 근로자의 직무 능력은 없다."고 주장했다. 모든 일은 동일하고 모든 근로자도 똑같기 때문에 유능한 개인은 이른바 '1등급 인간'이 되도록 가르칠 수 있다는 것이다.

이러한 일반적이지 않은 생각때문에, 테일러 또한 엘리트 학자들의 비난을 받게 된다(단, 훗날 경영학 교과서 저자들은 예외). 개인의 직무능력이 중요하지 않다는 관념은 한마디로 비미국적이다. 무엇보다도 이기는 것에 가치를 두는 미국에서 이런 생각을 한다는 것은 상상하기 어렵다. 테일러에 대한 비판은 학계에만 국한되지 않았다. 드러커가 지적했듯이 심지어 찰리 채플린Charlie Chaplin도 무성영화 모던타임스Modern Times에서 조립라인의 문제점을 조롱했다.

예일대학 역사학 교수인 데이빗 몽고메리David Montgomery는 이렇게 말했다.

"테일러가 허풍선이는 아니지만 그의 이상적 메시지는 근로자들이 이견을 가지고 있다는 모든 증거를 숨길 필요가 있었다....(중략) 또한 진보에 대한 그의 모든 비전이 포용할 수 있는 것 외에는 모든 인간적 동기와 열망 역시 숨겨야 했다."

이에 반해 드러커는 직장에 대한 독창적 사고와 시기(士氣) 등 모든 것에 대하여 테일러의 조립라인 사고방식을 적으로 규정했다. 그는 학문의 방향과 논의의 초점을 바꾸어 놓았다.

『기업의 개념』은 직장의 인간화를 강력히 지지했고(그 책의 파트 II 제목은 '인간적 노력으로서의 기업The Corporation as Human Effort'이다), 마찬가지로 단순한 기계적 일처리 방식을 반대했다.

조립라인 사고방식은 "한 근로자로부터 만족을 빼앗는다."라고 드러커는 주장했다. 그는 또한 "가장 능률적인 근로자들은 다른 동료들보다 더욱 '기계 같고' 덜 '인간적'이었다."라고 주장했다.

지금은 당연하게 들리지만 조립라인이 대량생산을 위한 최상의 방식이었던 그 시절, 드러커의 생각은 다른 경영관리 이론들과는 완전히 다른 새로운 접근이었다. 그러나 직장을 인간답게 만들었던 한 권의 책이 엘리트 학자들에 의해 무시당한 것은 불행한 일이다.

〈이코노미스트〉 편집자인 존 미켈스웨이트와 아드리언 울드리지는 "자기 영역에만 사로잡혀 설명하고 있는 미국 학자들은 『기업의 개념』을 을 멀리했다. 예를 들어, 경제학자들은 그 책을 천한 사회학으로 간주했고 미친 경제학이라고 무시했다."고 말했다.

드러커의 초기 업적의 핵심은 조직이란 테일러의 조립라인에서의 톱니로 구성되는 것이 아니라 필요, 목표 그리고 강점을 가진 사람들로 구성된 사회적 기관이라고 늘 의식한 것이다.

경영은 과학이 아닌 '실천practice'이며 '사회적 학문social discipline'이라는 드러커의 주장은 경영관리 분야의 방향을 바꾸게 된다. 그는 또한 조직에서 사기의 중요성을 처음으로 기술한 사람 중 하나다. 『경영의 실제』에서 그는 다음과 같이 썼다.

"우리가 '리더십'과 회사의 '정신'에 대해 얘기하지만, 그 리더십은 경영자들에 의해 주어지고 정신은 경영진이 가지고 있는 정신에 의해 만들어진다."

책임감은 드러커에게 항상 관리 요소의 중요한 부분이었다. "근로자가 보기에 책임감은 그렇게 중요한 것이 아닐 수 있지만 기업은 근로자에게 책임감을 갖도록 강력히 요구해야 한다. 기업은 실적을 필요로 하는데, 이 실적을 올리기 위해서는 강제력을 사용할 수 없기 때문에 오로지 근로자들이 책임감을 갖도록 격려하고 유도해야 한다."

해야 할 일을 당연시 하지 마라

조지 엘톤 메이오George Elton Mayo(1880-1949)는 심리학자이자 사회학자로 하버드대학에서 20년 이상(1926~1947) 산업 분야를 연구한 교수다. 그의 업적 중 유명한 호손 연구Hawthorne Studies*는 이론가인 메리 폴레의 연구에 바탕을 두고 있다.

두 사람은 당시 경영관리에서 인간적인 부분을 빠뜨린 것은 경영관리 모델의 심각한 오류라고 생각했다. 메이오는 후에 이른바 인간관계 운동의 아버지로 등장하게 된다. 하지만 드러커가 지적했듯이 어떤 인간관계 이론가도 그것을 더 이상 발전시키지 못했다. 테일러는 훗날 '과학적 관리법'이라고 부르는 것을 시작했을 때 '과업은 무

* 1927~1932년 이루어진 연구로, 업무를 관찰 받고 있다고 생각하는 근로자가 그렇지 않은 근로자보다 더 높은 성과를 낸다는 것을 보여주었다.

엇인가' '왜 그 일을 하는가'라는 질문은 결코 그에게 중요하지 않았다. 테일러가 한 질문은 '어떻게 일을 하는가'가 전부였다.

50여 년이 지난 후, 하버드의 메이오는 과학적 관리를 폐기하고 나중에 인간관계론으로 불리게 된 것으로 대체하기 시작했다. 그러나 테일러와 마찬가지로 그 역시 '과업은 무엇인가'와 '왜 그 일을 하는가?'라는 질문은 하지 않았다. 일을 만들고 진척시키는 데 있어서 일은 당연히 주어지는 것으로 알고 있었다.

다른 말로 하면 드러커 이전의 경영은 하나의 일차원적 학문 분야였다. 이론가들은 일을 제일 잘하는 방법에 관심이 있었고, 무엇을 해야 하고 무엇을 하지 말아야 하는가에는 관심이 없었다.

과학적 관리 대 인간관계는 무슨 일을 해야 하는가가 아니라, 어떻게 해야 일을 최고로 잘할 수 있는가에 대한 토론으로 요약된다. 그러나 경영은 사회적 학문 분야이며 과학이 아니라고 생각한 드러커에게 무엇을 할 것인가는 적어도 그 일을 어떻게 할 것인가만큼 중요했다.

이것이 드러커 사상의 진수다. 그의 위대한 재능 중 하나는 모든 가정에 의문을 제기하고 더 이상 쓸모없는 것들을 버리는 것이다. 물론 전략은 경영관리의 범위에 속한다.

알프레드 슬론(제너럴 모터스)이 1920년대에 헨리 포드를 물리쳤을 때 그것은 우월한 세분화 전략 때문이었다(드러커는 포드를 좋아하지 않았다. 포드는 관리자들을 믿지 않았기 때문에 회사를 잘못 경영했다고 그는 말했다).

파트너십의 핵심 강령

제2차 세계대전 이전의 경영진은 근로자들에게 그들이 수행하는 일에 대해 일을 더 잘할 수 있는 방법을 묻지 않았다. 테일러는 관리자와 근로자 모두를 '멍청한 황소'로 가정했다.

메이오는 관리자를 좀 더 존중했고 근로자는 '미숙하고' '적응을 못하는' 사람이라고 규정했다. 그는 근로자에게는 그들이 무슨 일을 해야 할지를 가르쳐줄 심리학자의 전문성이 필요하다고 생각했다. 하지만 드러커가 지적했듯이, 제2차 세계대전은 경영의 패러다임을 완전히 바꾸었다.

근로자에게 그들이 마땅히 해야 할 일을 가르쳐줄 작업반장, 기술자 또는 심리학자들이 없는 가운데(그들 역시 징집되어 제2차 세계대전에 참가했다) 드러커와 그의 동료들은 근로자들을 일대일로 대할 수밖에 없었다.

드러커는 근로자들을 만나보고 엄청나게 놀랐다고 고백했다. 그들은 메이오가 말한 것처럼 멍청하지도, 적응을 하지 못하는 사람들도 아니었다. 오히려 자신이 하고 있는 일을 잘 알고 있었고 더 잘할 수 있는 방법도 알고 있었다. 요점은 근로자에게 관심을 갖는 것이었다. 즉 "그들에게 질문하는 것이 생산성과 품질 향상으로 가는 첫 걸음"이라고 드러커는 설명했다. 그리고 시대가 빨리 변하고 있었다.

"제2차 세계대전이 끝난 후부터 1960년대 말까지 25년 간 경영의 붐이 전 세계를 휩쓸었다....(중략) 경영은...(중략) 전 세계적인 관심사가 되었다."라고 드러커는 설명했다.

IBM은 근로자들이 일을 더 잘할 수 있는 방법을 알고 있다는 가정을 믿은 최초의 대기업이다. 사고THINK는 일찌감치 빅 블루Big Blue(IBM의 별칭)에서 모토가 되었는데, 1930년대 중후반에 IBM학교 정문 위에 THINK라고 새겨졌던 커다란 현판이 이를 증명한다.

토마스 왓슨Thomas J. Watson에 따르면, 그 학교에 들어오는 IBM인들을 맞이하는 또 다른 단어는 관찰OBSERVE, 토론DISCUSS, 경청LISTEN 그리고 독서READ였다고 한다. 그러나 THINK 표지는 모든 IBM 사무실에 눈에 띄게 걸려 있었다고 했다.

이후 1950년대와 1960년대에 일본 기업들이 관리자들로 하여금 직원들과 더 가까운 관계를 유지하도록 함으로써 미국 기업들의 뒤를 따랐다.

각자 일이 미리 정해지면 조립라인에서 일하는 근로자들처럼 소통하지 않아도 문제없이 넘어갈 수 있었을 것이다. 그러나 일이 점차 복잡해지고 지식근로자와 전문가들이 조직의 다수를 차지함에 따라 경영진은 과거에는 해본 적이 없는 방식으로 근로자들을 참여시킬 필요가 생겼다. 즉 "책임감 있는 근로자와 협업하는 것이 유일한 길이며 그 밖에 어떤 것도 효과가 없을 것이다."라고 드러커는 쓰고 있다.

후에 드러커는 정보시대에 있어서 근로자와 파트너십을 가지고 밀접한 업무관계를 유지하는 것이 어느 때보다 중요하다고 썼다. "서로 만나서 조직적이고, 체계적이며, 시간계획을 기반으로, 함께 일하는 것이 점점 중요해질 것이다."

원격 정보는 대면관계를 대신할 수 없지만, 대면관계를 오히려 더욱 중요하게 만든다. 또한 사람들이 서로에게 무엇을 기대하는지 안다는 것과 사람들이 서로에게 믿음을 갖는다는 것은 더욱 중요하다.

이는 정형화된 정보뿐 아니라 모든 변화와 관련된 정보 및 대면접촉을 의미한다. 다시 말해, 이러한 정보들은 서로를 알고 이해하는 기회를 뜻한다.

근로자와의 파트너링(파트너십 형성)을 가장 잘한 현대의 대기업 모델은 잭 웰치의 GE다. 웰치가 1970년대에 드러커를 읽기 시작했기 때문에 가능했다. 그러고 보면 그가 취한 몇 가지 최고의 결정은 바로 고인이 된 경영의 선구자인 드러커에게서 찾을 수 있다.

예를 들어, 웰치가 한 말들이 드러커의 말과 얼마나 유사한지 다음을 보면 잘 알 수 있다.

"근로자는 자신이 하고 있는 일, 일의 원리 및 방식을 대단히 잘 알고 있다."라고 드러커는 말한다. 웰치는 후에 이렇게 말했다. "근로자는 일이 더 잘 되게 할 수 있는 몇 가지 놀랄 만한 아이디어를 가지고 있었다."

웰치가 근로자 개인에 대해 보여준 신뢰는 그의 대표적 이니셔티브인 워크아웃Work-out을 낳게 한 계기였다. 그는 엘리트주의자인 GE의 관리자가 1980년대 근로자에게 귀를 기울이지 않고 있음을 알고는 워크아웃 프로그램을 실행에 옮겼다. 그런 현상을 목도하고 분노한 웰치가 GE 경영진으로 근로자들의 참여를 제도화시킨 것도 바로 이때다.

수일에 걸쳐 전 직원이 참여하는 워크아웃 타운 홀 행사에서 근로자들이 경영자들에게 업무 개선사항들을 얘기함으로써 조직 계층 구조가 뒤집어진다. 워크아웃의 이면에 깔려 있는 생각은 조직 내의 모든 구성원이 좋은 아이디어를 가지고 있는데 그것을 분명하게 밝힐 수 있는 플랫폼이 필요하다는 것이었다.

웰치에 따르면 "누군가 자신의 지시사항만을 단순이 이행하는 2명의 부하직원을 거느린다면 나는 그를 해고하고 그 두 사람을 데리고 일할 것이다. 만약 당신이 그저 지시만 내리고 다른 사람이 따르기만 한다면 나는 당신의 생각만 알게 될 것이다. 나는 세 사람의 아이디어에서 선택하고 싶다."

드러커는 마지막 몇 년 동안 지식근로자에 대한 권한 이양과 파트너링에 관해 그의 논점을 확장했다. 『피터 드러커, 마지막 통찰』의 저자인 엘리자베스 하스 에더샤임과의 인터뷰에서 그는 경영자들이 일단 권한을 이양했으면 부하직원이 일을 망쳤다 하더라도 그 일을 장악하고 싶은 충동을 억제해야 한다. 직원이 도움을 청하지 않는다 해도 그대로 내버려두어야 하며 그들에게 자신의 일을 명확하게 허용했으면 그에 따른 리스크는 감수해야 한다."라고 말했다.

에더샤임은 파트너십에 관해 극단적인 예를 들면서 다음과 같이 덧붙였다. "근로자에게 자신의 상사를 해고시킬 권한을 주자는 의견에 대해 당신 마음이 편치 않다면, 당신은 다음 세기에 리더 자격이 없는 사람이다."

드러커의 파트너십 원칙을 이행하기 위해 당신이 할 수 있는 것은 무엇인가? 다음의 것들을 시도해보기 바란다.

- 구성원들이 정보를 공유하게 하라.

  보다 민주적인 근무 환경에서는 사람들이 정보에 쉽게 접근할 수 있다. 모두가 '상부에서' 무엇이 일어나고 있는지 알고 싶어 하는데, 당신은 부하들과 회사의 나머지 사람들을 연결해주는 최상의 연결핀이 될 수 있다는 사실을 명심하라. 회사나 조직이 무엇을 하고 있는지 모르는 사람들로 구성된 부서보다 나쁜 것은 없다.

- 근로자에게 목표를 부여하기 전에 그들 스스로 초안을 만들도록 요구하라.

  사람들은 자신의 목표 설정에 직접 참여했을 때, 그 목표를 달성하기 위해 노력할 가능성이 높다.

- 팀 구성원들을 규칙적으로 만나서 그들의 일이 조직 전체와 어떻게 조화를 이루는지 설명하라.

  모든 근로자는 회사에 기여하는 자신의 역할이 어느 정도 수준에 속하는지 알고 싶어 한다. 격주로 도시락 또는 배달 피자를 먹으면서 하는 미팅은 구성원의 노력이 회사 경영에서 어떻게 기여하고 있는지를 알려주는 기회가 될 수 있다.

- 비공식 대화에 부하직원들을 자주 참여시키고 솔직한 피드백을 하라.

  부하직원들이 어떻게 일하고 있는지 알게 하라. 그들을 불러내 함께 커피를 마시고 그들이 무엇을 제일 잘하고 있는지 알려주는 것으로 시작하라. 그들이 목표에 대해 비교하고 논의하면서 그들이 원하는 피드백을 제공하라(제8장에서는 약점을 극복하는 경영 개념에 대해 살펴볼 것이다).

제퍼슨주의적 이상

드러커의 기업에 대한 시각, 기업과 개인 및 사회와의 관계는 경영의 패러다임을 바꾸어 놓았다. 근로자는 단순한 비용이나 기계의 톱니가 아니다. 따라서 "사장에서 청소부까지 모든 개인은 그들 기업이 성공하는 데 똑같이 필요한 존재로 보아야 한다. 동시에 규모가 큰 기업은 동등한 승진 기회를 주어야 한다." 그러나 드러커가 이러한 개념을 쓴 지 60년이 지난 지금도 일부 근로자와 경영자는 개인이 자원이라기보다 비용이나 톱니로 생각하고 있다.

지식근로자는 조직의 성공을 이끄는 주요 과업에 초점을 맞추어야 하고 "그 밖의 다른 것은 제거해야 한다."는 점을 드러커는 분명히 했다. 달리 말하면, 능력 있는 근로자는 마땅히 해야 할 일을 알고 그렇지 않은 일을 버릴 줄 안다. 따라서 경영자는 구성원들에게 다음과 같은 질문을 함으로써 그들을 도와야 한다.

'당신의 최우선 과제는 무엇인가' '그것은 무엇이 되어야 하는가' '당신은 무엇을 기여하도록 요청받고 있는가' 다음 질문이 가장 중요하다. '당신이 과업을 수행할 때 방해되는 것은 무엇이며 무엇이 제거되어야 하는가'

이메일, 회의, 전화가 빗발치는 오늘날의 작업 현장에서 해서는 안 되는 일을 안다는 것은 절반은 성공한 것과 같다. 타고난 경영자는 직관적으로 이런 일을 해낸다. 그러나 최고의 능력을 발휘하는 경영자는 항상 구성원들과 이런 종류의 토론을 한다.

가끔 부하직원들에게 형식주의를 타파하도록 도와주거나 의미 없는 일에서 해방시켜 줌으로써 회사에서 중요한 기회를 자유롭게 추구할 수 있도록 해야 한다.

7 Inside Drucker's Brain

내일 이외는 모두 버려라

"리더에게 가장 중요한 것은 '목적을 달성했을 때, 언제 그 일에 대한 자원 공급을 중단해야 하는가'를 아는 것이며, 가장 위험한 함정은 '조금 더 분발했더라면 목표를 달성했을 텐데'라고 후회하는 것이다."

이 장에서는 드러커의 대표 전략 중 하나를 보여주고, 드러커가 자신이 가르친 것을 어떻게 실천했는지를 자세히 살펴볼 것이다. 그는 책을 쓴 다음에는 그 책을 다시는 읽은 적이 없다고 말했다. 그는 과거에 쓴 책을 버리고 새로운 아이디어가 생기면 다시 새로운 책을 썼다. 자신의 인생에서 한 선택들도 마찬가지다. 그가 말하는 삶의 핵심은 미래를 위해 과거를 버리는 것이다.

드러커는 하버드대학과 스탠포드대학의 명망 있는 자리를 거절했다. 그러고는 결코 그 일을 되돌아보지 않았다. 그는 과거의 영광을 즐기지 않는 사람이었다. 자신이 사는 집안의 벽이나 복도에도 그 업적을 보여주는 것은 아무것도 없었다. 방문객들이 볼 수 있는 곳 어디에도 그런 것을 볼 수 없었다. 이는 그가 항상 새로운 과제에 몰두했음을 의미한다.

드러커는 다만 한 가지를 후회한다고 말했다. 즉 그가 쓰지 않은 책이다. "내가 쓰지 못한 것 중 첫째로 꼽을 수 있는 것은 『무지한 경영Managing Ignorance』이다. 좋은 내용이지만 대단히 어려운 책이 되었을 것이다."

드러커는 그 책을 쓰기 시작했지만 완성하지 못했다고 했다. 그 책은 드러커에게 하나의 새로운 접근이었을 것이다. 경영자들이 범한 모든 실수를 밝히고 장점보다는 단점에 초점을 맞출 수밖에 없었기 때문이다. 아마도 그 이유로 책을 완성하지 않은 것 같다.

버리기는 관심을 끌지 못한다

드러커의 팬들에게 그가 설파한 3가지 가장 중요한 개념을 들라고 하면 '의도된 버리기'는 꼽지 않을 것이다.

버리기abandonment는 드러커의 법칙(사업 목적에 대한 단 하나의 유효한 정의는 고객을 창출하는 것이다)과 제2차 세계대전 이후 수십 년 동안 대단한 인기를 얻었던 개념인 '목표에 의한 경영'만큼 머리에 쏙쏙 들어오지 않는다.

버리기는 고위경영자가 프레젠테이션을 할 때 인상적으로 들리는 그런 종류의 개념도 아니다. 하지만 대부분의 경영자가 자신이 버린 제품이나 아이디어를 자랑하지는 않지만 버리는 의사결정이 있었기에 역사적으로 가장 성공한 제품이 나올 수 있었다.

하지만 드러커는 소위 경영자의 '자존심 이입'이라고 하는 것 때문에 경영자들은 쉽게 버리지 못한다고 했다. 버리는 것은 경영자가 그동안 무슨 수를 써서라도 매출을 증대시키라고 배워온 것에 어긋나기 때문이다.

한 기업의 생명은 매출과 이익에서 온다. 어느 제품라인을 버리는 것은 그것을 축소시키는 것처럼 보인다. 하지만 그것은 특히 장기적 관점에서는 옳지 않은 생각이다. 드러커는 너무 많은 경영자가 오랫동안 어제에 집착한 나머지 결과적으로 사업에 어려움을 겪게 된다고 주장한다.

기업은 경쟁자에 의해 유용성을 상실할 때까지 캐시카우를 붙잡고 있는데, 이는 결국 기업의 유용성까지 상실하게 되는 운명에 처하게 된다고 드러커는 말했다.

성장정책의 첫 걸음

드러커가 단언하듯이 "성장 정책의 첫 걸음은 어디에서 그리고 어떻게 성장하느냐를 결정하기보다 버릴 것이 무엇인가를 결정하는 것에서 시작되어야 한다. 성장하기 위해서 기업은 몸에 맞지 않는 것, 진부해진 것, 비생산적인 것들을 제거하는 시스템적인 정책을 가져야 한다."

한물간 아이디어와 제품을 버리지 않는 것은 무엇보다 값비싼 실수로 이어진다. 예를 들어, 2000년대 초 포드와 GM은 녹색운동과 폭등하는 석유 가격에도 불구하고 휘발유를 많이 먹는 SUV차량을 사상 최대로 생산하는 전략을 적극적으로 추진했다.

반대로 도요타는 새로운 하이브리드 기술을 개발하는 데 초점을 맞추고 대중이 저렴하게 살 수 있는 프리우스와 같은 하이브리드 차를 만드는 방법을 찾았다. 도요타의 리더들은 하이브리드 차가 이산화탄소 배출을 줄이고 연료 소비를 감소시키는 열쇠임을 알았고 급성장하고 있는 시장에서 선도자가 되기 위해서는 낮은 마진을 기꺼이 받아들였다.

도요타의 첫 번째 하이브리드 차 프리우스는 1997년 일본에서 개발이 착수되었고 2001년 전 세계에 출시되었다. 이 새로운 차는 처음부터 히트였으며 1997~1998년 일본에서 '올해의 차', 2004년 북미에서 '올해의 차', 2005년 유럽에서 '올해의 차'를 포함하여 다수의 상을 받았다.

결과는 극적이었고, 심지어 10년 전만 해도 상상할 수 없는 일이었다. 프리우스는 도요타를 일약 세계 1위(GM이 70년간 보유해온 자리)의 자동차 메이커로 만드는 데 큰 역할을 했다.

반면에 포드와 GM은 계속 실적이 악화되어 사상 최대의 손실을 기록했다(포드는 2000년 127억 달러 손실, GM은 2007년 387억 달러 손실을 기록했지만, 도요타는 2007년 9개월 동안만 해도 131억 달러의 이익을 냈다).

2006년 12월 포드의 CEO 앨런 멀랄리Alan Mulally는 도요타 회장 후지오 조Fujio Cho를 만나기 위해 일본으로 출장을 갔다. 멀랄리는 포드의 제조 공정을 효율화하는 방법에 대해 도요타 회장의 조언을 구했다고 했다. 이때 포드는 생산 문제보다도 더 심각한 것이 있음을 알게 된다. 디트로이트 소재 자동차 회사가 더 이상 유용하지 않은 캐시카우를 버리지 못함에 따라 엄청난 대가를 치른 것이다. 드러커는 이렇게 말한다. "사람은 어쩔 수 없이 버려야만 할 때는 물론이고, 실제로 버리고 싶은 마음이 들기 전이라도, 버려야 한다." 미국 자동차 회사들은 드러커가 1964년 처음 이를 제안했음에도 불구하고 그의 충고를 따르지 않았다.

보다 일찍 하이브리드 차를 적극적으로 추진하지 않은 미국 자동차 회사들은 황금 기회를 놓쳤다. 지나고 보면 당연한 일이지만 GM, 포드 그리고 크라이슬러가 일부 자원을 대형 SUV에서 빼내어 연료절감형 하이브리드에 배분했더라면 그처럼 깊은 수렁에 빠지지 않았을 것이다.

분명히 자동차 시장이 근본적인 변화를 겪고 있다는 신호가 있었다. 전통적인 화석 연료의 대체물에 대한 이야기는 1970년대부터 있어 왔고, 1990년대에 다시 활기를 띤 바 있다.

가장 유능한 경영자들은 미래를 읽는 법을 배우고, 새로운 현실이 가져다줄 새로운 기회를 최대한 활용할 수 있도록 자신의 조직을 준비시킨다.

드러커는 다음과 같이 설명한다. "기회의 극대화는 기업을 어제에서 오늘로 옮기는 방법을 알려준다. 그렇게 함으로써 기업은 내일의 새로운 도전에 대비할 수 있다. 그러한 기회의 극대화는 기존 활동 중에서 계속 밀고 나가야 하는 활동과 버려야 할 것을 알려주며, 시장이나 회사의 지식 분야에서 성과를 낼 수 있는 새로운 것들을 이끌어 낸다."

지난달의 매뉴얼을 새로 작성하라

도요타의 위대한 성공 뒤에 숨은 비결 중 하나는 일을 더 잘하는 방법을 끊임없이 찾으려는 뿌리 깊은 전통이다. 모두가 새로운 일처리 방식을 찾기 위해 어제의 방법을 버리도록 교육받는다.

도요타의 설립자인 사키치 도요타Sakichi Toyota는 독학 발명가다. 그는 자동차로 회사를 시작한 것이 아니라 여성들이 베를 짜는 데 사용하는 직기 제조로 사업을 시작했다. 그는 드러커가 말하는 타고난 경영자였다. 끊임없이 일을 더 잘하는 방법을 찾은(1890년 첫 직기 특허를 얻었다) 그는 궁극적으로 100개 이상의 특허를 획득하고 토머스 에디슨과 헨리 포드와 어깨를 겨루는 세계적인 발명가가 되었다.

1935년 만들어진 회사의 5가지 설립 강령이 오늘날에도 도요타를 이끌고 있다. 그중의 하나는 모든 근로자가 '끊임없이 창조하고 탐구하며 개선함으로써 시대를 앞서가야 한다.'이다.

개선과 폐기는 동전의 양면이다. 개선하기 위해서 사람은 효과가 별로 나지 않는 것은 버리고 효과가 더 잘나는 것을 살려나가야 한다. 도요타의 전 수석 부사장이자 도요타의 대표적인 생산 시스템을 만드는 데 숨은 주역이었던 다이이치 오노Taiichi Ohno는 다음과 같이 말했다.

"매일같이 직원들의 주위를 살펴서 쓸모없거나 지루한 일들을 찾아 개선하지 않는다면 뭔가 잘못된 것이다. 심지어 지난달에 사용했던 매뉴얼도 반드시 시대에 뒤떨어지게 될 것이다."

다른 기업의 경영자들도 도요타의 특허 제조 공법인 TPS, 즉 도요타생산시스템Toyota Production System을 검토할 만한 가치가 있다고 인정했다. 존 디어John Deere와 월마트Wal-Mart처럼 다각화된 회사들은 TPS를 분석하고 검토하여 자신들의 조직에 몇 가지 사항을 적용했다.

TPS에 내재된 것은 회사가 오랜 기간 지켜온 카이젠kaizen(일본어로 개선을 의미함), 즉 끊임없는 개선에 전념하는 것이다. 지속적인 개선을 가능케 하는 열쇠는 회사에서 낭비를 뜻하는 문다munda의 제거 방법을 끊임없이 찾도록 사람들을 육성하는 것이다.

물론 모든 회사가 제품과 프로세스를 개선하고 싶어 한다. 그러나 데이빗 매지David Magee가 쓴 『도요타는 어떻게 일등이 되었나?How Toyota Became #1』라는 책에 따르면 "TPS를 단순한 제조방식으로 접근하는 것과 생활화하고 실천해야 할 길잡이로 사용하는 것과는 분명한 차이가 있다."라고 했다. 카이젠은 모든 도요타 공장에서 쉽게 볼 수 있다. 모든 작업자는 문제의 징후가 보이는 즉시 '가동을 멈출' 수 있는 권한이 있다. 이 권한을 부여받은 직원은 품질이나 안전의 문제에 직면하면 코드를 뽑아 조립라인을 중단시켜야만 한다.

도요타 시스템에서는 조립라인을 멈춘 근로자를 질책하지 않는다. 그 반대다. 멈추어야만 할 때 라인을 멈추지 않는다면 엄청난 실수로 이어지기 때문이다. 도요타 공장에서는 하루에 무려 5000번이나 코드가 빠진 적도 있다.

도요타에서 효과 없는 것을 버리는 것은 공장 작업장에 국한된 것이 아니다. 많은 기업이 바로 이 부분에서 잘못을 범하고 있다. 즉 카이젠 원칙을 사업의 다른 분야에 적용하지 않는 회사들이 자주 실패한다. 도요타에서는 회사의 거의 모든 영역에서 그들의 대표적 생산 방법인 TPS을 볼 수 있다.

도요타자동차 북미 담당 사장을 역임한 바 있고 지금은 크라이슬러 사장인 짐 프레스Jim Press는 "공장은 작동중인 TPS가 가장 눈에 잘 띄고, 가장 쉽게 TPS를 확인할 수 있는 곳이다. TPS를 구성하는 요소들과 핵심사항은 렉서스Lexus 서비스 부서에서 캘리포니아 주 토런스Torrance에 있는 미국 도요타 자동차 판매본부Toyota Motor Sales USA 건물의 경비원에 이르기까지 모든 곳에 존재한다."라고 말했다.

이러한 도요타 문화의 또 다른 중요한 부분을 '5개의 왜5Whys'라고 부른다. 5Whys는 문제의 근본 원인을 찾기 위해 생산 부문에서 사용되는 방법이다. 단지 몇 개의 질문만으로는 관리자가 문제의 원천에 도달할 수 없다는 것을 전제로 한다. 이 방법론은 1970년대에 다른 기업들이 도요타의 방식을 연구하고 모방하기 시작했을 때 인기를 얻었다.

나중에 5Whys 아이디어는 통계에 기초한 식스 시그마 프로그램과 같은 보다 정교한 품질 개선 방법으로 진화했다(모토롤라가 개척하고 GE가 보급한 품질 개선 이니셔티브다). 5Whys는 도요타가 낡은 것을 버리고 더 나은 일처리 방식을 찾기 위해 사용한 또 하나의 도구다.

2007년 도요타는 포춘이 선정하는 미국 내에서 가장 존경받는 기업 3위로, 전 세계 기준으로는 2위로 선정됐다(전년 대비 6단계 상승).

어제를 버리고 내일을 받아들이는 도요타의 기업 문화가 성공의 핵심 역할을 했다는 것은 의심의 여지가 없다.

버리기 vs 현실

다른 사람보다 과거를 더 잘 버리는 경영자가 있는 데 반해 무언가를 버리는 데 큰 어려움을 겪는 경영자가 있는데, 이런 사람들은 종종 현실을 직시하지 못한다. 『왜 똑똑한 경영자들이 실패하는가?Why Smart Executives fail?』의 저자인 시드니 핀켈스타인 박사Dr. Sydney Finkelstein는 6년에 걸친 연구 결과 최고 2개의 경영 실패 원인을 찾아냈는데, 둘 다 현실 직시 능력의 부족과 직접 연관되어 있었다.

연구에 따르면, 기업은 고위경영자들이 현실에 대한 균형감각을 잃을 때 가장 큰 실수를 범한다고 한다. 두 번째로 흔한 실패 요인은 '이러한 부정확한 현실감강을 지속시키는 망상적 태도'다. 아마도 이는 왜 '현실을 직시하라'를 잭 웰치가 사업의 첫 번째 기준으로 삼았는가를 설명해줄 것이다.

GE에서 그는 이러한 구호를 되풀이해서 반복했고, 그 구호가 힘든 의사결정들을 내리는 데 도움을 주었으며 포춘이 선정한 '금세기 경영자'의 영광을 차지하게 해주었다.

웰치가 CEO로 보낸 첫 10년은 의도적인 버리기를 보여준 교과서적 사례다. 그는 회사의 새로운 비전에 적합하지 않은 117개 사업을 팔아 치웠다. 예를 들어 1984년 미국 가정에서 가장 잘 알려진 GE 가전부문(토스터와 헤어드라이어 등의 제품 제조)을 매각했다.

미국의 이른바 '한 부분'을 처분한 과정에 대해 묻자, 그는 분명하게 다음과 같이 말했다. "2000년이라면 당신은 토스터 사업에 종사하겠습니까? CT스캐너 사업에 종사하겠습니까?" 이 질문은 다음과 같은 드러커의 유명한 리트머스 테스트에서 유래했다.

우리가 이미 하고 있는 일이 아니라면, 우리가 가진 지식을 고려할 때 이제 와서 그 일을 새로 시작하겠는가? 대답이 '아니오'라면 조직은 다음과 같이 자문해야 한다. 우리는 이제 무엇을 할 것인가? 단순히 더 연구할 것이 아니라 반드시 어떤 행동을 취해야 한다.

이것은 드러커의 책 『자본주의 이후의 사회Post Capitalist Society』에 나오는데, 새로운 시장에 진입할 때 드러커가 던졌던 유사한 질문의 변형이다.

드러커는 어떤 조직이 이러한 핵심 질문에 답할 수 있도록 충분히 훈련받을 수 있는 한 가지 방법이 있다고 확신했다. 그는 1990년대 초·중반에 그 방법에 대해서 다음과 같이 설명했다.

"오늘날 모든 기업은 조직 내에 변화 관리를 뿌리내리게 해야 한다. 기업은 그들이 하고 있는 모든 것을 체계적으로 버리겠다는 생각을 조직 안에 심어야 한다....(중략) 점차 기업들은 성공적인 정책, 관행 또는 제품의 생명을 연장하기보다 버리기를 계획해야 할 것이다. 이는 지금까지 단지 몇몇 일본 기업들만이 인정했다."

드러커의 핵심강령은 버리기를 중요하게 여기는 경영자들이 사용할 때 강력한 수단이 된다. 그 강령이 정직하게 검토될 때 핵심강령은 어느 사업 또는 어느 시장을 퇴출시킬지를 알 수 있도록 길을 밝혀줄 것이다. 요점은 경영진이 반드시 현실을 직시하고 회사가 가장 잘하는 것에 초점을 맞추어 구체적이고 전략적인 계획을 세워야 한다는 것이다. 드러커는 다음과 같이 설명했다.

"전략은 기업이 의도적으로 기회주의적 행동을 할 수 있게 해준다. 만약 기회로 보이는 어떤 것이 기업의 전략적 목표 실현에 기여하지 못한다면, 그것은 기회가 아니고 집중을 방해할 뿐이다."

그밖에 어떤 방법을 통해 진부한 것을 버리고 확실히 앞서갈 수 있는지, 다음을 살펴보자.

- 비성과자 또는 회사의 가치에 부응하지 않는 사람을 버려라.

제품뿐 아니라 프로세스들도 버릴 수 있다. 『좋은 기업을 넘어 위대한 기업으로』의 저자 짐 콜린스는 경영자의 최우선 순위는 적합한 사람은 버스에 태우고, 그렇지 않는 사람은 내리게 하는 것이라고 설명했다. 수십 년 전 드러커는 모범을 보이지 않는 사람은 누구든지, 특히 관리자는 해고되어야 한다고 다음과 같이 주장했다. "그런 사람을 남겨두는 것은 다른 사람들을 타락시키는 것이다. 그것은 전체 조직에 매우 불공정하다."

- 젖소가 쇠약해지기 전에 버려라.

드러커는 경영자들에게 회사의 자원 대부분을 비용의 몇 배로 보상할 수 있는 '기회가 큰' 제품이나 제품군에 투입해야 한다고 촉구했다(그는 이를 '투입 우선순위'라고 불렀다). "낙오자들also-rans은...(중략) 그들이 가진 것, 또는 부족한 상태로 그럭저럭 해내야 한다. 그들은 겨우 '젖이 나오는 상태'에 있다. 즉 낙오자들은 결과물을 생산하고 있는 한 유지될 것이고 젖이 나올 것이다. 하지만 그 낙오자들은 '사육'되지는 않는다. 그런 젖소들이 급속히 쇠약해지는 단계에 접어들면 도살시켜야 한다."고 밝혔다.

- 부하직원이 의도적 버리기purposeful abandonment를 실천하도록 훈련하라. 당신 혼자서는 그 일을 할 수 없다. 시장을 잘 알고 있는 사람들과 고객까지도 끌어들여, 시들어가는 제품 또는 제품군을 끊임없이 찾아내고 확인해야 한다. 동시에 시장을 잘 알고 있는 사람들에게는 미래의 기회와 혁신으로 이어질 수 있는 아이디어들을 내놓도록 해야 한다.

내일 이외는 모두 버려라

버리기는 드러커를 잘 이해할 수 있는 열쇠 중 하나다. 드러커가 어떤 사람인가를 보여주는 근본적인 것이기 때문이다. 의도적인 버리기는 드러커의 핵심 원칙을 망라하고 있다. 예를 들어, 버리기는 끊임없이 올바른 질문을 하는 훈련을 수반한다.

"자신이 모든 답을 가지고 있다고 생각할 때 당신은 질문하지 않는다."라고 드러커는 말했다. 그는 올바른 질문을 하는 것을 결코 멈추지 말고, 가장 기본적인 것으로 시작해서 가정할 수 있는 모든 사항에 대해 의문을 가질 것을 촉구했다. 예를 들면, 드러커는 다음과 같이 썼다.

"회사의 사업이 무엇인가에 답하는 것보다 더 단순하고 명확한 것은 없다....(중략) 실제로 '우리의 사업이 무엇인가'는 심사숙고하고 연구한 끝에만 대답할 수 있을 만큼 항상 어려운 질문이다. 그리고 정답은 보통 찾기 어렵다."

사업을 정의하는 것이란 어떤 시장이 존재하고, 어디에 진입하며 어느 영역을 '밀고 나가고' 어느 것을 버릴 것인가에 대해 힘든 결정을 하는 것을 포함한다.

마지막으로, '고위경영진 중 누군가에게 기업가와 혁신가로서 미래를 준비하는 특정 과업을 주지 않으면' 어떤 기업도 어제를 진정으로 버릴 수 없다.

8 Inside Drucker's Brain

강점을 심사하라

"지식 관련 일을 할 때는 무엇보다도 강점을 기준으로 팀을 구성해야 한다. 이는 지식근로자들에게 결과물을 만들게 하고, 회사에 기여하는 자리에 그들을 배치하는 것에 대해 지속적인 관심을 가져야 하는 것을 의미한다."

1990년대 후반과 2000년대 초에 걸쳐, 저명한 저술가들이 강점strength에 초점을 맞춰 리더와 조직을 구축할 경우 생기는 장점을 극찬하는 글이 수천 페이지에 달했다. 그러나 수십 년 전에 남들이 그런 글을 쓸 생각도 하기 전에 드러커는 강점에 초점을 맞추는 것은 모든 책임감 있는 경영자의 의무라는 점을 분명히 밝혔다.

"할 수 있는 것보다 할 수 없는 것에 기초하고, 강점에 초점을 맞추지 않고 약점에 초점을 맞추는 것만큼 조직의 사기를 꺾는 것은 없다. 강점에 초점이 맞추어져야만 하고....(중략) 가장 큰 실수는 약점에 기초하는 것이다."라고 드러커는 주장했다.

그것은 사리에 맞고 심지어 쉽게 이해할 수 있는 것처럼 들린다. 그러나 오늘날 경영자 대다수는 강점을 키우기보다 약점을 고치느라 많은 시간을 허비한다.

사실 대부분의 대기업은 그런 것을 권장할 뿐만 아니라 회사의 여러 공식 또는 비공식 평가와 절차에 그런 것을 포함시키도록 제도화하고 있다. 그 결과, 경영자들은 근로자의 강점을 끌어올리기보다 그들의 단점에 초점을 맞추도록 훈련받고 있다.

이 장에서는 강점 이론에 대한 드러커의 초기 연구 결과와 그것이 리더 선발과 개발 같은 다른 영역에 어떻게 영향을 미쳤는지 살펴보게 될 것이다. 또한 프록터 & 갬블Procter & Gamble의 래플리A. G. Lafley와 같은 현대 리더들을 소개하고 그들이 자신의 조직을 강화하기 위하여 드러커의 지침을 어떻게 사용했는지 살펴본다.

강점혁명

지난 몇 년간, 한 저술 팀이 강점혁명이란 말을 하기 시작하면서 부와 명예를 얻었다. 『위대한 나의 발견:강점혁명Now, Discover Your Strengths』의 저자들인 마커스 버킹엄과 도널드 클리프턴은 다음과 같은 선언으로 그들의 베스트셀러를 시작한다.

"우리는 강점 혁명이라는 하나의 혁명을 시작하기 위해 이 책을 썼다. 이러한 혁명의 중심에는 단순한 원칙이 자리하고 있다. 즉 위대한 조직은 개별 구성원이 서로 다르다는 사실을 받아들일 뿐 아니라 그들의 차이점을 최대한 활용한다는 것이다. 조직은 구성원 개개인의 타고난 재주와 단서를 관찰하고, 그들의 재주가 진정한 강점으로 변환되도록 각 구성원을 배치하고 육성해야 한다."

드러커는 이 문제에 대해 이미 50여 년 전에 다음과 같이 썼다.

"믿고 의지할 것은 강점밖에 없는데, 이는 행동을 통해서만 성취할 수 있다. 따라서 평가는 무엇보다도 먼저 어떤 사람이 할 수 있는 것을 이끌어내는 데 목표를 두어야 한다....(중략) 그 사람의 비전이 사람들의 강점보다 약점에 초점을 맞추고 있다면, 그를 경영진에 임명해서는 안 된다." 그리고 후에 이렇게 덧붙였다. "우리는 어떤 중요한 분야에 강점이 있는 사람이면 누구나 그것을 활용할 수 있도록 조직을 구축할 줄 알아야 한다."

익히 보아왔듯이, 드러커는 그 경지에 처음 도달한 사람이다. 이것은 버킹엄과 클리프턴의 기여가 순수하지 않다거나 그들이 기여한 바를 낮게 평가하는 것은 아니다. 단지 그 출처가 드러커에서 비롯되었으며, 이를 바탕으로 그들이 강점혁명을 일으켰다는 것이다.

그들은 책 표지 이면에 드러커의 말을 다음과 같이 인용하면서 그의 공로를 인정했다.

"대다수 미국인은 자신의 강점이 무엇인지를 모른다. 그들은 멍한 눈으로 바라보거나 교과서적인 단순 지식의 관점에서 반응하는데, 그러한 단순 지식은 강점이 될 수 없다."

자신의 강점을 심사하라

내가 드러커를 만났을 때, 그가 50년 전 채택했던 강점주의가 여전히 그의 사상체계에서 정말로 중요한 부분이라는 점을 확인할 수 있었다.

그는 스스로 자신의 강점을 알고 있었고 그날의 상당 부분을 할애해서 자신이 새로운 학문분야를 고안하기 위해 그동안 자신의 강점을 어떻게 키워왔는가를 설명했다(자신은 그렇게 대단한 일을 계획하지 않았다고 기꺼이 시인했을지라도). 드러커는 다른 사람이 만들기 전에 먼저 전문분야를 창안한 것이 자신의 강점으로 얻은 것이라고 했다.

"내가 실제로 한 것은....(중략) 체계적인 형태로, 경영을 하나의 새로운 사회적 학문으로 인식한 것이다."

자신의 강점을 안다는 것은 자신이 하고 싶지 않은 것을 알게 해주는, 또 하나의 추가적인 능력을 갖게 한다. 예를 들면, 대다수의 교수나 학자들은 하버드가 제의했을 때 거절하지 않았겠지만, 드러커는 자신과 자신의 강점을 알고 있었기 때문에 제의를 거절할 수 있었다.

드러커는 하버드가 제안한 사례 연구가 하버드 교과과정의 대부분을 차지하고 있음을 알고, 자신은 몹시 그것을 싫어했다고 내게 말했다.

드러커가 하버드의 제안을 거절한 또 다른 이유는, 하버드가 당시에는 교수들의 컨설팅을 허용하지 않았기 때문이다. 드러커는 자신이 하고 싶은 일을 포기할 마음이 전혀 없었다.

강점에 초점을 맞추는 리더는 무엇을 해야 하는지 알 뿐만 아니라, 무엇을 피해야 하는지를 알고 있다고 드러커는 주장한다.

"역량이 부족한 분야를 개선하느라 힘을 낭비하지 마라. 일류 수준의 업적을 탁월한 수준으로 향상시키는 것보다, 무능에서 저급으로 끌어 올리는 데 훨씬 많은 에너지와 노력이 든다....(중략) 오히려 에너지, 자원 그리고 시간까지도 능력 있는 사람을 스타 성과자로 만드는 데 투입해야 한다."

무능한 관리자를 유능한 관리자로 전환시키는 것보다, 유능한 관리자를 스타 성과자로 전환시키는 것이 더 쉽다고 한 드러커의 주장은 2002년 출간된 『탁월한 리더는 어떻게 만들어지는가The Extraordinary Leader』의 저자인 존 젠거John Zenger와 조셉 포크먼Joseph Folkman에 의해서 입증되었다.

두 명의 저자는 책을 쓰기 위해 2만 명을 대상으로 20만 개에 달하는 360도 평가 자료를 모았다. 상위 10퍼센트와 하위 10퍼센트를 비교한 결과, 실제 강점을 인지하지 못한 관리자들은 조직 내 전체 관리자들의 하위 3분의 1 수준으로 평가되었다. 그러나 만약 어느 관리자가 한 가지의 강점(또는 능력)을 가지고 있다고 인식되면 그 관리자의 평가 등급은 100분위 기준 34분위에서 68분위로 줄곧 올랐다. 만약 그 관리자가 3가지의 강점을 보유하고 있다면 84분위로 급

등했다. 책 젠거는 다음과 같이 설명한다.

"여기서 주는 강력한 메시지는 조직에는 매우 유능한 리더가 있다는 것이다. 다시 말해 사람은 34가지는 아니더라도 3 또는 4가지의 것에서 특별하다고 인식될 필요가 있다."

드러커가 수십 년 전인 1950년대부터 주장한 것을 두 명의 저자가 엄청난 자료로 뒷받침하며 증명했다.

고과 미팅을 재고하라

대다수 경영자나 근로자들은 연례 고과 미팅 시간을 몹시 겁내고, 경영자들은 엄청난 분량의 서류 작업 때문에 그러한 프로세스를 싫어한다. 대부분은 HR부서나 고위경영진이 요구하는 마지막 순간까지 미뤘다가 문서 작업을 끝내곤 한다.

사람들이 고과 미팅을 싫어하는 이유는 다른 사람을 비판하거나 비판 받기를 즐겨하지 않기 때문이다.

강점을 키우는 7가지 팁

드러커가 미래를 내다본 경영 원리 중 하나는 '모든 발전은 스스로 이루어진다(All development is self-development)'는 것이다. 이것은 모든 개인이 직업적으로 성공하기 위해 사고방식, 훈련, 능동적 자세 등 필요한 모든 것을 갖추어야 할 책임이 있음을 의미한다. 요점은 강점에 초점을 맞추는 것이다. 다음은 드러커의 글에서 발췌한 7가지 방법이다.

1. 과거 2~3년 동안 주요 공헌 내용을 나열하라.
2. 회사에서 자신이 가장 책임져야 하는 4~6가지 구체적 과업 목록을 작성해보라.
3. 자신에게 가장 어려운 임무를 요구해보라.
4. 다른 사람에게서 최고를 찾아내기 전에 자신 안에 있는 최고를 살펴보라.
5. 강점이 있는 동료 또는 야망 있는 부하직원을 겁내지 마라.
6. 재능 있는 사람을 질투하지 마라 - 주위에 최고의 사람들이 모이게 하라.
7. 진정한 의미의 실행자가 되고, 다른 사람의 기운을 꺾는 일에 에너지를 낭비하지 마라.

고과 평가 시간은 이러한 문제점들이 복합적으로 작용하므로 경영자의 사고방식을 변화시킬 수 있는 기회라기보다 매우 마음이 편치 않은 통과의례가 된다.

20세기에 가장 널리 사용된 평가 시스템인 '목표에 의한 경영', 즉 MBO를 창안한 드러커가 처음부터 약점에만 초점을 맞추는 관리자를 '잘못된 관리자mismanager'라고 굳게 믿은 것은 다소 아이러니다. 단순히 문제가 있는 것을 지적하거나 서툴게 하는 일을 찾아내는 것은 실적을 향상하는 길이 아니다.

"사람의 능력 밖의 일은 어쩔 수 없다. 하지만 시도하지 않는다면 아무것도 성취할 수 없다....(중략) 따라서 평가의 목적은 최우선적으로 그가 할 수 있는 것을 이끌어내는 데 있다."라고 드러커는 일찍부터 설파했다.

드러커의 강점주의를 진정으로 신봉하는 기업이 일부 있다. 캘리포니아 토런스에 있는 도요타대학에서는 지난 10년간 강점 훈련이 교육과정 중 가장 눈에 띄는 부분이었다.

1999년, 이 회사는 사람들의 강점을 찾는 데 초점을 둔 시험 프로그램을 내놓았는데 반응이 매우 좋았다. 도요타대학의 학장인 마이크 모리슨Mike Morrison에 따르면, 이 프로그램에 대한 소문이 산불처럼 퍼졌고 몇 주도 안 되어 1년을 기다리는 대기자가 생겼다고 한다. 오늘날 강점에 기초한 경영은 도요타 리더들의 DNA에 각인되어 있다.

도요타대학이 드러커의 강점주의를 얼마나 신봉하는지는 실적 평가 프로세스에서 잘 나타난다. 이 대학은 사람의 약한 부분을 극복하여 관리하도록 경영자를 교육한다. 그들은 사람의 강점에 초점을 맞추고 약점은 중요하게 다루지 않는 방법을 찾도록 훈련받는데, 이는 고과 미팅에 있어서 엄청난 변화를 의미한다. 모리슨은 "지금도 그런 프로세스는 여전히 현재진행형이다. 그러나 도요타대학은 올바른 궤도를 달리고 있으며 다수의 다른 기업보다 한참을 앞서가고 있다."고 말했다.

당신의 뒷무대는 어떤 사람에게는 앞무대다

드러커는 다른 사람의 강점을 키워주는 신기한 재주를 가졌다. 제10장에서 자세히 다루겠지만, 그는 우리가 대화를 하던 날, 자신의 위대한 개인적 자질의 세세한 부분을 포함해서 GE와 잭 웰치에 대해 광범위하게 언급했다.

"웰치는 침묵을 유지하는 대단한 능력을 가지고 있다."

드러커는 웰치와 많은 미팅을 가졌는데, 웰치는 어떤 주제에 대한 설명을 요구하거나 요점을 정리해달라고 할 때를 제외하고는 몇 시간 동안 한마디도 하지 않았다고 말했다. 하지만 그는 반드시 명확한 임무가 정해진 상태에서 회의를 마쳤다고 한다.

드러커는 그것이 매우 필수적이며 자신도 알프레드 슬론에게 배운 것이라고 말했다.

대부분의 회의가 '흐리멍덩하게 끝나기' 때문에 리더는 반드시 회의 참석자들이 매우 분명한 행동 계획을 가지고 회의장을 나서도록 하는 것이 중요하다.

드러커는 또한 웰치의 장점들이 당장 눈에 띄는 능력만이 아닌,

그것을 뛰어넘는다는 점을 알았다. 즉 그는 CEO로서 자신의 전략적 안목을 유지했다. 그는 모든 사람이 현재 상태가 그저 좋다고 느낄 때조차, 조직 정비의 필요성을 절실하게 깨닫는 비범한 능력을 가지고 있었다.

웰치가 1981년 CEO가 되었을 때 드러커의 가르침이 그의 마음에 생생하게 남아 있었다. 그래서 아마도 다른 사람들이 이해하지 못하는 것을 제대로 이해할 수 있었는지도 모른다. 즉 경영학 교과서들이 GE를 모범적인 조직으로 소개했음에도, 웰치는 회사를 '날려버리거나(나중에 그렇게 불렀다)' 재탄생시켜야 한다는 것을 알고 있었다.

대부분의 사람이(나를 포함하여) 몰랐던 것은 웰치가 최고의 자리를 떠맡기 단지 몇 주 전에 캘리포니아 주 클레어몬트에 있는 드러커의 집을 방문했다는 사실이다. 드러커는 그의 방문에 대해 좀 더 자세히 설명해주었다. 그가 웰치에게 공세적 태도를 취하도록 권고한 것이 바로 그 미팅이었다(이 주제에 대해서는 제10장에서 추가 참고). 하지만 공세적인 태도를 취하는 것조차 버릴 필요가 있게 된다.

"성장 정책의 첫 걸음은 무엇을 버릴 것인지 알아내는 것이다."라는 드러커주의를 기억하기 바란다. 몇 년이 지난 1990년대 후반에 웰치는 드러커로부터 "당신이 가장 잘하는 것에 전념하고 나머지는 다른 사람들이 하게 하라."는 또 하나의 중요한 교훈을 배운다.

웰치는 이 내용을 그의 자서전에서 "당신의 뒷무대는 어떤 사람에게는 앞무대다(Your Back Room Is Somebody Else's Front Room)"라는 부제를 달았다. 그는 아이디어의 공을 드러커에게 돌렸고, 그 아이디어를 GE에서 실천에 옮겼다고 덧붙였다.

예를 들면, 구내식당을 소유하는 대신에 전문 음식 회사에 외주를 주는 것이다. 만약 인쇄가 당신의 강점이 아니면 인쇄소가 처리하게 한다. 요점은 당신 조직의 강점을 아는 것이며 강점에서 진정한 가치를 증대시킬 수 있다. 반드시 최고의 사람들을 배치하고 회사 자원을 그러한 영역에 배치해야 한다.

드러커의 전기 작가인 엘리자베스 하스 에더샤임은 더 간단하게 말했다. 그녀는 웰치가 다음과 같이 말했다고 했다. "드러커를 통해 나는 GE에게는 별 재미없어 보이는 일에 흥미를 갖는 다른 기업과 함께 일하는 방법을 알게 되었다."

이런 이유에서 웰치는 인도가 아웃소싱의 최적지가 되기 20년 전에 이미 인도 회사를 고용해서 GE의 프로그램 개발을 맡겼다. 일단 웰치가 GE는 프로그래밍에서 결코 최고가 될 수 없음을 알고는 프로그래밍에 탁월한 한 회사를 찾았던 것이다.

웰치가 다음과 같이 논평한 것을 보면 그는 드러커의 강점주의를 확실하게 이해하고 있었다. "정의하자면 당신의 약한 영역에서는 최고 인재들을 끌어들일 수 없다. 우리의 약한 부분을 다른 사람의 강점으로 전환시켜 그들이 보유하고 있는 최고 인재를 얻어야 한다."

웰치는 수십 년 동안 GE를 정의해왔고 CEO 지명의 이유이기도 한 고립주의 성향을 수년에 걸쳐 타파했다. 그는 경영자들이 험난한 도전에 대한 답을 찾기 위해 밖을 봐야 한다는 점을 지속적으로 강조했다. "누군가, 어디에선가, 더 좋은 답을 가져야 한다."는 웰치가 반복적으로 사용함으로 잘 알려진 후렴구가 되었다. 그것은 웰치의 특출한 성공의 원인임을 설명해주고 있다. 즉 회사의 강점들을 철저히 조사하는 것은 기업 문화의 DNA 속에 깊숙이 자리 잡은 강점들을 반사 신경으로 찾아내는 것과 같다.

그것은 대형 소매점인 홈 디포Home Depot가 깊이 새긴 교훈의 하나다. 물류와 선적이 회사의 강점에 속하지 않는다는 것을 알고 경영진은 UPS를 고용하여 선적과 관련된 모든 것을 처리하게 했다. 그렇게 해서 두 회사는 자신의 본업에 전념하게 되었고, 홈 디포의 고객은 이러한 결정의 주요 수혜자가 되었다.

강점을 키운 또 하나의 리더는 제임스 맥너니James McNerney다. 현재(이 책의 출간 당시) 보잉Boeing의 CEO인 그는 잭 웰치와 수년간 함께 일했던 훌륭한 리더였으나 웰치의 후계자로 인정받지 못했다. 하지만 그는 계속 3M과 보잉을 이끌면서(3M에는 비교적 짧은 4년 동안 재직했지만) 두 회사에 좋은 일을 많이 했다. 그는 어떻게 사람들의 기여를 극대화했을까? 다음과 같은 조언을 하고 따름으로써 가능했다.

"많이 기대하고, 사람들의 사기를 북돋아주며, 집이나 교회에서 그들에게 중요한 가치를 끌어내어 회사로 가져오도록 요구하라."

강점 심사를 받아라

당신은 어떤 리더인가? 당신은 직원과 조직의 강점을 키우는 사람인가? 그렇지 않으면 부정적인 것에 사로잡혀 많은 시간을 허비하는 사람인가? 그 대답을 얻기 위해 다음의 비과학적 강점 검사를 받아보라(5는 강한 긍정, 1은 강한 부정을 의미함).

1. 나는 자신의 강점을 알고, 조직 목표 달성을 위해 늘 그러한 강점을 활용하는 방법을 찾는다.
2. 나는 멘토를 통해 실천하거나 교실에서의 훈련을 통해 늘 나의 강점을 끌어올리는 방법을 찾는다.
3. 내가 책임지고 있는 조직(팀, 부문 또는 실)에는 최고의 사람들이 있으며, 그들은 가장 많은 성장 기회를 가져다주는 분야에서 일하고 있다.
4. 잭 웰치처럼, 나의 뒷무대이자 남의 앞무대에 속하는 과업과 활동을 외주로 준다.
5. 부하직원들과 일대일 비공식 회의를 할 때, 그들의 약점에 초점을 맞추기보다 그들이 가장 잘하는 것에 대해 논의할 가능성이 높다.

6. 내가 주최하는 부서 회의에서 팀의 실적과 성과의 긍정적 측면에 초점을 맞춘다.
7. 나는 부하직원들이 자신이 이미 잘하는 분야에서 훈련받는 기회를 찾아보라고 권장한다. 나는 부하직원을 교육시키는 데 예산의 일부를 할애하며 B+직원이 A+직원으로 성장할 수 있는 분위기를 조성한다.

이제 점수를 합산하라. 하지만 점수는 그저 방향 표시기 정도로 이해하라. 결과를 판단하기 위해 몇 가지 기준을 제시하고자 한다.

점수가 28점 이상이라면 당신은 스스로를 강점에 기초하여 리드하는 리더다.

22~27점을 얻었다면 강점이라는 주제를 심각하게 받아들여야 한다. 그러나 자신이 스스로 3이나 그 이하 점수를 준 분야에 힘씀으로써 훨씬 나아질 수 있다.

17~21점을 얻었다면 정말로 개선의 여지가 있다. 7가지 기술 항목을 다시 읽고 어떻게 개선할 수 있는지에 대해 구체적인 생각을 적어라.

17점 미만이라면 그동안 당신은 하찮은 문제들을 다루고, 사람들의 약점에 초점을 맞추는 데 시간을 허비하는 비관론자다. 위의 7가지 기술 항목을 읽고 사고방식과 접근방식을 바꿀 수 있는 방법 3가지를 적어라.

강점을 심사하라

강점을 키운다는 것에는 많은 의미가 있다. 그것은 자신의 강점을 이해하고 더 강하게 만드는 조치를 취하는 것을 포함한다('모든 발전은 스스로 이루어진다'는 드러커주의를 기억하라).

이는 약점을 우회하여 관리하는 한편, 부하직원의 강점을 끌어올리도록 도와주는 것을 의미한다. 또한 직원의 업무 배정이 전략적이어야 함을 의미한다. 즉 최대의 결과물을 만들어내는 프로젝트에 최고의 사람을 배치해야 한다.

드러커는 비영리단체들이 '결과물 없는 곳'에 최고의 인력을 배정하고 있다고 경고했다. 그와 같은 의도하지 않은 실수는 흔한 것인데, 변화가 느리게 오는 조직에서 더욱 만연되고 있다. 예를 들어, 격년 단위로 간단한 강점 심사를 실시하면 경영자들이 결정적인 시기에 중요한 조정을 하는 데 도움이 된다(핵심 고객을 얻기 위해 경쟁하거나 새로운 제품을 만들 때 등).

마지막으로, 강점이 많은 경영자는 강점이 많은 사람들을 고용하고 승진시킨다. 드러커는 재계 거물인 앤드류 카네기Andrew Carnegie가 자신의 묘비에 다음과 같이 새겨주길 원했다고 하면서 우리에게 이 점을 상기시켰다.

"여기 자신보다 더 능력 있는 자를 쓸 줄 알았던 한 사람이 누워 있다(Here lies a man who knew how to put into his service more able men than he was himself).”

9 Inside Drucker's Brain

리더십의 핵심 요소는 무엇인가?

"리더는 처음부터 '내가 하고 싶은 것은 무엇인가?'라고 묻지 않는다. 리더는 '무엇을 해야 하는가?'라고 묻는다. 그 다음 '의미 있는 차이를 가져다주는 것 중에서 나에게 알맞은 일은 무엇인가?'라고 묻는다. 리더는 자신이 잘하지 못하는 것에 몰두하지 않는다. 다른 필요한 일들이 반드시 처리되도록 하지만, 그 일을 자신이 처리하지는 않는다."

리더십과 카리스마라는 주제에 대한 드러커의 입장은 반세기 동안 변하지 않았다. 사람들은 카리스마를 너무 강조하고 실제로 중요한 것들(인격이나 일을 해내는 능력 등)은 경시한다고 그는 주장했다. "리더십은 사람을 끌어당기는 개인의 성격이 아니다....(중략) 리더십은 친구를 사귀고 사람들에게 영향을 주는 것이 아니라 세일즈맨의 덕목이다. 리더십은 한 사람의 비전과 실적을 더 높은 수준으로 끌어올리는 것이며 나아가서는 인격을 높게 형성하는 것이다."

드러커는 또한 '리더십 자질이나 리더십 인격'과 같은 것은 없다고 주장했다. 그가 의미하는 것은 개개인이 모두 다르듯이 모든 리더를 정의할 수 있는 모범답안은 없다고 했다.

드러커는 해리 트루먼Harry Truman에게는 눈곱만큼의 카리스마도 없었다고 말한다. '죽은 고등어처럼 밋밋한 사람'이 드러커가 미국의 33대 대통령을 묘사하는 말이다. 그러나 그는 '절대적으로 신뢰할 만했으며 존경 받았다.'고 했다.

드러커는 프랭클린 루스벨트, 윈스턴 처칠, 조지 마샬, 드와이트 아이젠하워, 버나드 몽고메리, 더글러스 맥아더 등이 제2차 세계대전 기간 중 뛰어난 리더였다고 말한다. 그러나 그들 중 어느 누구에게도 똑같은 인격적 특징이나 자질은 없었다고 했다.

20세기에 가장 카리스마 있는 리더는 히틀러, 스탈린, 마오쩌둥, 무솔리니인데 그들은 '잘못된 리더misleaders'였다고 한다.

트루먼과 더불어 로널드 레이건은 지난 세기에 가장 유능한 대통령 중 한 사람이라고 그는 생각했다. "그의 위대한 강점은 많은 사람이 알고 있듯이 카리스마가 아니라 자신이 할 수 있는 것과 할 수 없는 것을 정확히 알았다."는 점이라고 드러커는 설명했다.

관건은 효과성이다

2004년 포브스닷컴Forbes.com과의 인터뷰에서 드러커는 자신이 경영분야에서 리더십에 대해 최초로 언급한 작가라고 말했다. 그 후로 리더십에 너무 많은 초점이 맞추어졌고 "효과성에 대해서는 충분히 초점을 두지 않았다."고 주장했다. 그가 옳았다.

아마존닷컴Amazon.com 책 검색 창에서 리더십이라는 단어를 넣으면 25만 권 이상 팔린 히트 서적들을 볼 수 있다. 하나의 도서 영역으로 리더십 관련 책들은 지속적으로 잘 팔리고 있다. 이는 출판사들이 왜 이 주제에 매혹되어 있는지 그리고 관련 서적이 왜 시장에 넘쳐나는지를 잘 설명한다.

드러커는 리더십에 대해 "리더는 추종자를 가지고 있다."라고 자신이 쓴 여러 권의 책에서 정의했다. 부즈 앨렌 & 해밀턴 전략리더십센터의 대표를 역임한 제임스 오툴에 따르면, "이러한 통찰력에는 심오한 어떤 것이 있다....(중략) 리더가 될 사람은 추종자들을 끌어당기기 위해 무슨 일을 해야 하는지에 노력을 집중한다. 그보다 더 이상 실용적인 출발점은 없다."

드러커는 훗날 다음과 같이 말하면서 뼈에 살을 붙였다.

"효과적인 리더십의 바탕은 조직의 사명을 깊이 생각하고, 사명을 정의하며, 사명을 분명하고 눈에 보이게 확립하는 것이다."

흥미롭게도 잭 웰치가 내린 리더십에 대한 정의가 드러커의 정의와 매우 흡사하게 들린다. 웰치가 말하는 리더는 '비전을 분명히 밝히고 다른 사람들로 하여금 그것을 실행하도록 하는 사람'이다(웰치에 대해서는 제10장 참고).

드러커는 관리와 리더십의 차이를 다음과 같이 요약하고 자신이 일하는 기간 내내 이 구절을 반복했다. '관리는 일을 올바르게 하는 것이고, 리더십은 올바른 일을 하는 것이다.'

마지막으로 타고난 사람들(제5장에서 보았듯이)과 진정으로 효과적인 리더는 "누가 옳은가보다 무엇이 옳은가에 더 많은 관심을 갖는다....(중략) 일이 필요로 하는 조건보다 인물을 우선시하는 것은 정도(正道)를 벗어나는 것이며 원칙을 깨는 것이다."라고 드러커는 썼다. 드러커는 GM의 알프레드 슬론에게서 그러한 교훈을 배웠다.

1943년 GM을 분석하기 위해 드러커를 불러들인 사람이 슬론은 아니었다(연구 결과는 『기업의 개념』 출간으로 이어졌다). 사실 슬론은 분석 결과를 책으로 내는 것에도 반대했다. 그러나 드러커가 일단 GM에 도착하자 슬론은 유명한 젊은 작가인 그에게 다음과 같이 말했다.

"당신이 옳다고 생각하는 것을 우리에게 말해주시오. 누가 옳은지에 대해서는 신경 쓰지 마시오. 경영진 중 누군가가 당신의 권고사항을 좋아할지 여부에 대해서도 신경 쓰지 마시오."

드러커의 이상적 리더십

드러커는 지속적으로 시대를 앞서갔다. 그가 쓴 최초의 경영서에서 드러커는 다음과 같이 썼다. "어떤 단체도 경영을 하기 위해 천재나 슈퍼맨을 필요로 한다면 아무도 거기에 해당되는 사람이 없을 것이다.* 단체는 평범한 사람으로 구성된 지도층 아래서 서로 잘 지낼

---

* 흥미롭게도, 드러커는 50년이 지난 후 이 주제를 다시 돌아본다. 그가 쓴 『Next Society,

수 있도록 구성되어야 한다. 한 사람의 지배 아래 있으면 어떤 단체도 지속되기 어렵다."

드러커는 1946년 분권화에 대해 설득력 있는 사례를 담은 이 책에서 이렇게 밝혔으며 계층적이고 독재적인 조직을 전적으로 반대했다. 독재는 헨리 포드를 종말에 이르게 했다고 드러커는 생각했다.

포드는 경영자들을 믿지 않고 수십억 달러에 달하는 대규모 사업에서 실패하면서 GM에 패배했다.

드러커는 또한 왜 리더십이 다른 단체들보다 기업에 더 이슈가 되는지를 다음과 같이 설명했다. "현대 기업에서 리더십 문제는 다른 단체에서보다 더욱 중요할 뿐 아니라 더욱 어렵다. 현대 기업은 다른 단체들보다 더 많은 리더들, 게다가 높은 자질을 가진 리더들을 필요로 하기 때문이다. 동시에 기업은 수적으로나 자질과 경험 면에서는 충분한 리더들을 자동적으로 만들어내지 않는다."

그는 이후에 다음과 같이 덧붙였다. "리더십은 창조되거나 신장되지 않는다. 그것은 가르치거나 배워서 얻을 수 없다....(중략) 경영진은 리더를 창조할 수 없다. 잠재적 리더십 자질이 효과를 낼 수 있는 조건을 만들어줄 뿐이다. 그렇지 않으면 잠재적 리더십은 질식당할 수 있다."

Managing in the Next Society』(St. Martin's Press, 2002)에서 GE의 잭 웰치와 인텔의 앤디 그로브를 '슈퍼맨 CEO'라고 불렀다.

다른 말로 하면, 위대한 리더는 타고나며 만들어지지 않는데, 드러커는 타고난 인재는 드물다고 생각했다. 1946년과 1954년에 각각 출판된 그의 첫 2권의 경영서에서 그렇게 주장했다. 하지만 리더십에 대한 그의 견해는 여러 해가 지나면서 유연해진다.

위대함은 배울 수 없지만 경영은 가르칠 수 있다는 것이다. 결국 그는 보통 사람들이 실천하는 경영자로 탈바꿈하는 데 도움을 주기 위해 그런 책들을 썼다. 기억해야 할 것은 그가 처음 그 일을 시작했을 때 도서관에서 경영에 대한 책을 찾아봤지만 아무것도 찾지 못했다고 한다. 그것이 드러커가 경영을 만들어야만 했던 이유다.

제5장에서 논의했듯이 드러커는 큰 회사를 운영하기 위해 타고난 천부적 기질을 가진 리더가 부족하다는 것을 알았다. 드러커의 글은 타고난 사람들이 부족할 때 절실하게 필요한 경영자를 만들어내는 데 있어 유용했다. 하지만 유능한 리더가 되기 위해서는 누구나 리더가 가지고 있는 자질을 가져야 한다. 드러커는 일생에 걸쳐 그것에 대해 얘기하고 글을 썼다.

첫째는 인격, 그 다음은 용기다

드러커를 알거나 만났던 사람은 누구나 그가 자신이 말한 대로 사는 사람이라는 것을 알았다. 드러커는 말한 것을 실천했다. 그는 '내부 관점에서의 경영'에 대해서는 아무것도 몰랐을 가능성이 있다(그가 반복적으로 하는 말이다). 그러나 그것은 드러커가 효과적인 리더십에 없어서는 안 될 것이라고 생각되는 자질만은 반드시 가지고 있어야 한다는 의미다. 그러한 자질 중 가장 기본적인 것은 인격이다.

드러커는 분명 좋은 인격을 갖춘 사람이었다. 『좋은 기업을 넘어 위대한 기업으로』의 저자 짐 콜린스는, 드러커는 "이러한 인간성으로 충만했다. 그리고 무엇보다도....(중략) 개인에 대해 매우 깊은 동정심을 가졌다."라고 했다. 그것은 내가 상상할 수 있는 인격에 대한 충분한 정의였다.

드러커는 '리더십은 무엇보다도 인격을 통해 발휘되며 인격 그 자체로 본보기를 보이는 것'이라고 말한다. 그는 인격은 배우거나 습득할 수 있는 것이 아님을 일찌감치 깨달았다. 리더는 한번 도덕성을 어기면 회복할 수 없기 때문이다. "최근 분석에서 경영자를 특징짓는 것은 비전과 도덕적 책임이다."라고 그는 말했다.

리더는 또한 힘든 의사결정을 하는 용기를 필요로 한다고 생각했다. 어제를 버리고 기득권을 포기하고 중간에 방향을 바꾸기 위해서는 용기가 필요하다. 드러커의 전기를 쓴 엘리자베스 하스 에더샤임에 따르면, 드러커는 잭 웰치가 GE를 탈바꿈시키기 위해 취했던 급격한 조치를 보고 그는 '사자 같은 용기'를 가졌다고 즐겨 말했다고 한다(웰치는 수백 개의 사업을 팔아치웠고, 수십만 개가 넘는 일자리를 없앴다).

명확한 사명을 작성한다

유능한 리더는 마땅히 해야 할 일을 명확히 그릴 줄 안다.

"효과적인 리더십의 바탕은 조직의 사명을 깊이 생각하고 그것을 정의하며, 분명하고 눈에 띄게 확립하는 것이다. 리더는 목표를 설정하고 우선순위를 정하며 기준을 정하고 지켜나간다. 물론 그는 타협을 한다. 사실 유능한 리더는 자신이 우주를 통제할 수 없다는 것을 잘 알고 있다(단지 '잘못된 리더'인 스탈린, 히틀러, 마오쩌둥의 추종자들은 예외다). 어떤 타협을 수용하기 전에 유능한 리더는 무엇이 옳고 바람직한가에 대해 깊이 생각한다. 리더가 첫 번째로 할 일은 명확한 소리를 내는 나팔 역할을 하는 것이다."라고 드러커는 말했다.

충성심을 불어넣는다

드러커는 유능한 경영자는 구성원 전체에 충성심을 불어넣는다고 역설했다. 충성심은 돈으로 살 수 없다. 충성심을 받으려면 경영자는 높은 기준을 설정하고 그 본보기를 보여야 한다. 조직의 가치를 실천하는 경영자는 조직의 니즈를 개인의 목표에 우선하도록 사람들에게 동기를 부여한다. 충성심을 불어넣는 리더는 구성원의 사기를 올리는데, 사기는 결국 실적을 향상시킨다.

충성심은 양방향 도로와 같다. 경영자는 구성원에게 충성함으로써 자신이 요구한 것을 실천하게 만든다. 이를 위해 긍정적 피드백을 통해 근로자가 충성심을 보여줄 때 금전적 보상과 승진을 보장할 필요가 있다. 인재가 부족한 오늘날에는 반드시 최고의 사람들에게 그들이 경쟁사에서 다수의 영입 제안을 받고 있는 것처럼 대우해야 한다. 실제로 이는 대다수 경영자가 생각하는 것 이상으로 훨씬 더 현실적인 얘기다.

두려움을 갖게 하는 리딩은 좋은 방법이 못 된다. 강압으로 리드하는 경영자는 오늘이나 내일이 아닌 어제의 경영자다. 자신의 일자리에 두려움을 느끼는 사람들은 새로운 일을 시도함으로써 의미 있는 기여를 할 가능성이 없어진다.

강점에 초점을 맞춘다

앞장에서 살펴봤듯이 유능한 리더는 강점에 초점을 맞춘다. 그 강점이란 리더 자신의 강점과 다른 사람의 강점 그리고 조직의 강점을 말한다. 드러커는 "효과적인 경영을 가능케 하는 열쇠 중 하나는 개인의 강점이 효과를 내게 하고, 그들의 약점을 무의미하게 만드는 것이다."라고 말했다. 한 예로, 드러커는 미국의 프랭클린 루스벨트와 해리 트루먼 대통령이 내각 인사를 고를 때 말한 것을 다음과 같이 인용했다.

"개인적 약점은 신경 쓰지 마라. 먼저 그들 개개인이 무엇을 할 수 있는지 말해 달라."

드러커는 두 대통령이 20세기 중 가장 효과적인 두 개의 팀을 거느릴 수 있었던 것은 우연이 아니라고 했다.

강점을 가진 부하직원을 두려워하지 않는다

드러커는 이상적 리더란 조직의 안녕을 책임지며, 동료와 부하직원들이 가지고 있는 강점을 두려워하지 않는다고 생각했다. 잘못된 경영자들misleaders은 두려움을 가지고 있어서 항상 제거하려고 한다. 그러나 유능한 리더는 오히려 그들을 격려하고 밀어주며 진정으로 그들을 자랑으로 여긴다.

리더는 궁극적으로 동료와 부하직원의 실수에 대해 스스로 책임을 져야 하기 때문에, 그들의 승리를 위협이 아닌 자신의 승리로 생각한다. "어떤 리더는 거의 병적인 수준이었던 맥아더처럼 허영심이 강할 수 있고, 또는 겸손할 수도 있다. 심지어 링컨과 트루먼은 열등감으로 비춰질 정도로 겸손했는데, 위 세 사람 모두 주변에 능력 있고 독립적이며 자신 있는 사람들을 두고 싶어 했으며 동료와 부하들을 칭찬하고 승진시킴으로써 그들을 격려했다. 이들과 매우 달랐던 사람인 드와이트 아이젠하워도 유럽에서 최고 사령관이었을 때 그렇게 했다."라고 드러커는 말했다.

일관성을 통해 신뢰를 얻는다

효과적인 리더십의 마지막 필요조건은 신뢰를 얻는 것이라고 드러커는 말한다. "리더가 신뢰를 버릴 때 그는 추종자를 잃고 효과적인 리더십을 발휘할 수 없게 된다....(중략) 리더를 신뢰한다는 것은 반드시 그를 좋아해야 한다는 것이 아니다. 또한 그의 생각에 꼭 동의할 필요도 없다." 신뢰는 리더 자신이 하는 말을 진심으로 믿고 행동한다고 확신하는 것이다. 리더가 밝힌 생각과 행동은 일치해야만 한다. 또는 적어도 모순이 없어야 한다.

효과적인 리더십은(매우 오래된 지혜이지만) 지적 능력에 기반을 두지 않고 주로 일관성에 기반을 두고 있다.

미래 리더를 육성한다

드러커는 리더십 개발이 회사의 미래를 좌우하는 열쇠라는 사실을 알고 있었다. 세상 모든 일을 긴 안목으로 보았으며 경영자들도 그렇게 하도록 촉구했다. 그는 너무도 많은 경영자가 단기 주가를 기준으로 회사를 운영한다고 생각했다. 드러커는 일찍이 많은 회사의 리더들이 한 세대 전에 사망한 사람들의 활동 덕분에 그 직분을 유지하고 있다고 했다.

또한 모든 리더는 자신의 후계자 계획을 세워야 한다고 보았다.

"가장 나쁜 리더는 그가 떠나자마자 조직이 붕괴되는 사람이다. 이는 스탈린이 죽자마자 러시아에서 일어난 변화처럼 많은 회사에서도 이런 일이 자주 발생하고 있다."

유능한 리더는 리더십의 궁극적인 테스트가 사람들에게 에너지와 비전을 만들어주는 것임을 알고 있다.

리더십의 핵심 요소는 무엇인가?

'딱히 정해진 리더십이란 없는 것'처럼 '리더십에 하나의 결정적 요소 또한 없다.' '리더십은 올바른 일을 하는 것이다.' 그것은 많은 요소를 수반한다.

이상적 리더가 되려면 다음과 같은 특성과 습관이 있음을 알고 준비해야 한다.

- 인격과 용기를 갖춰라: 리더의 근본적인 두 가지 특징이다.
- 사명을 명확히 하라: 리더는 결승선을 명확히 보여준다.
- 충성심을 불어넣어라: 충성심이란 서로 주고받는 것이다.
- 강점에 초점을 맞춰라: 리더는 강점을 효과적으로 만들고 약점을 무의미하게 만든다.
- 강점이 있는 부하를 두려워하지 마라: 그들의 성공은 곧 당신의 성공이다.
- 일관성을 유지하라: 리더십은 지적 능력이 아닌 일관성이다.

- 미래의 리더를 개발하라: 최고의 리더는 미래를 이끌 리더를 육성하는 것이 자신의 책임이라는 사실을 알고 있다.

10 Inside Drucker's Brain

웰치에 대하여

"잭 웰치는 다방면에서 타고난 경영자였다. 그의 전임자들은 아무도 그와 같지 않았다. 그들은 어렵게 그 능력을 배워야만 했다....(중략) 그들은 그것을 배웠고, 레지 존스Reg Jones가 가장 유능한 경영자라고들 했지만 그것은 틀린 말이며 간단히 말해, 하나의 인간으로서 가장 매력적인 경영자였다."

인터뷰하는 동안, 내가 감동 받은 것은 눈 깜짝할 사이에 한 주제에서 다른 주제로 건너뛰는 드러커의 능력이었다. 그런 일이 여러 번 있었는데, 그가 알프레드 슬론에서 피라미드 그리고 잭 웰치의 선임에 이르기까지 정말 순식간에 주제를 이리저리 뛰어넘을 때만큼 재미있었던 적은 없었다.

드러커는 슬론이 웰치를 있게 한 배경을 내게 말하고는, 역사상 누가 가장 위대한 경영자라고 생각하느냐는 질문을 자주 받는다고 말했다. 그는 "당신은 내 대답을 알죠?" 하고 물었다. 나를 함정에 빠뜨린 질문이었다. 슬론이라고 말해보았는데 나는 수천 년이나 벗어난 대답을 했다는 사실을 금방 깨달았다.

"모든 시대에 걸쳐 가장 위대한 경영자는 전적으로 유례가 없는,

첫 피라미드를 착안하고 설계하고 세운 사람이다."라고 그는 쉬지 않고 말했다. "내가 알고 있는 그 어떤 경영자도 이 사람이 한 것을 해낼 수 없었을 것이다. 얼마나 많은 사람이 그를 위해 일했는지 우리는 모른다. 그들은 밭을 가는 봄과 수확하는 가을 사이 짧은 몇 달만 일할 수 있었다....(중략) 1천 명의 노동자 거처를 마련해주고, 먹이고, 질병을 막아주어야 했다.

피라미드는 무덤이기 때문에 파라오가 왕위를 승계한 후에야 일을 시작할 수 있었고, 그가 죽으면 바로 실행하도록 준비되어 있어야만 했다. 그런데도 파라오들은 폐결핵이 전염병이었던 이유만으로도 오래 살지 못했다. 그런데 그는 무덤을 완성했다. 오늘날에는 누구도 도저히 그런 일을 할 수 없을 것이다. 대단한 미스터리 중 하나다....(중략) 이집트 사람들은 숫자를 가지고 있지 않았다. 예산안 하나만 해도 엄청나서 가능하지 않은 일이었다." 하고 그는 재미있게 말을 마쳤다.

그는 그 이야기로부터 타고난 사람들에 관해 좀 더 진지하게 옮겨갔고 곧바로 잭 웰치로 방향을 틀었다. 그때는 인식하지 못했더라도 그가 나에게 말하려고 했던 것은 잭 웰치가 떠맡은 GE에 대해 그동안 공개적으로 언급한 것 이상이었다.

웰치에 대해 이야기할 때, 드러커는 자신이 컨설팅 했던 의뢰자는 논하지 않는다는 원칙의 예외라고 말했다. 그러면서 서면으로는 논하지 않겠다고 했다. 사실 그는 GE에 대해 길게 얘기했는데, 1972년부터 1981년까지 GE의 회장으로 역임한 바 있는 레지 존스와 잭 웰치를 비교했다.

50살 이하의 경영자들은 레지를 기억하지 못하더라도(특히 유명 CEO인 잭 웰치와 비교될 때) 드러커는 웰치가 맡기 전에 레지가 이룩한 것에 대해 길게 얘기했다. 거기에 자극된 나는 누가 더 좋은 경영자라고 생각하는지 물었다. 놀랍게도 드러커는 존스가 웰치에게는 없는 자질들을 가지고 있다고 말했다. 그것은 이후에도 한 번도 공개적으로 언급한 적이 없었다. 다음은 녹음된 대화를 발췌한 것이다.

> 드러커: 그 남자(존스)의 품위는 주목받을 만했다. GE 안에서 웰치는 존경과 두려움의 대상이었지만 존스는 사랑을 받았다.
>
> 나: 누가 더 나은 리더인가요?
>
> 드러커: (무뚝뚝하게) 존스……(중략). 웰치가 1970년대 GE의 총책임자였다면 그는 좌절했을 것이다. 당시 GE는 기본적으로 감량 경영 중이었는데 그것은 잘못된 표현으로 수세적인 상황이었다.

레지가 웰치에게 남겨준 것은 두 가지였다. 첫째는 존스가 회사를 재건해놓았기 때문에 GE는 공세를 펼 준비가 되어 있었다는 것이다. 그리고 'GE 금융서비스'의 잠재력을 처음으로 알아차린 사람이 바로 존스다.

"둘째는 1950년대로 거슬러 올라간다. 웰치는 그때부터 공급되기 시작한 엄청나게 많은 훈련된 임원을 유산으로 물려받았다. 당신은 내가 크로톤빌의 설립자 중 한 사람이었음을 아마 알 것이다. 랄프 코디너Ralph Cordiner가 계획한 체계적인 경영자 육성은 실제로 크로톤빌에서 시작되었다."

여기서 과거 이야기를 좀 하자면, GE를 성장 엔진으로 만들었고 웰치 아래서 그렇게 되도록 한 원동력은 GE의 금융서비스 부문인 GE캐피털이다. 2000년, 예를 들면 GE캐피털은 회사에 50억 달러 이상의 영업 이익을 가져다주었다(전체 영업 이익의 40퍼센트 이상을 차지함).

드러커는 GE캐피털로 급성장하여 발전한 금융서비스 사업의 공을 웰치의 전임자에게 돌렸다. "존스는 그때까지만 해도 주로 GE 제품부문에 대한 금융 지원에 주로 초점을 맞추었던 GE 금융서비스 부문의 발전 가능성을 알아차렸다.

그는 종합금융서비스로 확장하기 시작했다. 내가 그와 함께 그 일을 했기 때문에 나는 분명하게 말할 수 있다. 그는 금융서비스가 확장 영역이라는 것을 확실하게 보았다."라고 드러커는 말했다. 금융서비스가 없었다면 슈퍼스타 CEO로서의 잭 웰치에 관한 이야기는 없었을 것이라고 암시했다.

나는 드러커가 웰치에 대해 해준 자세한 이야기 이면에 무엇이 있는지를 생각했다. 드러커는 내가 웰치에 관한 책을 6권 이상 편집하거나 썼다는 것을 알고는, 아마 내가 가장 잘 아는 리더가 즐겨 쓰는 용어로 말하는 것이 좋을 거라고 생각했을 것이다. 그러나 뒤늦게 깨달은 것이지만, 웰치에 관한 이야기는 드러커 자신의 유산과 더 관련이 있다고 생각한다.

드러커는 GE를 세상에서 가장 존경 받고, 닮고 싶어 하는 기업으로 만드는 데 막후에서 도움을 주면서 50년을 보냈으나 그는 그 공을 조금도 인정받지 못했다.

나는 드러커가 인터뷰 초기에 "의뢰인은 컨설턴트가 저지른 실수에 대가를 치른다."라고 말했던 것이 떠올랐다. '컨설턴트는 의뢰한 회사가 성공할 때는 칭찬을 받지 못한다'는 등식의 다른 한쪽은 언급되지 않았다.

GE가 과거 50년 동안 가장 성공적인 회사에 속한다는 것은 다 아는 사실이다. 그러나 드러커가 그 회사에 미친 엄청난 영향은 알려지지 않았다. 아무도 드러커가 GE에 중대한 영향을 끼쳤다고 주장하지 않은 것이다. 그러나 웰치가 최고로 잘한 자신의 결정(예, 사업처분 의사결정)을 드러커의 공으로 돌린 것을 제외하고는 GE에서 했던 일에 대해 공식적으로 인정한 것은 없었다.

드러커는 일생 동안 상이나 명예를 추구하지 않았지만 인생의 마지막 몇 년 동안은 무엇보다도 자신의 유산을 염두에 두었다. 내가 그에 관한 책을 쓰려는 것을 알면서, 왜 긴 인터뷰에 응했고 그 다음에 또 다른 작가를 초청하여 사후에 출판될 일종의 전기에 가까운 책을 쓰게 했을까?*

그런 모습은 드러커답지 않았다. 나는 그의 경력 초반에 다음과 같이 말했던 것을 기억했다. "젊음을 유지하는 비결 중 하나는 인터뷰에 응하지 않고 자신의 일에 전념하는 것이다. 내가 그렇게 하고 있다. 미안하다. 시간을 낼 수가 없다."

갑자기 그는 시간을 내주는 사람이 되었다. 그는 내가 그동안 만났던 어느 누구보다 겸손했지만, 자신이 새로운 학문 분야를 확립하는 데 광범위하게 기여했고, 그것이 세계에서 가장 위대한 회사 중 하나에 영향을 끼쳤다고 기억해주길 바라는 것은 지극히 당연했다.

드러커 – GE – 웰치의 인연

먼저 역사를 조금 살펴보면, 드러커와 GE의 관계는 깊고 오래되었다. 드러커는 1950년대 초부터 GE의 컨설턴트로 일했다. 1951년, GE의 CEO 랄프 코디너는 GE 경영의 효과성 제고를 위해 드러커를 포함하여 팀을 꾸렸다. 팀은 수십 개의 다른 회사를 조사했고 2000명에 달하는 GE 근로자의 인사 기록은 물론, GE 고위 임원의 시간

---

* 드러커는 『맥킨지의 모든 것Mckinsey's Marvin Bower』의 저자인 엘리자베스 하스 에더샤임을 불러 자신에 대해 책을 써달라고 요청했고, 드러커가 서거한 지 1년 후 『피터 드러커의 마지막 통찰The Definitive Drucker』이라는 제목으로 그 책은 출간되었다.

과 행동을 연구했으며 수백 명의 관리자를 인터뷰했다.

경영에 대한 혁신적 사고를 확신하지 못한 채 "관리자는 관리자야, 그저 관리자야."라고 말했던 CEO 코디너는 드러커와 그의 팀에게 경영상 도전과제, 상황, 문제에 대한 모호성을 제거할 수 있는 확실한 매뉴얼 작성 임무를 부여했다. 이러한 방대한 경영 과제 수행의 최종 결과물은 블루 북Blue Book이라고 불리는 총 5권의 책으로 남겨졌다. 3463페이지에 달하는 경영 바이블이었다.

드러커와 그의 팀은 GE 경영자들을 위해 일종의 지침서를 쓸 의도를 갖고 있었다. 그러나 웰치의 회장 재임 기간 중 초기에 GE의 크로톤빌교육대학을 맡았던 노엘 티쉬(유명한 경영학 교수이며 컨설턴트이자 저자)에 따르면, 웰치의 핵심 개념 중 몇 개는 바로 블루 북에서 나왔음을 암시한다. 티쉬는 웰치에 관한 책에서 다음과 같이 썼다.

"엄청나게 두꺼운 이 책(블루 북)의 온갖 지루한 상세 해법 중에는 '목표에 의한 경영'과 같이 유용한 개념도 포함되어 있다. 그것은 드러커의 발명품이었으며, 나중에 웰치가 채택하게 되는 대부분의 혁신적 아이디어들 역시 드러커의 것이었다."

티쉬는 이어서 이전의 사상가들이 웰치에 영향을 끼친 사례 하나를 들었다.

"블루 북에서 발췌한 예를 보면, 분권화에 대한 논고는 웰치의 '스피드 원칙'과 매우 흡사하게 들린다. 관리감독의 축소, 의사결정 시간의 단축, 고도의 기민성은 고객 서비스 극대화 및 회사의 이익 극대화를 가져다준다."

코디너는 "GE 경영자들에게 새로운 블루 북 경영 원칙을 가르치기 위해 크로톤빌*을 세웠다." 고 덧붙였다. 드러커는 코디너에 의해 크로톤빌의 공동 설립자로 영입되었다. 그는 크로톤빌이 1981년 웰치의 시대가 시작될 때까지 수십 년 동안 GE에 유능한 경영진을 공급하는 데 핵심적 역할을 했다고 나에게 말했다.

1956년에는 약 4000명의 전문가와 관리자들이 사업 관리 전문과정이라고 불리는 교육을 받았는데(외부세계와 단절된 채 13주간을 보내는 엄격한 과정) 아침에는 고위 정부관리들, 사회학자들 그리고 경제학자들의 강의가 이루어졌다.

1990년대가 끝날 무렵 그 과정을 수료한 관리자 수는 누적 기준으로 6배 증가한 2만 5000명이었으며 GE 전체 인력의 10퍼센트 이상을 차지했다.

임원 훈련과 개발에 대한 웰치의 노력은 '훗날 웰치가 추진한 워크아웃과 식스 시그마 운동에서 확대되었다.'라고 GE의 고위 기업 전략가였던 윌리엄 로스차일드William Rothschild는 주장했다. 그러나 1950년대만 해도 이러한 형태의 임원 훈련은 전적으로 유례가 없

* 크로톤빌은 매우 성공적이어서 IBM의 샌즈 포인트 스쿨Sands Point School, 히다치 경영개발연구소Hitachi Institute of Management Development in Japan를 낳았으며 크로톤빌은 2001년 존 에프. 웰치 리더십개발센터John F. Welch Leadership Development Center of Crotonville로 개칭되었다.

었다.

웰치가 물려받은 유산

드러커는 쉬지 않고 자신에 관한 이야기를 계속했다.

"나는 3명의 설립자 중 하나였고, 다른 두 사람은 GE의 CEO 랄프 코디너와 나를 컨설턴트로 불러들인 사람이다. 그는 해롤드 스미디Harold Smiddy인데 부즈 앨렌 & 해밀턴의 수석 파트너로 있다가 경영 컨설팅 헤드head로 GE에 참여했다. 그는 GE를 재구축한 설계자* 였고, 나는 40대 후반, 실제로는 50대 초반에 핵심 컨설턴트로 참여했다. 웰치는 잘 훈련되고 검증된 핵심 임원들을 많이 공급받았다.

"이 두 사람(코디너와 스미디)이 없었다면, 나는 그 일을 해내지 못했을 것이다."

나는 깜짝 놀랐다. 그 말은 내가 과거 12년 간 웰치에 대해 출간하거나 쓴 모든 책과 배치되기 때문이다. 7권의 책마다 관료적이고 노쇠한 산업 공룡을 구해낸 구세주 CEO로 웰치를 묘사했다. 그러나 여기에 웰치시대를 매우 다르게 묘사하고 있는 사람이 있으니 그는 바로 오랜 기간 웰치와 GE를 컨설팅 했던 드러커다.

---

* 드러커가 말하는 '재구축'은 의사결정을 하부조직으로 이양함으로써 GE를 전면적으로 분권화시키는 이니셔티브였다.

그는 1980년경, GE를 도약할 준비가 된 회사로 묘사했다. 마치 GE를 동전뭉치를 들고 나타난 사람들에게 큰 돈을 내놓을 준비가 된 거대한 슬롯머신처럼 묘사했다. 드러커와 웰치의 관계는 흥미진진했다.

웰치가 그의 '넘버원, 넘버투' 전략(시장의 리더가 될 수 없는 GE회사는 그 시장에서 철수해야 한다는 내용을 담고 있다)도 드러커의 공으로 돌렸지만, 다른 많은 전략과 웰치의 지침서 상당 부분이 드러커에게서 기원하고 있다. 예를 들어, 1984년 웰치는 GE의 대표적 사업인 가전 부문을 처분하기로 결정했다. 가전 부문은 많은 사람들이 GE를 대표한다고 생각했다.

웰치는 가전 부문이 성숙된 사업이고 GE의 강점에 잘 맞지 않는다는 것을 알았다. 드러커는 웰치의 결정이 그날 드러커와 내가 앉았던 바로 그 방에서 이루어졌다고 말했다. "웰치는 그 결정을 나의 공으로 돌린다."라고 드러커는 즉석에서 말했다.

그들의 관계를 고려할 때, 드러커가 묘사한 웰치시대의 GE를 제대로 이해하고 싶었다. 동세대의 최고 CEO로 널리 간주되고 세기의 경영자로 영예를 얻은 그가 드러커와 그의 팀이 몇 십 년 앞서 취한 행동 덕분에 성공했다는 것을 나는 믿기 어려웠다. 나는 그에게 단도직입적으로 물었다.

"드러커 박사님, 웰치가 잘 해낼 수 있도록 GE가 충분히 준비하고 있었다는 말씀이십니까?"

그의 대답은 불에 기름을 붓는 격이었다. "그 이상이야."라고 드러커는 맞받았다. 그때가 바로 웰치가 GE를 맡기 전 GE의 금융서비스 사업이 어떻게 시작되었는가를 논의하려는 때였다.

다른 자료들은 이 사실을 어떻게 기록하고 있을까?

웰치는 회고록 『끝없는 도전과 용기Jack: Straight from the Gut』에서 다음과 같이 전했다. 그가 취임하기 3년 전인 1978년, GE캐피털은 자산 규모가 50억 달러였다. 그러나 웰치가 그 금융서비스에 심도 있게 집중한 결과, 회사는 제조업 거인에서 서비스 거인으로 탈바꿈했다. 2000년까지 봤을 때, 웰치는 GE캐피털을 위해 수백 건의 기업인수를 협상했거나 승인했으며 그 사업은 폭발적으로 성장했다. 웰치가 CEO로 재직한 마지막 해까지 GE캐피털의 자산 규모는 3700억 달러로 증가했다.

드러커가 즐겨 쓰는 말을 빌린다면, 실제로 누가 GE의 성공에 가장 큰 공헌을 했는지가 불분명했다. 레지 존스는 GE를 금융서비스 사업의 길로 올려놓았으며 이는 웰치의 전략에서 매우 중요한 역할을 했다. 그러나 모든 사람의 상상을 초월한 만큼 이 사업에 투자하고 키워낸 사람은 웰치였다.

미래의 적임자

드러커는 다음과 같이 말하면서 이 주제의 대화를 끝냈다.

"존스는 웰치가 향후 사업 계획에 적합한 인물이기 때문에 그를 선택했다. 웰치는 GE를 경영하는 사람으로서는 적임자가 아니었다. 그 사람은 따로 있었다. 그는 내 가까운 친구이며 웰치와 경쟁하는 사람이었다. 그 친구는 자신이 미래에 맞는 사람이 아니라 현재에 적합한 사람이며, GE는 미래를 준비하는 사람이 필요하다고 말하면서 자발적으로 물러났다(드러커는 내 뒤에 있는 소파를 가리켰다. 나는 그 임원이 드러커의 집에서 드러커와 얘기하면서 회장이 되려는 노력을 포기한 것으로 이해했다).

웰치가 레지 존스를 승계한다는 발표가 나왔을 때 월스트리트는 GE가 '한 전설적 인물을 한 정력가로 대체'하기로 결정했다고 보도했다. 아이러니하게도, 결국 잭 웰치는 '전설'이라는 단어를 가장 많이 연상케 하는 현대의 CEO가 된다.

웰치가 자신의 회고록 『끝없는 도전과 용기』를 쓰기로 결정했을 때, 출판사들은 기회를 잡으려고 많은 애를 썼다. 승리자는 워너북스Warner Books였는데 출판권료로 총 710만 달러라는 엄청난 돈을 지불했다. 당시 그 금액은 850만 달러를 받은 교황 바오로 2세John Paul II에 관한 책 『Crossing the Threshold of Hope』를 제외하고 논픽션으로 지불된 선급금 중 가장 큰 금액이었다(그 이후로 힐러리 클린턴Hillary Clinton과 빌 클린턴Bill Clinton이 각각 800만 달러와 1200만 달러를 받았고, 앨런 그린스펀Alan Greenspan이 850만 달러를 받았다).

사람들의 말을 정리해보면

웰치에 관해서 7권의 책을 쓰고 출간하느라 수십 년을 보낸 사람으로서 웰치에 대한 논의를 끝내지 못하고 남겨둔다면 책임감이 없는 사람이라고 할 것이다. 드러커는 웰치가 강력한 사업 계획을 성공시킬 수 있는 패를 받았다는 생각이 강한 듯했다. 그러나 큰 그림을 이해하기 위해서는 많은 것을 참작할 필요가 있다.

첫째, 드러커는 웰치가 취임했을 때 이미 밥상이 차려졌다고 주장하면서도 그는 타고난 리더라고 다음과 같이 말했다. "잭 웰치는 여러 면에서 천부적인 사람이다....(중략) 그의 위대한 강점은 무엇이 마땅히 해야 할 일인가를 묻고, 우선순위에 초점을 맞추며, 그 밖의 것은 모두 이양하는 능력이다."

웰치는 또한 우선순위에 초점을 맞춘 채 집중력을 잃지 않게 하는 것이 얼마나 중요한지를 알았다. "처음 5년 동안 그의 급선무는 GE를 재구축하는 것이었다."라고 드러커는 말했다.

"그러고 나서 그는 다시 마땅히 해야 할 일이 무엇인가를 묻고 새로운 우선순위를 설정했다. 그가 마지막으로 세웠던 우선순위는 정보를 바탕으로 GE를 재구축하는 것이었다." 마지막으로, 드러커가 나에게뿐 아니라 그가 쓴 책들에서 웰치를 칭찬했던 점에 주목해야 한다.

『21세기 지식경영Management Challenge for the 21st Century』에서 드러커

는 "웰치가 1981년 CEO로 취임한 이래, GE는 세상에서 어느 회사보다도 많은 부를 창출했다."고 지적했다. 그는 웰치가 지식기반 사회에서 기업에게 중요한 요소인 정보를 바탕으로 회사를 구성한 것에 대해 다음과 같이 격찬했다.

"웰치의 주요 성공 요인은 GE가 사업단위별 성과 정보를 목적에 따라 다르게 구성했다는 것이다."

GE는 다른 많은 회사와 마찬가지로 사업을 매년 평가하는 방식으로 전통적인 재무와 마케팅 보고서를 작성했다. 그러나 같은 자료가 장기 전략 목적으로 재구성되었는데 다시 말하면, 예상치 못한 성공과 실패를 보여줄 뿐 아니라 실제 상황이 예상과 상당히 달라졌음을 보여주기 위함이었다.

웰치에 대하여

이 장의 요점은 타이밍과 리더십에 관한 것이다. 드러커가 웰치는 GE의 미래에 알맞은 사람이라고 나에게 설명해주기 전에는 리더들을 평면적으로 생각하기 쉬웠다. 그것은 시기를 고려하지 않고 최고 적임자를 그 자리에 고용하는 일이다.

드러커는 "좋은 사람은 없다. 무엇에 좋은가가 문제다."라고 말했다. 웰치에 대한 드러커의 이야기를 통해 나는 경영자, 조직, 그리고 타이밍 간의 조화를 이해하게 되었다. 웰치가 CEO로 임명되었을 때, 그는 과거나 오늘의 GE가 아닌 미래의 GE에 적합한 인물이었다.

중요한 직책을 맡길 때는 눈에 띄는 당장의 필요를 간과할 필요도 있다. 웰치는 1971년 그리고 아마 2001년(그가 퇴임할 때)에는 걸맞지 않은 리더였을 것이다. 하지만 그는 1980년대와 1990년대에 필요했던 대수술을 단행하기에 적합한 리더였다.

11 Inside Drucker's Brain

생사가 걸린 의사결정

"승진 의사결정은 경영자들에게 소위 '생사가 걸린 결정'이다."

1980년대, 『1분 경영The One Minute Manager』과 『초우량기업의 조건』이 출간된 후, 열렬한 일부 경영서 저자들은 과거 조직과는 전혀 다른 새로운 조직이 출현했다며 환호했다. 이 시기는 전통적 조직 구조를 팬케이크처럼 수평적으로 만듦으로써 경직된 명령, 통제 조직을 뒤엎기로 한 권한부여 운동이 일어난 기간이었다. 그러나 드러커는 그것이 거짓 약속임을 알았다.

"몇 년 전에 상하구조의 조직계층은 끝이 났다는 이런저런 이야기가 무성했다."라고 2002년에 글을 쓴 바 있다. "그 얘기대로 하자면, 모든 임직원은 한 배를 타고 신나게 항해하는 똑같은 선원에 지나지 않는다. 하지만, 그렇게 되지 않았고 그렇게 되지도 않을 것이다. 이유는 아주 간단했다. 대책 회의를 배가 가라앉기 시작할 때 소집할 수는 없기 때문이다. 그런 때는 누군가 명령을 내려야 한다. 누군가 '논쟁은 그 정도로 됐어!' 하고 말하는 사람이 있어야만 한다. 결정하는 사람이 없으면 아무런 결정도 내려지지 않는다."

'결정하는 사람이 없으면 아무런 결정도 내려지지 않는다'는 드러커의 또 다른 고전적 사상이다.

이 장은 의사결정에 관한 것이지만, 이는 단순하고 일반적인 결정에 관한 것이 아니다. 조직의 미래에 가장 필수적이라고 생각하는 의사결정이다. 드러커는 이를 처음부터 '생사가 걸린 의사결정'이라 불렀다.

이 장에서는 인사 의사결정, 제품 의사결정 그리고 매일 경영자들이 맞닥뜨리는 다른 주요 의사결정에 대한 드러커의 생각을 살펴본다.

생사가 걸린 의사결정이란

생사가 걸린 의사결정을 올바르게 내리는 비결 중 하나는 그 결정을 위임하지 않는 것이다. 처음에는, 드러커가 생사가 걸린 의사결정을 인사에 관한 의사결정으로 좁게 정의했었다(나중에 다른 중요한 의사결정에 대해 언급하지만, 그것들을 생사가 걸린 의사결정이라고 부르진 않았다). 하지만 사람에 관한 의사결정은 거의 항상 생사가 걸린 문제다.

드러커는 채용과 승진에 관련한 주요 의사결정은 자주 일어나지 않는다고 했다. 그러나 이런 의사결정이 필요한 시기에는 매우 진지하게 검토하고, 결코 조급해져선 안 된다. "조급한 인사 의사결정은 성공할 가능성이 거의 없다. 더구나 똑같은 원리가 최고경영진의 대다수 의사결정에도 적용된다."

드러커가 첫 번째로 기술한 생사가 걸린 의사결정들은 다음과 같다.

- 누구를 언제 승진시킬 것인가?의 승진 의사결정
- 관리자를 해고하거나 강등시키는 것
- 부서의 업무와 범위의 결정(예를 들면, 자본투자)

누구를 승진시킬 것인가?

제9장에서 다루었듯이, 드러커는 일찍부터 리더에게서 무엇을 기대해야 하는지를 알고 있었다. 예를 들면 도덕성, 인격 그리고 일관성 등이다. 그러나 그런 것들은 단지 선결 요건이다. 드러커는 가장 강한 리더라면 다른 사람에게서 강점을 찾고 자신의 약점을 부끄러워하지 않는다고 했다.

이는 효과적인 리더라면 자신이 가장 부족한 영역에서 가장 강한 사람들을 채용하고 승진시키기 때문이다. 그는 "당신이 전문가가 아니면 전문가가 되려고 하지 마라. 당신의 강점을 키우고 다른 필요한 일을 할 수 있는 강한 사람을 찾으라."고 촉구했다.

이것은 당신이 실수하지 않는 직원을 찾아야 한다는 것을 의미하지 않는다. 드러커는 다음과 같이 말했다. "나라면 실수를 저지른 적이 없고 특히 큰 실수를 해보지 않은 사람을 최고경영자 자리에 절대로 승진시키지 않을 것이다. 실수를 해보지 않은 사람은 그저 그런 평범한 사람임이 분명하다."

언제 누구를 승진시켜야 하는가에 대한 하나의 단서는 만족하지 못하는 사람을 찾는 것이다. 그 사람은 좀 더 일하고 싶어 하는 사람이다. 마지막으로 그 사람이 쌓아온 경력을 봐야 한다. "최근 연구에 따르면, 경영은 실행이다. 경영의 본질은 아는 것이 아니라 행동으로 옮기는 것이다. 그 시험대는 말이 되는지가 아닌 결과다. 경영이 누리는 유일한 권위는 성과에 있다."라고 드러커는 말했다.

누구를 해고할 것인가?

"최고 수준의 성과를 내지 못하는 관리자나 개인은 제거되어야 한다."라고 드러커는 반복적으로 말한다. 관리자에게 있어서 미숙함은 용납될 수 없다.

자존심에 사로잡힌 사람들은 조직을 파괴한다. 그들은 조직에 앞서 자신을 먼저 생각하는 사람들이며 올바르게 일하기보다 자신이 올바르다는 것을 더 중요하게 생각한다.

리더는 조직의 가치들을 생활화하고 자신과 자신의 사람들에 대한 기대치를 높게 설정함으로써 솔선수범한다. 거기에 미치지 못하는 것은 장기적으로 사업이나 조직을 가라앉게 만든다.

각 직책의 업무 범위를 규정하기

직원들은 반드시 자신이 기대되고 있는 것을 알아야 한다. 자신이 무엇을 해야 하는지를 모르면서 시간을 조금씩 허비하는 것보다 더 큰 낭비는 없다.

경영자는 명확한 목표를 설정하고 과업 수행에 방해가 되는 것을 제거해야 한다. 또한 책임감 있는 리더들은 조직의 미래를 생각할 줄 알아야 한다. 그렇지 않다면 무책임한 리더다.

나중에 출간된 책들에서 드러커가 '생사가 걸린 의사결정'이라는 구절을 자주 사용하지는 않았지만, 경영자의 의사결정은 그가 쓴 책들의 주된 주제가 되었다. 예를 들면, 『피터 드러커, 창조하는 경영자』에서는 '우선순위 결정'의 중요성을 언급했는데 이에 대해서는 이 장의 후반에서 다룬다.

우리가 그것을 무엇이라고 부르든지, 효과적인 리더들은 잘못된 결정보다는 옳은 결정을 자주 할 뿐만 아니라 중요한 의사결정을 올바로 한다. 이 점이 바로 효과적인 리더와 낙오자를 구분 짓는 척도다.

누가 생사가 걸린 결정을 하는가

드러커는 초기에 쓴 핵심적인 2권의 책*에서, 경영자 직함을 가져야만 중요한 의사결정을 내리는 것은 아니라고 분명히 밝혔다.

그는 저서 『피터 드러커의 자기경영노트』에서 "우리의 지식 기반 조직을 통틀어 볼 때 제대로 관리하지 못하면서 여전히 고위 임원인 사람들이 있다. 전쟁 중인 베트남 정글에서는 그와 같은 상황을 찾아보기 힘들다. 그곳의 그룹 멤버는 누구나 매순간 그룹 전체의 생사가 걸린 결정을 하도록 요구 받는다."라고 주장했다. 지식 기반의 조직에서도 중대한 결정을 하는 사람은 고위경영자만이 아니다. 초급 직원도 마찬가지로 조직의 미래에 영향을 미치는 중대한 의사결정을 할 수 있다.

드러커는 '과제 A 대신 과제 B를 연구'하여 조직의 미래를 결정하는 어느 화학자를 예로 들었다. 또한 젊은 프로덕트 매니저가 기존의 제품을 손질해서 다음 해에 최고 히트상품을 만든 사례도 덧붙였다.

다양한 계층에서 많은 사람들이 실질적인 기여를 하고 있는 이런 형태의 조직은 드러커가 제5장에서 기술한 1918년 식의 조직과는

* 『피터 드러커, 창조하는 경영자Managing for Results(1964)』와 『피터 드러커의 자기경영노트The Effective Executive(1967)』

엄청나게 달라진 것이다. 어제의 조직은 몇 명의 고위경영자와 그 산하에 수많은 미숙련 또는 반 숙련 근로자를 둔 회사를 말한다. 그런 조직에서는 아랫사람들에게 결정 권한을 주지 않고 오로지 최고경영자들이 생사가 걸린 의사결정을 한다. 설령 아랫사람들에게 권한이 주어졌다 해도 그들이 회사에 새로운 아이디어로 기여할 장치가 없었다.

기억하라, 테일러의 과학적 관리 세계에서는 모든 작업에 대해 '오직 한 가지 최고의 방식(과학적 관리법)'이 존재했다. 다시 말해 이는 다른 직원보다 능력이 더 뛰어난 직원이 없다는 의미였다. 하지만 패러다임을 바꾼 것은 지식근로자의 출현이었다. "지식과 관련된 일은 그 일의 양으로 정의되거나 그 일에 소요되는 비용으로도 정의되지 않는다. 그것은 결과물로서 정의된다."라고 드러커는 설명했다.

드러커는 다음과 같은 사람들을 지칭하기 위해 임원executives이라는 단어를 사용했다. 그들은 '자신의 위치와 지식을 근거로 조직 전체의 실적과 결과물에 중대한 영향을 미치는 의사결정을 하도록 기대되는 지식근로자, 경영자, 전문가 개인'이다.

대다수의 지식근로자는 조직의 미래를 바꿀 수 있는 기회를 가지고 있지 않다. 능력을 가진 타고난 사람만이 그렇게 할 수 있기 때문이다. 그러나 회사 안에는 조직도에나 보이는 사람들보다도 조직의 운명을 바꿀 수 있는 사람들이 더 많다고 덧붙였다.

그럼에도 사람들은 성장이 정체되거나 중대한 사업 기회에서 돌이킬 수 없는 중요한 결정을 내려야 하는 사람들이 내부에 많이 있다는 사실을 잘 모른다. 그 결정은 최고경영진이 내리는 것과 다름없는데 "지식의 권위는 지위의 권위만큼 합리적이기 때문이다."라고 드러커는 선언했다.

그러나 지식으로 충분하지 않다. 사람들은 자신이 의미 없는 일로 소외되거나 방해받지 않을 때만 중요한 일을 성취한다. 드러커는 이렇게 말한다. "많은 조직에서 대부분의 지식 및 서비스 관련 일을 실제로 하는 사람들, 예를 들어 엔지니어, 교사, 판매원, 간호사, 일반 중간관리자들은 회사에 가치를 거의 또는 전혀 부여하지 않고 그들의 자질이나 급여와 전혀 관계없는 부수적인 잡무들을 점점 더 많이 수행하고 있다."

3명의 임원 규칙

3명의 임원 규칙Three Officers Rule은 드러커가 GE의 CEO인 랄프 코디너에게 배운 것이다. 그는 블루 북 제작과 크로톤빌 설립을 위해 드러커와 함께 일했던 사람이다.

이 규칙에 따르면, 책임감 있는 CEO는 그 자리를 맡은 지 3년 내에 '자신과 같거나 더 나은 후보자'를 최소한 3명을 확보하고 있어야 한다. 그들은 필요할 때 현재의 CEO를 승계하게 된다. 그러나 미래를 걱정해야 하는 사람은 CEO들만이 아니라 모든 경영자다.

드러커는 다음과 같이 설명했다. "경영자 육성의 첫 번째 원칙은 모든 분야를 경영 관리할 수 있는 경영자 그룹 전체를 육성해야 한다는 것....(중략) 두 번째 원칙은 경영자 양성이 역동적이어야 한다는 것....(중략) 그것은 항상 미래를 준비하는 데 초점을 맞추어야 한다....(중략) 내일의 경영자를 육성하는 일은 매우 중요해서 임시 활동으로 간주될 수 없다. 이를 이행하는 것은 경영자를 관리하는 데 필요한 다음의 모든 요소에 달려 있다. 즉 구성원의 일과 상하간의 관계, 조직의 사기 그리고 조직 구조다."

경영자 육성 활동은 현대 기업에 있어서 더욱 중요하다. 최고의 인재는 회사를 필요로 하지 않는다. 인재가 부족한 회사가 최고의 인재를 필요로 한다.

우선순위 의사결정

『피터 드러커, 창조하는 경영자』에서 드러커는 경영자에게 요구되는 중차대한 의사결정과 그 우선순위에 대한 자신의 생각을 진전시켰다.

그의 설명에 따르면, 회사가 아무리 잘 경영되거나 조직되어 있다해도, 자원은 적고 그 자원을 쓸 수 있는 기회는 항상 더 많다고 한다. 따라서 "우선순위에 대한 의사결정이 이루어져야만 한다. 그렇지 않으면 아무것도 이루어지지 않는다."는 것이다.

우선순위 의사결정을 하면 경영자들은 그들이 처한 현실, 즉 조직의 강점과 약점, 조직의 기회와 니즈를 직시하지 않을 수 없다.

"우선순위에 대한 의사결정은 의욕을 구체적인 실행 계획으로, 그리고 지식을 행동으로 전환시킨다."고 했다. 또한 드러커는 "어떤 기업이 정하는 우선순위를 보면 그 기업의 다른 많은 것을 알 수 있다."고 말했다. 우선순위에 대한 의사결정은 경영진의 비전과 진정성을 시사한다. 우선순위가 바로 회사의 기본 행동과 전략을 결정한다.

우선순위 의사결정의 핵심은 '해서는 안 되는 일을 아는 것'이다. 사람들은 우선순위를 정하는 데 큰 문제가 없지만, 경영자들이 '해서는 안 될 후순위'를 결정하는 것은 큰 문제라고 말한다. 후순위 항목은 결코 해서는 안 되는 일이다. '미루는게 아니라 즉시 버려야 한다.'며 아무리 강조해도 지나치지 않다고 했다. 계획된 버리기는 드러커 지침서에서 매우 중요한 부분이다.

드러커는 경영자가 좋은 아이디어나 기회처럼 보이는 것에서 손을 떼도록 훈련해야 한다고 한다. "이전에 뒤로 미뤘을 때 바람직했더라도, 그것을 다시 시도한다면 심각한 실수로 이어질 수 있다."

다른 말로 하면, 이미 미뤘거나 상당한 투자를 하고도 결실을 맺지 못하는 계약이나 제품에서 철수하는 것을 두려워하지 말라는 것이다. 한때 타당했으나 나중에 새로운 시각으로 보면 더 이상 의미가 없어지는 아이디어들에 대해 경영자들이 너무 몰두한다고 드러커는 생각했다.

그 이유는 드러커가 수 년 후 설명한 것처럼 '기업은 사회 변화의 촉매'이기 때문이다. 그는 다음과 같이 덧붙였다. "오늘 가장 성공적으로 보이는 기업이라도 스스로 또 다른 미래를 만들지 못한다면 허울과 실패에 지나지 않는다. 기업은 제품과 서비스뿐 아니라 기업 스스로를 혁신하고 재창조해야만 한다. 기업 이외의 다른 모든 사회적 기관은 변화를 가로막지는 않더라도 적어도 종래의 상태를 보존하려는 속성을 갖고 있다. 기업만이 유일하게 혁신하도록 만들어졌다. 하지만 어떤 기업도 성공적으로 혁신하지 않으면 번영하기는커녕 생존조차 할 수 없다."

드러커의 요점은 회사의 희소한 자원을 가장 좋은 기회에 부여하라는 것이다. 최고의 결실을 낼 수 있는 소수의 제품, 서비스 그리고 아이디어에 집중하라. 그렇다고 한 번에 너무 많은 것을 하려는 회사는 실패한다고 말했다.

"무엇보다도 가장 중요한 것은, 진정으로 중차대한 기회에(다시 말해, 회사의 잠재력을 실현시키는 것 그리고 미래를 구현하는 것에) 걸맞는 자원이 주어져야 한다. 겉으로 안전해보이고 당장 수익을 낼 것으로 보이는 작은 사업 기회들을 희생하고서라도 말이다."

드러커는 경영자가 빠지기 쉬운 큰 함정이란, 성공 가능성이 거의 없음에도 어떤 일을 계속하도록 재촉 받는 것이라고 말했다. 그는 종종 주위의 분위기에 굴복하여 뭐든 일이 되게 하려고 자신이 가진 모든 것을 투자하기도 한다(그것은 신제품이나 서비스, 제품의 변형, 새로운 절차 등일 수 있다).

드러커는 "당신이 무엇을 하고 있다고 말할 것이 아니라, 당신이 무슨 일을 그만두었는지를 말하라."고 촉구했다.

생사가 걸린 의사결정

사람에 대한 의사결정보다 더 중요한 것은 없다. 드러커는 알프레드 슬론에게 배웠던 교훈을 잊지 않았다.

"임원은 무엇보다 사람을 관리하고 사람에 대한 결정을 하는 데 더 많은 시간을 보낸다. 그들은 그렇게 해야만 한다."라고 드러커는 주장했다.

"인사에 관한 의사결정만큼 그 여파가 오래가고 되돌리기 어려운 결정은 없다." 대다수 경영자는 3분의 1 비율로 나쁜 인사 의사결정을 한다고 덧붙였다. 즉 새로운 채용자의 3분의 1은 유능한 사람들이고, 3분의 1은 미미한 수준의 성과를 내며 나머지 3분의 1은 쓸모없는 사람들이다.

오랜 기간에 걸쳐 슬론의 인사 결정은 흠이 없었다고 드러커는 주장했다. 왜냐하면 중요한 모든 의사결정을 손수 내렸기 때문이다. 슬론은 채용 의사결정에 세밀하게 관여했을 뿐 아니라 그가 선택한 사람들은 GM의 성공에 크게 기여를 했다.

사람에 대한 의사결정 다음으로 중요한 것은 '자원을 어떻게 할당해야 하는가'이다. 핵심은 최대의 효과를 낼 수 있는 곳에 최고의 인재를 배치하는 것이다. A급 관리자가 영역 싸움과 같은 지루한 일을 하는 조직은 인사관리를 잘못하고 있는 것이다.

마지막으로 '경영자 개인의 자존심' 때문에 연기되거나 제쳐두었던 프로젝트를 포기하는 데 주저해서는 안 된다.

12 Inside Drucker's Brain

드러커가 말하는 전략

"기업의 사명, 목표 그리고 전략에 대한 이해 없이 경영자는 경영을 할 수 없고,

조직이 제대로 편성되지 않으며, 경영관리가 생산적일 수도 없다."

이 이야기는 이제 드러커 전설의 일부가 되었다. 드러커가 1964년에 쓴 『피터 드러커, 창조하는 경영자Managing for Results』의 원제는 '기업전략Business Strategies'이었다. 하지만 1960년대에 전략이란 말은 사람들이 널리 사용하는 용어가 아니었다. 드러커와 그의 출판사가 경영자, 컨설턴트, 교수, 서점 관계자 등과 책 제목을 논의했을 때 그들은 그 제목을 반대했다.

"전략이란 말은 우리가 반복적으로 들었지만, 군대나 정치 유세에 관한 것이었고 기업에 관한 것이 아니었다." 드러커는 옥스퍼드 사전(1952년)에서 여전히 전략은 '장군의 덕목: 전쟁의 기술, 작전 중인 다양한 군대를 운영하는 것'이라고 정의되어 있다고 지적했다. 물론 그로부터 10년도 안 되어 경영 전략은 가장 인기 있고 가장 많이 검토된 경영과 사업의 한 분야가 되었다.

목적과 목표가 먼저다

드러커에게 전략이란 경영에 있어서 다른 모든 것과 마찬가지로 생각하는 사람의 게임이다. 전략은 어떤 엄격한 룰을 따른다고 해서 성취되는 것이 아니라, 사업의 다양한 측면을 면밀하게 생각함으로써 성취된다. 전략은 오직 목표로부터 시작한다.

"사명을 명확하게 정의할 때 사업목표가 분명해지고 현실적이 될 수 있다. 목표는 우선순위, 전략, 기획 및 과제 할당의 토대다. 목표는 경영자의 직무 설계이며 무엇보다 조직 설계의 출발점이다. 조직구조는 전략을 따르며, 전략은 주어진 사업에서 핵심 활동이 무엇인지를 결정해준다. 전략을 세우기 위해서는 우리가 하는 사업이 무엇이며 마땅히 해야 할 일이 무엇인가를 알 필요가 있다....(중략) 우리의 사업이 무엇인지 답하는 것, 이보다 더 단순하고 명백한 것은 없다."고 드러커는 설명했다.

"제철소는 철을 만들고 철도는 화물과 승객들을 나른다....(중략) '우리의 사업이 무엇인가'는 깊이 생각하고 연구한 후에만 대답할 수 있는 어려운 질문이다. 올바른 대답은 일반적으로 쉽게 떠오르지 않기 마련이다."

드러커의 법칙을 돌이켜 생각해보면, 고객이 없는 전략은 있을 수 없다. 사업 목적을 정의해주는 것은 고객이기 때문이다. 따라서 '우리의 사업은 무엇인가'라는 질문에 답하기 위해서는 외부로부터, 즉 고객과 시장의 관점에서 사업을 바라보아야 한다.

경영진은 고객이 어떤 시점으로 보고, 생각하고, 믿고, 원하는지를 판매직원이나 회계직원, 기술자들로부터 수집된 객관적인 자료와 같은 비중으로 받아들여야 한다. 드러커는 사업 실패의 가장 중요한 원인은 '우리의 사업은 무엇인가'라는 질문을 경영진이 '분명하고 예리하게' 하지 않는 것이라고 말한다. 그런 질문을 할 때는 회사가 곤경에 처하거나 회사를 시작할 때만이 아니라고 했다.

"그런 질문과 검토는 사업이 성공적일 때 가장 필요하다. 그때 질문하지 못하면 그 사업은 급속하게 내리막길을 걷게 될 수 있기 때문이다."*라고 썼다.

드러커는 그 질문을 올바로 이해한 회사의 예로 20세기 초의 AT&T를 들었다. 사람들이 서비스라는 단어를 사업과 연관 짓기 시작하기 오래전부터 AT&T의 사장은 사업을 다음과 같이 정의했다.

'우리의 사업은 서비스다.'

드러커는 그 정의가 뻔한 것처럼 들릴 수 있다고 했지만, 당시에는 결코 그렇지 않았다. 첫째, AT&T는 독점회사여서 고객이 경쟁사

* 일찌감치 서비스라는 주제를 강조했던 또 다른 회사는 IBM이었다. '우리는 서비스를 판매한다'는 토머스 왓슨Thomas J. Watson 경이 벽에 걸었던 슬로건 중 하나다.

의 제품을 살 수 없을 것처럼 보였다. 하지만 드러커의 용어에 의하면 AT&T 사업의 정의는, 기업 정책에 있어 급격한 혁신을 의미했다. 회사의 전 근로자를 대상으로 집중적인 훈련과 주입 교육을 필요로 했고 모든 홍보 활동은 서비스에 초점을 두었다.

그 정의는 또한 "수요가 있는 곳은 어디든 회사가 서비스를 제공해야 한다는 가정 아래 재무 정책을 수립했고, 이에 소요되는 자금을 조달하고 투자 수익을 내는 일은 최고경영진의 몫이 되었다."라고 드러커는 덧붙였다.

"되돌아보면 그때 비로소 이런 모든 것들이 잘 보였다. 그러나 그 답을 알아내는 데 10년 이상이나 걸렸다." 그러고 나서 드러커는 다음 질문을 던진다. "1900년대 초, AT&T가 사업을 면밀하게 분석하지 않았다면, 우리가 전화 산업의 국유화 없이도 대공황을 극복할 수 있었을까?"

아마존닷컴 사례

'우리의 사업은 무엇인가'라는 질문은 아무도 읽지 않고 먼지만 쌓인 경영학 교과서에 있는 얘기로 생각하기 쉽다. 어떤 경영자가 자신이 어떤 사업에 종사하는지 모르겠는가? 그러나 최근의 한 사례는 '우리의 사업은 무엇인가'라는 드러커의 지론이 얼마나 강력하고 오랫동안 살아있는지를 설명한다.

수많은 회사와 성공 사례를 연구한 결과, 드러커의 불후의 경영 원칙에 가장 충실했던 기업을 발견했는데, 그것은 바로 온라인 소매 회사인 아마존닷컴이다.

많은 위대한 신생기업들처럼 아마존은 놀랄만한 스토리를 가지고 있다. 회사의 비화에 따르면, 설립자 제프 베조스Jeff Bezos는 아내와 함께 텍사스 주 포트워스에서 워싱턴의 벨뷰로 자동차 여행을 하던 중 처음 사업을 구상했다.

21세기 기업의 정의

제프 베조스는 컴퓨터 과학 분야에서 일했다. 그 후 투자은행업계로 들어갔고, 처음에는 뱅커스 트러스트Bankers Trust Company, 나중에는 쇼&컴퍼니Shaw & Company에서 일했다.

후자는 혁신적인 트레이딩 기술로 많은 관심을 끈 바 있는 계량 방식 위주의 경쟁력 있는 헤지펀드였다. 베조스는 하는 일마다 탁월한 능력을 보였다. 1994년, CEO인 데이빗 쇼David Shaw가 베조스에게 일을 주었는데 그것이 결국 일생의 과업이 되었다. 그 일은 인터넷상의 잠재적 사업 기회를 연구하고 분석하라는 것이었다.

베조스가 깜짝 놀랄 만한 통계를 발견한 것은 바로 그때였다. 인터넷 사용이 연 2300퍼센트씩 증가하고 있었는데, 베조스는 그것이 결코 통상의 숫자가 아님을 깨달았다. “인간이 기하급수적인 증가를 잘 이해하지 못한다는 점을 당신은 명심해야 한다. 그것은 우리가 일상생활에서 보는 것이 결코 아니다....(중략) 세균 배양용 접시가 아닌 현실세계에서는 사물들이 이렇게 빠른 속도로 증가하지 않는다. 그런 일은 결코 일어나지 않는다."라고 말했다. 또한 그는 "어떤 일이 1년 만에 2300퍼센트 증가할 때 당신은 재빨리 움직이지 않으면 안 된다. 이때는 절박감이 가장 큰 자산이 된다."라고 말했다.

그러고 나서 베조스는 온라인에서 팔릴 가능성이 있는 품목으로 음악과 사무용품을 포함하여 20개를 열거했다. 하지만 출판업계가 300만 권 이상의 책과 수만 개의 출판사들로 세분화되어 있다는 사실을 알고 난 후, 책이 그 목록에서 수위로 올라갔다. 심지어 업계 1위 출판사인 랜덤하우스조차 10퍼센트 미만의 시장을 지배하고 있었다.

1994년 9월, 베조스는 오리건 주 포틀랜드에서 전미서점연합회 후원으로 4일간 열린 서적판매 입문과정에 참가하는 기회를 얻는다. 프로그램 안에 '사업계획 수립,' '주문, 접수, 반품 그리고 재고관리'에 관한 세미나가 포함되어 있었지만 별로 매력적이지 않았다. 그리고 일부는 이미 배운 것이었다.

전미서점연합 회장이 고객서비스에 대해 다음의 고무적인 이야기를 들려주었다. 그 일화는 자신의 서점 옆에 세워놓은 어느 고객의 차가 어찌된 영문인지 오물 투성이가 되었는데 그 고객이 매우 언짢아하기에 길 건너편에 있는 자기 집에 가서 손세차를 해주겠다고 제안했다는 것이었다.

그 이야기는 베조스의 머리에 오래 남았으며, 그는 고객서비스를 '아마존의 주춧돌'로 만들겠다고 다짐하기에 이른다.

아마존닷컴은 1994년 설립되어 이듬해 영업을 시작했으며 1997년 주식시장에 상장되었다. 하나의 흥미로운 사실은 아마존닷컴이 최초의 온라인서적 판매회사가 아니라는 것이다(두 번째도 세 번째도 아니었다). 아마존은 시엘북스닷컴clbooks.com, 북스닷컴books.com 그리고 워즈워스닷컴wordsworth.com의 뒤를 이었다(워즈워스는 아마존을 거의 2년 앞섰다).

하지만 아마존은 반스앤드노블Barnes&Noble과 보더스Borders와 같은 전통 서점들을 위협하면서 처음부터 최고로 인식되었고, 가장 고객 중심적인 회사가 되었다. 베조스가 계속적으로 고객에 초점을 맞추었던 것이 회사가 경쟁력을 유지하는 데 중요한 역할을 했다.

사업 초기의 몇 년 동안, 베조스는 3개월마다 반복적으로 직원들을 만나 훌륭한 고객서비스가 회사의 성공 열쇠임을 상기시켰다. 그의 성공 요인 중 하나는 '설립자가 어떻게 사업을 정의했는가'이다. 사업 초창기에 그는 드러커의 질문인 '우리의 사업은 무엇인가'에 대해 '온라인 서점'이라고 대답했다. 따지고 보면 그것이 처음 몇 년간 보여준 회사의 모습이었다.

베조스가 주주들에게 보낸 첫 편지에서 회사의 미래를 다음과 같이 예고했다. "우리는 고객이 다른 방법을 통해서는 도무지 얻을 수 없는 것들을 제공하고자 했으며, 우리는 그것을 책으로 시작했다."

그가 주주들에게 보낸 두 번째 편지(1998년)에서는 아마존의 CEO로서 이렇게 역설했다.

"우리는 수천만 명의 고객이 온라인으로 구매하기를 원하는 것이면 무엇이든지 찾고 얻을 수 있는 시장을 만들고자 노력하고 있다. 이는 진정으로 인터넷에 있어 새로운 시대의 시작이며, 우리가 사업 계획을 성공적으로 실행한다면 아마존닷컴은 새로운 시대의 시작으로 남을 것이다."

베조스가 일찌감치 1996년 12월, '사업은 무엇이어야 하는가'를 이해함에 따라 불후의 드러커 질문에 답변하게 되었다. 전체 직원이 참석한 회사 휴양지에서, 회사가 책을 넘어 어떤 제품으로 확대해야 하는지에 대한 토론이 집중되었다고 『아마존닷컴: 몸집을 빠르게 불려라Amazon.com: Get Big Fast』의 저자 로버트 스펙터Robert Spector가 전했다.

아마존의 한 경영자는 다음과 같이 요약했다. "아마존은 책에만 머무를 수는 없을 것이며 장기적으로 누구나 만족할 수 있는 추가 영역을 가지고 있다는 것이 처음부터 분명했다." 만약 베조스가 회사를 더욱 좁게 정의했더라면, 그는 사업모델에 제약을 주고 광범위한 제품 다변화 전략을 실행하는 능력에 한계를 가져왔을 것이다.

회사가 이익을 창출하기 오래전부터 그는 사람들이 '온라인에서 무엇이든지 살 수 있는 거대한 회사'를 머리에 그렸다. 몇 년이 안

되어 아마존은 판매 품목을 음악 CD, DVD, MP3, 컴퓨터 소프트웨어, 비디오게임, 연장, 가전제품, 의류, 가구, 음식, 장난감 등으로 확대했다.

베조스는 회사를 제품으로 정의하는 대신, 성공의 두 가지 열쇠로 고객 경험을 강조하고(고객만 생각하라) '고객 커뮤니티'를 새로 만들었다. 전통 서점들과 달리 아마존닷컴은 고객이 서평을 남기게 하고 그들이 읽은 책에 등급을 매기게 함으로써 고객을 직접 참여시켰다. 또한 저자들은 그들의 북페이지에 등록되는 일련의 질문에 답변하도록 장려되었다.

출판사 관점에서 보면 이러한 혁신은 획기적인 발전을 의미했다. 아마존닷컴 이전에는 편집자와 마케팅 관리자들이 독자들로부터 직접 피드백을 받는 체계를 갖지 못했다. 하지만 지금은 출판사가 자신이 낸 책은 물론 경쟁자의 책까지도 고객의 직접적인 의견을 읽을 수 있다.

또한 아마존은 매시간 단위로 판매순위에 근거하여 모든 책에 순위를 매겼고, 출판사에게는 책이 팔리는 상황을 실시간으로 제공했다. 아마존 순위가 나오기 전에도 베스트셀러 목록이 있었지만 출판된 책 중에서 지극히 일부만 반영되었다.

아마존닷컴은 출판사, 저자, 독자, 언론 그리고 책을 사랑하는 모든 사람에게 실시간 정보를 통해 책의 세계 전체를 전했다.

드러커가 생각하는 이상형 CEO

'신경제'와 '인터넷이 어떻게 세상을 바꾸는가?'에 대한 많은 이야기가 있었음에도 불구하고 아마존닷컴은 드러커의 전략지침서에 나오는 불변의 경영개념을 바탕으로 설립되었다.

베조스는 타고난 경영자였다. 그러나 인터넷 시대가 막 시작될 때 온라인 회사를 세우고 키운다는 것은 힘겨운 일이다. 더구나 세계에서 최고로 인정받는 온라인 회사를 최단 기간에 만든다는 것은 더욱 그랬다.

1990년대 중·후반에 베조스는 월드 와이드 웹World Wide Web을 월드 와이드 웨이트World Wide Wait 라고 불렀다(당시에는 인터넷이 미칠 정도로 느렸다). 그리고 사람들은 자신의 신용카드를 웹상에 내놓기를 두려워했다.

인터넷 상거래의 초기 몇 년 동안은 새로운 온라인 회사들이 극복해야 할 장애물은 많았다. 그럼에도 베조스는 아마존 웹사이트를 방문하는 사람들이 훌륭한 경험을 하도록 만들었다.

또한 회사를 장기적으로 건강하게 경영하는 데 핵심적이라고 주장한 드러커의 모든 것을 그대로 실행했다. 그는 명석한 CEO였을 뿐만 아니라 결과를 만들어낼 줄 아는 CEO였다.

드러커 전략의 실천

베조스는 사업 초기부터 회사의 현재와 미래 목표는 '추상적 개념'(드러커의 표현)이 아님을 인식했다. 그는 회사를 성장시켜야 하고 그 성장은 책 사업에서 얻어지는 아주 작은 이윤보다 더욱 큰 수익이 되어야 한다는 것을 알았다.

드러커는 이렇게 말했다. "성장을 위한 계획을 수립하지 않는 것은 이성적이지 않다....(중략) 모든 기업은 성장 목표, 성장 전략 ,그리고 건실한 성장과 함께 지방과 암을 구별하는 방법을 필요로 한다." 그는 또한 이렇게 주장했다.

"조직은 사업 변화에 따라 재검토되어야 한다. 한 부문을 다른 여러 조직 단위로 쪼개도 여전히 회사 전체의 경제적 실적을 향상시킬 수 있는가? 또는 회사 전체에 희생을 초래하면서까지 어느 한 부문의 성과만을 좋게 할 가능성은 없는가?"

우리는 지금 베조스가 사업을 시작하는 단계에서 이러한 결정적인 드러커의 질문을 심사숙고했음을 알게 된다. 그는 오늘의 사업은 무엇(책)이며 내일의 사업은 무엇(그 밖의 거의 모든 것)인가를 알아냈다. 그렇다면 베조스는 어떻게 자신의 비전과 전략을 대내외에 전달했을까? 그것을 드러커와 비교해보기로 하자.

다음을 자세히 보면 우선 그가 결정적으로 중요한 시점에 올바른 질문을 한 것을 알 수 있다. 또한 무(無)에서 세계 제일의 온라인 소매회사로 성장함에 따라 경쟁자에서 새로운 기술, 진부해진 경영 계획에 이르기까지 어떤 것도 회사를 곤경에 빠뜨리지 않도록 과감한 행동을 할 줄 아는 CEO였음을 알 수 있다.

고객만 생각하라

드러커: 사업이 무엇인가를 결정하는 사람은 고객이다. 왜냐하면 상품 또는 서비스의 대가를 기꺼이 지불함으로써 경제적 자원을 부(富)로 전환하고 재료를 제품으로 전환시키는 사람은 고객뿐이며 기업 스스로 무엇을 만들어내는가를 생각하는 것은 특히 기업의 미래와 기업의 성공에 있어 중요하지 않다. 고객이 구매하고 싶어 하는 것, 즉 고객이 '가치'가 있다고 생각하는 것이 결정적으로 중요하다. 고객이 사업의 본질, 생산제품 그리고 기업의 발전을 결정한다. 고객은 사업의 토대이며 사업 그 자체를 존속하게 해준다. 고객만이 일자리를 제공한다.

베조스: 처음부터 우리는 고객에게 설득력 있는 가치를 제공하는데 초점을 맞춰왔다....(중략) 우리는 고객이 다른 방법으로 얻을 수 없는 것을 제공하는 것을 목적으로 두었으며 그들에게 책을 제공하기 시작했다. 눈에 보이는 일반 서점보다 훨씬 많이 고를 수 있게 하고 1년 365일, 하루 24시간 유용하고, 찾기 쉽고, 둘러보기 쉬운 형태로 서비스를 제공했다. 고집스럽게 고객의 쇼핑 경험을 개선시키

는 데 초점을 맞추었으며....(중략) 가격을 많이 내려서 소비자 가치를 한층 높였다. 인터넷을 통한 소문은 우리가 가진 가장 강력한 고객 확보 수단으로 자리 잡고 있다. 그리고 고객이 보내준 신뢰에 감사하고 있다.

장기적 관점이 핵심이다

드러커: 경영상의 모든 문제, 모든 의사결정, 모든 행동에 있어 또 하나의 중요한 요소가 있다. 그것은 시간이다. 제대로 말하면 네 번째 경영 요소와는 다른 차원으로 봐야 한다. 경영자는 항상 현재와 장기적 미래를 동시에 고려해야 한다.

베조스: '장기적 관점이 핵심이다'는 1997년 처음 주주들에게 편지를 쓴 이래로 매년 연간보고서에 등장하는 캐치프레이즈가 되었다.

이런 표제 아래 베조스는 다음과 같이 썼다. "우리의 성공에 대한 근본 척도는 우리가 '장기간' 창출한 주주 가치가 될 것이다....(중략) 우리의 의사결정은 이에 맞추어 일관되게 이루어져 왔다....(중략) 우리가 장기적 관점을 강조하기 때문에 다른 회사들과 다른 방식으로 의사를 결정하고 장단점을 비교 검토할 수 있다."

증권시장에 회사를 맡기지 마라

드러커: 경영자들에게 시장에서의 리더십은 덧없이 지나간다. 그리고 오늘날에는 리더십이 거의 즉시 진부해진다. 또한 그날그날의 다우지수를 의식하며 회사를 경영해서는 안 된다(주요한 경영 의사결정이 단기주가에 영향을 받지 말라는 뜻임).

베조스: 단기 수익성이나 증권시장의 단기 반응보다는 장기적인 시장 지배력을 고려하여 경영 의사결정을 하기로 약속했다. 증권분석의 창시자인 벤저민 그레이엄Benjamin Graham이 말했듯이, 주식시장은 단기적으로 인기투표처럼 움직이며 장기적으로는 가치평가에 따라 움직인다....(중략) 우리는 가치가 측정되는 회사가 되기를 원하며 시간이 지나면서 그렇게 될 것이다. 장기적으로는 모든 회사들이 그렇게 될 것이다.

잘못된 결정이라도 안 하는 것보다 낫다

드러커: 우선순위 결정은 의도적이고 의식적으로 이루어져야 한다....(중략) 결정 행위가 재미없고 힘든 일이라도 이를 회피한 나머지 사업상 우선순위가 우연히 결정되는 것보다는 잘못된 결정이라도 그것을 실행하는 편이 낫다는 뜻이다.

베조스: 아마존의 잘못된 투자결정에 대한 질문을 받았다. 즉 "당

신이 충분하게 일을 했으나 잘못된 쪽으로 갈 수 있다."라는 말에 고위경영진이 투자에 있어 중대한 실수를 하지 않는다면....(중략) 주주 입장에서는 우리가 제대로 일하고 있는 것이 아니다. 우리는 홈런을 치려고 최선을 다하지 않을 것이기 때문이다. 당신은 실수를 예상해야 한다고 답했다.

미래를 위해 리스크를 감수하라

드러커: 물론 혁신에는 위험이 따른다. 하물며 빵 한 덩어리를 사기 위해 슈퍼마켓에 발을 들여놓는 것도 위험이 따른다. 모든 경제 행동 자체가 당연히 높은 위험이다. 그러나 어제를 사수하는 것, 다시 말해 혁신하지 않는 것은 내일을 만드는 것보다 훨씬 더 위험하다.

베조스: 처음부터 나는 계산된 위험을 감수하는 데 두려움을 느끼지 않았다. 우리는 시장을 선도할 가능성이 높은 곳에는 겁먹기보다는 과감한 투자를 할 것이다. 여러 투자 중 어떤 것은 성과를 내고 어떤 것은 그렇지 않을 것이다. 그래서 우리는 어떤 경우든 또 하나의 값진 교훈을 배운다. 여러분은 대부분 우리 회사가 그동안 해왔고 앞으로도 계속할 '과감한 모험'에 대해서 내가 이야기하는 것을 들었을 것이다. 그런 과감한 모험에는 디지털과 무선기술, 소규모의 e커머스 회사가 포함되었다....(중략)

목표는 전략을 의미한다

드러커: 목표는 '우리의 사업은 무엇인가' '무엇이 될 것인가' '무엇이 되어야 하는가'로부터 정의되어야 한다. 목표는 추상적 개념이 아니다. 그것은 기업의 사명을 실행하는 데 사용되는 행동 지침이며 성과를 측정하는 기준이다. 다른 말로 하면, 목표는 기업의 근본 전략을 뜻한다.

베조스: 우리의 비전은 지구상에서 가장 고객 중심적인 회사를 만들기 위해 이 플랫폼을 사용하는 것이다. 그곳에서 고객은 사고 싶은 것은 무엇이든 보고 찾을 수 있다. 우리는 혼자서 그런 일을 하지 않고 규모에 관계없이 수천 명의 파트너와 함께 할 것이다. 우리는 고객의 신뢰를 계속 얻기 위해 열심히 일하는 동안, 고객에게 귀를 기울이고 그들을 위하여 발명하고 고객 개개인의 필요에 맞는 상점을 만들 것이다.

전략적 제휴를 통해 성장하라

드러커: 신시장 또는 신기술을 얻기 원하는 기업은 필요한 회사를 곧바로 매수하는 것보다 파트너십을 통한 전략적 제휴, 합작, 소수 지분 참여를 모색해야 한다. 자회사 지분 전량을 소유하는 전통적인 모회사보다 이러한 형태의 기업이 글로벌 경제에서는 점점 더 성장

모델이 되어가고 있다.

베조스: 드럭스토어닷컴drugstore.com, 소더비Sotheby's, 홈그로서닷컴Home Grocer.com과 같은 회사에 투자했다. 그러나 아마존이 시장의 패러다임을 바꾼 것은 온라인 쇼핑몰인 아마존의 지샵zShops이었다. 이를 통해 수백만 명에 달하는 아마존 고객은 아마존에 매월 거래수수료를 지불하는 수천 명의 상인에게 접근할 수 있게 되었다.

"물건을 지샵을 통해 팔든 우리가 직접 팔든 실제로는 상관하지 않는다. 그것은 양쪽에 득이 되지 않기 때문이다. 혼자서 모든 것을 팔 수 없다. 제3자와 결합해야 한다."

이 결과에 이론의 여지가 없었다. 장기적 관점에서 이 전략은 확실히 효과가 있었다. 회사가 상장된 지 10년 만에(주식이 분할되어 주당 1.5달러로 조정됨) 매출은 130억 달러를 돌파했다. 아마존닷컴의 주가는 약 85달러를 상회하고 있고 시가총액은 330억 달러를 넘었다. 그것은 제너럴 모터스와 제록스를 합한 것보다 크다. 주가는 1997년의 2배가 되었고 약세를 보일 기미가 없다. 주식은 수익의 90배 이상에서 거래되고 있는데, 이는 투자자들이 회사의 미래를 매우 낙관적으로 보고 있음을 의미한다.

드러커가 말하는 전략

전략은 '사업이란 무엇인가?'라는 기본적인 질문을 하는 것으로 시작된다. "목표는 '우리의 사업은 무엇인가' '무엇이 될 것인가' 그리고 '무엇이 되어야 하는가'로부터 정의되어야 한다."라고 드러커는 말한다.

그는 또한 "사업의 목적과 사명을 정의하는 것은 어렵고 고통스러우며 위험이 따른다. 그러나 그러한 정의만으로도 회사가 목표를 설정하고 전략을 개발하며 자원을 집중하고 일을 실행할 수 있게 해준다. 그것만으로도 회사가 성과를 내는 경영을 가능하게 한다."

"조직 구조는 전략을 따른다. 전략은 어떤 정해진 사업에 있어서 어떤 활동을 할 것인가를 결정한다. 그래서 전략은 우리의 사업은 무엇이고 마땅히 무엇이 되어야 하는가를 아는 것이다."

"올바른 조직 구조가 좋은 결과를 보장하진 않는다. 하지만 잘못된 구조는 회사의 목표 달성을 불가능하게 할 것이다. 기업은 진정으로 의미 있는 결과물을 강조하는 조직 구조를 가져야 한다. 다시 말해 결과물은 사업의 아이디어, 탁월성, 우선순위 그리고 기회 등과 관련 있다."라고 말한다.

13 Inside Drucker's Brain

제4차 정보혁명

"새로운 정보혁명이 한창 진행 중이다. 기업과 기업 정보에서 시작되었지만 반드시 모든 기관으로 확산될 것이다. 그로 인해 기업은 물론 개인 모두에게 정보의 의미가 급격하게 바뀔 것이다."

드러커의 강점 중 하나는 어떤 사건을 누구나 쉽게 이해할 수 있게 만드는 능력이다. 수년간 드러커와 함께 일한 적이 있는 프록터 & 갬블의 회장 겸 CEO인 래플리는 "드러커를 비범하게 만든 하나의 특징은 복잡성을 단순화하는 재능이다. 드러커의 호기심은 식을 줄 몰랐고 질문을 멈춘 적이 없다."라고 말했다. 래플리가 지적한 것은 드러커가 자신을 사회생태학자라고 생각하는데 그 이유는 자신의 생각을 기업에 국한하지 않고 역사, 고고학, 미술, 문학, 사회학, 경제학 등 다양한 분야로 확대했기 때문이라고 말한다.

드러커가 세상에 대한 폭넓은 견해를 가지게 된 것은 적어도 그의 어린 시절 덕분이다. 그는 비엔나에서 자랐는데, 부모는 거의 매일 저녁 예술가, 정치인 그리고 여러 다양한 창작인 및 지식인들과 사교모임을 가졌다. 또한 지그문트 프로이트도 아는 사이였는데, 드러커가 8살 때 프로이트에게 소개되었다고 한다(드러커의 어린 시절은 에필로그 참고).

그가 받은 고전 교육과 첫 직장으로 프랑크푸르트에서의 언론인 겸 편집자, 다음에 런던에서 금융인으로 일한 경험은 드러커의 세계관을 넓히는 데 큰 도움을 주었고 다양한 분야의 사람들을 만나게도 해주었다. 또 히틀러와 홀로코스트, 독일과 소련의 제2차 세계대전 조약을 정확히 예측함으로써 뛰어난 예지력도 확인해주었다.

드러커는 특히 역사의 전환점들을 인식하는 능력을 갖게 되었고 시점마다 새로운 시각과 책으로 이를 조명했다. 그는 관점을 바꿈으로써, 어떤 사건 또는 발명이 경영자와 조직에 미치는 영향을 보여줄 수 있었고, 한편으로는 독자들에게 다양한 주제에 대한 그의 생각이 진화했음을 알게했다.

이에 대한 가장 좋은 예는, 끊임없이 변하는 정보와 지식의 역할 그리고 정보가 조직과 사회에 미친 영향을 기록으로 남긴 것이다. 그는 정보의 사용과 적용을 기준으로 역사를 통틀어 정보가 어떻게 시대를 정의하는지 탐구했다.

드러커는 정보기술이 경영 의사결정에 미친 영향(좋든 나쁘든 간에)을 다루었으며, 놀랍게도 오랜 기간 동안 더 나빠진 경우에 대하여 설득력 있는 주장을 펼쳤다.

그는 또한 경영자들이 입수하는 정보와 입수 경위, 정보가 그들의 일에 미치는 영향, 기업과 외부세계를 보는 경영자의 견해를 기록했다. 그리고 정보가 기업과 사회 전체의 DNA를 어떻게 바꾸어 놓았는지도 보여주었다.

이 장에서는 기업과 사회에 끊임없이 영향을 주는 정보의 역할이 항상 변한다는 드러커의 견해를 다루고, 그가 많은 책을 통해 예견했던 50여 년간 정보의 역할이 어떻게 변해왔는지를 중점적으로 보여준다. 드러커는 자신이 쓴 책들을 수정하지 않았음을 기억해주기 바란다.*

『기업의 개념』이나 『경영의 실제』 등 그 밖의 다른 책을 재편집한 적도 없다. 오히려 가끔 과거의 영역을 되짚어보긴 했지만 전혀 다른 관점에서 새로운 아이디어가 떠오르면 새롭게 책을 썼다. 어떤 주제에 대한 그의 사상과 오랜 기간 동안 그 사상이 어떻게 변화했는가를 이해하기 위해서는 그가 쓴 주요 서적들을 읽고 그가 했던 주장과 예견들을 비교해야만 한다.

초기 견해

1954년, 『경영의 실제』에서 드러커는 정보를 관리자 생산성을 높이

* 하지만 드러커와 그의 출판사가 글 중 앞부분을 나중에 재구성했는데, 그러한 예가 『프로페셔널의 조건The Essential Drucker』이다.

는 데 사용해야 한다는 맥락에서 정보에 대한 글을 다음과 같이 썼다.

"관리자 개개인은 자신의 업적을 측정하기 위해 필요한 정보를 가져야 하고, 원하는 결과를 위해 정보를 빨리 입수해야 한다. 그런 정보는 관리자 자신의 것이 되어야 하고 상사의 것이 되어서는 안 된다. 정보는 자기통제의 수단이지 상부의 통제수단이 되어서는 안 된다." 그리고 "관리자가 자신의 일에 관한 모든 정보를 갖게 된다면 결과에 전적으로 책임질 수 있다."라고 덧붙였다.

1950년대 중반에 이에 대한 글을 쓰면서 드러커가 정보를 어떻게 생각했는지 주목하기 바란다. 그는 정보를 내부 경영도구로 간주했으며, 경영자가 외부 세계를 이해하는 데 도움을 주는 것으로 생각하지 않았다. 그러나 외부 세계에 대한 이해는 나중에 그가 쓴 글들의 주된 주제가 된다. 예를 들어, 『피터 드러커의 자기경영노트』에서 드러커는 컴퓨터와 같은 기계가 경영의 효과성effectiveness과 의사결정을 돕는 데 한계가 있다는 점과 외부 지향적 관점outside-in을 유지하는 것이 중요하다는 두 가지 핵심 주제를 결합했다. 그는 대기업이 잘못된 일에 초점을 맞춘다며 다음과 같이 지적했다.

"어떤 회사가 더 커지고 누가 봐도 더 성공할수록 내부 일에 경영자의 관심과 에너지 및 능력을 쏟아 붓게 된다. 결과적으로 경영자가 밖에서 해야 할 일에 그의 능력을 발휘하지 못하게 된다.

그는 "오늘날 컴퓨터와 새로운 정보기술의 출현으로 그 위험이 더 커지고 있다. 컴퓨터는 바보 기계이므로 단지 계량적 자료만을 다룰 수 있다. 사람들은 조직 내부에서 돌아가는 것들만 계량화할 수 있다....(중략) 외부에서 일어나는 사건들은 이미 늦어버려서 아무것도 할 수 없을 때가 되어야 계량적 형태로 나온다."라고 덧붙였다.

기계의 한계와 잠재적 위험을 경영자들에게 경고하는 일이 드러커의 많은 저서에서 공통 주제가 되었다.

『피터 드러커 매니지먼트Management: Tasks, Responsibilities, Practice』라는 두꺼운 책에서 컴퓨터에 대한 과도한 의존이 가져다주는 위험에 대해 이렇게 썼다. "새로운 컴퓨터가 나왔을 때 나는 그것이 할 수 있는 것을 광적으로 찾기 시작했다. 결국 컴퓨터는 아무도 원하지 않고 아무도 필요로 하지 않는 그리고 아무도 사용하지 않는 정보를 끝없이 내놓는 데 사용되고 있었다. 그 도구를 계속 돌아가게 하는 것 자체가 목적이다. 그 결과 아무도 정보를 얻지 못한다."

드러커는 조직이 다음과 같은 중요한 질문을 하는 사람을 필요로 한다고 덧붙였다. "최고경영진은 의사결정을 위해 과연 무엇을 필요로 하는가?....(중략) 오늘의 결정뿐 아니라 미래의 결정을 위해서."

이것이 드러커의 진수다. 그는 기술이나 다른 보조기구를 좋아하지 않았다. 경영자가 깊이 생각하지 않거나 힘든 결정을 피하기 위해서 거기에 의존할 수 있다고 보았다. 그러나 오랜 기간에 걸쳐 정보에 대한 그의 견해 및 조직과 경영자와의 관계에 대한 견해가 변했다. 그는 정보를 사업의 판도를 바꿀 만한 중요한 수단으로 사용해야 한다는 생각에 이르게 되었다. 외부(예를 들어 고객, 시장 그리고 경쟁자)를 더 잘 이해하기 위해 정보를 이용하는 회사는 그것을 단지 내부 목적으로만 사용하는 회사보다 앞서가곤 했다.

새로운 조직의 등장

1980년대 후반까지 드러커는 미래 조직을 과거 딱딱한 상하구조 조직과 대비함으로써 그것을 개념화했다. 1988년 〈하버드비즈니스 리뷰〉에 '새로운 조직의 등장The Coming of the New Organization'이라는 소제목으로 선견지명이 있는 칼럼을 썼다. 거기에서 드러커는 조직이 경쟁우위를 얻기 위해서 어떻게 정보를 활용하는가를 기준으로 미래 조직을 정의했다. 이렇게 떠오르는 새로운 조직에 대한 전후 맥락을 설명하기 위해 기업 발전의 3단계를 기술했다.

첫 번째 단계는 20세기 초에 발생했는데 그때 J.P 모건과 앤드류 카네기 같은 대가들이 전문 경영자의 길을 열었다. "이것은 경영을 독립적 영역으로 만들었다."라고 드러커는 설명했다.

두 번째 단계는 1920년대 들어 현대적 조직이 탄생하면서 시작되었다. 그때 피에르 듀폰과 알프레드 슬론과 같은 전문 경영자들은 20세기에 대부분 존재했고 오늘날까지도 존재하는 구조인 대규모 상하계층에 의한 명령·통제 조직을 구축했다.

세 번째 단계는 부서와 부문으로 구성된 명령·통제 조직에서 정보에 바탕을 둔 지식 전문가로 구성된 조직으로의 변화다.

드러커는 다음과 같이 덧붙였다. "우리는 아마도 희미하게나마 이러한 조직의 미래 모습을 알 수 있다. 우리는 그러한 조직의 특징과 필요조건의 일부를 알 수 있다. 그러나 가치, 조직 구조 그리고 행동에 관한 주요 문제를 지적할 수 있지만, 실제로 정보 기반 조직을 만드는 일은 우리가 해야 할 일이다. 그것은 미래의 경영 과제다."

새로운 정보혁명

〈하버드비즈니스리뷰〉에 칼럼을 발표하고 나서 10년 후 드러커는 생각을 발전시켜 자신의 '4차 정보혁명' 이론을 정립했다. 『21세기 지식 경영』에서 그는 전 세계적으로 모든 기업에 중대한 영향을 미칠 새로운 정보혁명을 기술했다.

드러커는 그러한 새로운 정보혁명을 분명하게 기술하고 있는데, 즉 정보혁명은 경영정보 시스템Management Information System, MIS이나 IT에서 일어나는 것도 아니고, 정보관리 최고책임자Chief Information Officer, CIO가 리드하는 것도 아니다. 그는 정보혁명을 '개념Concept의 혁명'이라 불렀다.

드러커의 설명에 따르면, 50년 동안 정보기술은 "자료를 모으고 저장하며 전송하고 발표하는 등 데이터에 집중했다. 정보기술은 IT 중 T에 초점을 맞춰온 것이다. 그러나 새로운 정보혁명은 I에 초점을 맞춘다."라고 한다.

오늘날의 혁명은 경영자의 미래 전망을 바꾸고 있다. 오늘날 경영자들은 데이터 이상을 요구하고 있는데 의사결정을 더 잘하는 데 도움이 되는 정보를 요구하는 것이다. 별 생각 없이 도착 문서(전자문서 또는 기타를 포함한)를 훑어보거나 최신 회계보고서를 숙독하는 대신 그 자료에 대해 의문을 제기한다. 즉 'X보고서는 어디에 쓰지?' 또는 '보고서 Y의 의미는 무엇이지?' 그 결과, 정보혁명은 어떤 정보가 제공되어야 하는가를 '재정의'하며 정보를 생산하는 사람의 직무를 변화시키고 있다.

드러커는 컴퓨터가 기업세계에 미칠 파급력을 예견한 몇 안 되는 사람 중 하나다. 뿐만 아니라 컴퓨터가 최고경영진과 그들의 의사결정에 가장 중대한 영향을 미칠 것이라 예상했다. 이 점에 대해서 드러커는 자신이 완전히 틀렸다고 말한다. 대신 컴퓨터는 일상적인 경영활동에 가장 많이 활용되어 왔다.

그 예로 건축가들이 하루 만에 복잡한 '내부'를 디자인할 수 있게 해주는 소프트웨어와 외과의사들이 가상 수술을 하게 해주는 소프트웨어를 들었다.

"반세기 전에는 캐터필러Caterpillar 같은 장비제조 회사가 고객들로부터 예상되는 서비스와 대체 필요성에 기초하여 전 세계에 걸친 생산 활동과 회사 운영을 가능케 하는 소프트웨어를 사용하리라고 아무도 상상할 수 없었을 것이다."

하지만 놀랄만한 기술 발전에도 불구하고, 드러커의 생각은 변하지 않았다. 그는 정보기술이 신사옥, 학교 또는 병원을 지을지의 여부, 또는 신사옥과 학교 또는 병원으로 무엇을 할지의 여부를 결정하는 데 별로 도움을 주지 못했다고 계속 주장해왔다. 마찬가지로, 컴퓨터는 경영자들이 어떤 시장에 진입하거나 철수할지, 또는 어떤 회사를 인수할지를 결정하는 데 별로 효과가 없었다.

'최고경영진의 과업 관점'에서 볼 때, 지금까지 정보기술은 정보를 생산하는 대신 자료만을 산출해왔을 뿐이다. 새롭고 다른 문제점을 끌어내거나 새롭고 다른 전략을 생성하는 것은 말할 것도 없다.

최고경영자들이 새로운 기술을 통해 역량을 발휘하지 못한 이유는 다른 어떤 것보다 현상을 유지하려는 경향과 관련 있다. 19세기 초 이래로, 더 낮은 비용구조가 경쟁우위를 가져다준다는 가정에 기반을 두어 조직이 만들어졌다.

대규모 회사가 존재해온 이래로, 기업이 생산한 보고서들은 언제나 '자산의 보존'에 관한 것과 청산 시 분배에 관한 것이 많았다. 하지만 제2차 세계대전이 거의 끝날 무렵 자산을 보존하고 비용을 통제하는 일이 최고경영진의 최우선 관심사가 아니라는 것을 드러커와 같은 사상가들이 깨닫기 시작했다. 그러한 것은 실무적인 일이다.

물론 비용 상의 경쟁열위가 사업의 침몰로 이어질 수도 있다. 하지만 사업의 성공은 결국 비용 통제에서 나오는 것이 아니라 '가치와 부를 창조하는 것'에 달려있다고 드러커는 말한다.

기업은 위험을 감수하고 새로운 전략을 개발하고 '어제'를 버림으로써 부를 창출한다. 그러나 현행 회계시스템은 어느 것도 고위경영자들이 중요한 의사결정을 하는 데 도움을 주지 못한다. "최고경영자가 정보기술이 제공해준 자료에 실망하자, 새로운 단계의 정보혁명이 촉발되었다." 드러커의 이른바 제4의 정보혁명을 촉발한 새로운 정보 모델이 필요하게 된 이유가 여기에 있다.

드러커는 정보가 더욱 유용하고 실용적인 것이 되기 위해서는 '정보를 정의할 필요가 있다.'고 주장했다. 기업이 만들어낸 보고서의 90퍼센트가 여전히 조직 내부에서 벌어지고 있는 것을 기술하는 데 사용되고 있기 때문에, 경영진의 인내심이 한계를 드러내는 것이 놀랄 일은 아니다. 최근에는 많은 고위경영자들이 자신의 일을 더 잘하기 위해 다른 종류의 보고서와 자료들이 필요하다고 생각했다. 그래서 회계 및 재무 부서에 그런 보고서들을 요구하기 시작했다. 드러커는 최고경영자가 '우리는 우리의 과업을 위해서 무슨 정보 개념을 필요로 하는가?'라고 질문할 때 비로소 이런 과정이 시작된다고 말했다.

4단계에 걸친 정보혁명을 논의함에 있어, 드러커는 정보의 미개척 분야는 여전히 발굴되지 않았다는 생각을 놀랍게도 일관되게 유지하고 있었다. "새로운 분야는....(중략) 가장 중요한 분야로서 기업 외부의 정보를 획득하기 위한 체계적이고 조직화된 방법을 우리는 아직 갖고 있지 않다. 새로운 방법은 기업이 설정한 가정과 그들의 기원에 따라 매우 다르다....(중략) 새로운 방법은 데이터 대신에 정보

제공을 목적으로 한다. 그리고 새로운 방법은 최고경영진을 위해 설계되고 최고경영진의 과업과 최고경영진의 의사결정을 위한 정보를 제공하도록 되어 있다."

드러커는 정보가 기업에만 적용되는 것이 아니라 다른 분야까지 확대될 것으로 보았다. 새로운 정보혁명은 기업에서 시작되었고 기업 내에서 가장 많이 진전되었다. 그러나 그것은 교육과 의료를 혁명적으로 변화시키려 하고 있다.

다시 말하지만, 궁극적으로는 개념의 변화가 최소한 도구와 기술의 변화만큼이나 중요하게 될 것이다. 교육 기술은 심오한 변화가 예상되고 그러한 변화와 함께 엄청난 구조적 변화가 올 것이라는 생각이 요즘 일반적으로 받아들여지고 있다. 예를 들어 원격학습 long-distance learning은 앞으로 25년 내에 미국의 특색인 독립적 학부제 대학을 무용지물로 만들 것이다.

"건강관리에 있어서도 유사한 개념 변화로 그에 대한 정의가 질병퇴치에서 육체 및 정신적 기능 유지로 바뀔 것 같다....(중략) 전통적인 의료 서비스 제공자인 병원과 일반 개업의 누구도 그런 변화에서 살아남지 못할 것이며, 현재의 방식이나 기능으로는 분명히 살아남지 못할 것이다."

드러커는 교육과 의료에 있어서 가장 큰 변화는 사업 자료에서 정보로, IT의 T에서 I로 바뀔 것이라 결론지었다. 기업 환경에서 정보의 역할 변화에 대한 드러커의 견해를 통해 얻은 몇 가지 교훈은 다음과 같다.

- 외부에 관한 정보(고객, 비고객 그리고 시장)가 가장 유용하다.

  그렇지 않은 것은 단지 자료에 불과하다. 일단 경영자가 경쟁우위 확보를 위해 생산성을 높일 필요가 있다는 것을 알게 되면 그런 행태의 정보에 대한 수요가 늘어날 것이다.

- 동료(예를 들어 회계부서와 전산부서 사람들)가 외부에 대한 정보의 중요성을 이해하도록 도와라. 그러고 나서 그들과 함께 내일의 먹을거리를 개발하기 위해 무엇을 혁신해야 하는지 생각하라.

- 회계 또는 전산 인력을 기다리지 마라.

  드러커가 언급하고 있는 변화의 형태, 즉 외부정보를 개발하는 것으로 변화하는 데는 수년이 걸릴 수 있다. 당신이 필요로 하는 정보는 주도적으로 얻어라. 1주일에 2~4시간을 할애해서 경쟁사 웹사이트와 시장을 방문하라. 고객과 대화하며 조직의 벽 밖에서 일어나고 있는 의미 있는 일을 알기 위한 것이라면 어떤 일이라도 하라.

전자혁명과 인쇄매체의 힘

드러커는 인터넷이 많은 산업 지형을 바꾸어 놓기 시작한 1990년대 후반에 정보혁명에 대한 글을 썼다. 그러나 다시 한 번, 확연히 보이는 것들 외에도 이른바 신경제에 대한 과대선전까지 간파한 사람은 드러커였다. 신경제는 많은 책과 기사에서 과거의 경영법칙은 더 이상 적용되지 않은 새로운 유토피아라며 선전하고 있었다.

많은 사람이 인터넷이 인쇄된 서적을 빨아들일 것이라고 생각하고 있는 가운데, 드러커는 인터넷이 인쇄매체를 더 강화시켜줄 것이라 생각했다. 그는 『21세기 지식 경영』에서 이렇게 적고 있다. "이제 인쇄매체 기업들이 전자 유통채널을 장악해가고 있다."

그는 아마존닷컴이 아주 짧은 기간에 인터넷상에서 최대의 소매회사가 되었다고 말했다. 더구나 인터넷에서 이득을 본 것은 단지 책만이 아니었다. "점점 늘어나는 전문 대중 잡지들이 인터넷 판을 만들고 인터넷을 통해 배달하며 독자들이 인쇄를 하고 있다. IT기술이 인쇄매체를 대체하기보다 인쇄산업이 인쇄 정보를 유통하는 채널로써 전자기술을 장악해가고 있다."라고 주장했다.

하지만 그렇게 간단하지는 않다. "새로운 유통채널은 분명히 활자책에 변화를 줄 것이다. 새 유통채널은 유통되고 있는 것을 항상 변화시킨다. 그러나 전달되든 저장되든 그것은 인쇄된 제품으로 남아 여전히 정보를 제공할 것이다."라고 드러커는 말했다.

정보혁명을 넘어서

1999년, 드러커는 이 주제에 대한 생각을 진전시킨 또 하나의 기사를 썼다. '정보혁명을 넘어서'라는 제목으로 처음 월간 〈애틀랜틱〉에 등장했고 다음에는 드러커의 마지막 저서인 『NEXT SOCIETY, Managing in the next society』에 쓰인다.

이 기사에서 그는 e커머스의 출현이 정보혁명에서 차지하는 위치와 영향을 거론하면서 정보혁명에 대한 추가적인 통찰력을 제공했는데, 여기서 그는 정보혁명의 또 하나의 측면을 살폈다.

"진실로 획기적인 정보혁명의 파급력이 막 느껴지기 시작했다. 그러나 그 파급력에 불을 지핀 것은 '정보'가 아니었다. '인공지능'도 아니었다. 의사결정 또는 전략에 미친 컴퓨터도 아니었다. 그것은 거의 아무도 예견하지 못했고 심지어 10년 또는 15년 전에도 논의되지 않았다. 그것은 바로 인터넷이다. 인터넷은 제품과 서비스 그리고 놀랍지만 관리직과 전문직 업무의 전 세계적 주요 유통채널로 성장하고 있다. 인터넷은 경제, 시장, 산업구조, 제품과 서비스 및 그 흐름, 소비자 계층, 소비자 가치, 소비자 행동, 일자리와 노동시장을 근본적으로 변화시키고 있다. 그 영향은 사회와 정치에 더 크게 미칠 것이며 무엇보다도 우리가 세상과 그 안에 있는 우리 자신을 보는 방식에 엄청난 영향을 끼칠 수 있다."

이 기사에서 그는 정보기술이 조직 또는 시장을 탈바꿈시킬 것이라는 확신을 가졌을 뿐 아니라 열렬한 신봉자였고 그 가능성에 고무되어 있었다.

드러커는 "동시에 새롭고 예기치 못한 산업들이 반드시 빠르게 등장할 것이다."라고 설명했다. 그는 하나의 예로 생명공학을 들었다. "다른 새로운 기술들이 갑자기 나타나 주요한 신사업으로 이어질 것이다. 그것이 무엇이든 간에 추측하기조차 어렵다. 그러나 가능성이 매우 높다는 것이며 거의 확실한 것은 새로운 기술의 등장인데, 매우 빨리 나타난다는 것이다. 컴퓨터와 정보기술로부터는 새로운 기술과 그에 기반한 산업이 많이 나오지는 않을 것이 거의 확실하다."

이어서 그는 "물론 이런 것들은 단지 예측에 불과하다. 그러나 그런 예측은 구텐베르크의 인쇄 혁명 이래로 500년 동안 진화해온 몇 가지 초기 기술 기반 혁명처럼 정보혁명도 진화할 것이라는 가정에서 나왔다....(중략) 특히 그 가정은 18세기 후반과 19세기 초반의 산업혁명과 유사할 것이다."라고 말했다.

"정보혁명은 제임스 와트James Watt가 증기기관을 개량한 후 40여 년이 지난 1820년대 초에 산업혁명이 있었던 그 시점에 와 있다....(중략) 산업혁명 초기단계 산업인 목화, 섬유, 철, 철도가 하룻밤 사이에 백만장자들을 만들어 냈던 호황 산업들이었고, 1830년 이후 나타난 산업들 또한 백만장자들을 만들어냈다. 그러나 그렇게 되는데 20년이 걸렸다. 더구나 20년간 고생과 투쟁, 실망 그리고 실패를 겪었다....(중략) 앞으로 나타날 산업들도 마찬가지일 것이다. 이미 생명과학에 적용되고 있다."라고 드러커는 주장했다.

마지막으로, 드러커는 미래에 조직의 성공을 결정짓는 가장 중요하고도 유일의 요소는 최고의 인재를 유치하고 그들을 붙잡아두는 것이라고 강조했다. 그리고 그는 다음과 같이 돈이 해답이 아니라고 생각했다. "미래 산업이 의존하는 있는 지식근로자들에게 이른바 '뇌물'을 준다고 단순히 효과가 나지는 않을 것이다....(중략) 점차 그러한 새로운 지식기반 산업에서의 성과는 지식근로자들을 끌어들이고 유지하며 동기부여하는 것으로부터 나오게 될 것이다. 지식근로자의 금전적 욕구 충족을 통해서도 그러한 일이 잘 되지 않을 때는 지금 우리가 노력하고 있듯이, 그들에게 사회적 인정과 권한을 부여하고 그들이 추구하는 가치들을 만족시켜줌으로써 성과를 내게 해야 한다. 그러한 일은 부하직원에서 동료 임원으로 그리고 근로자가 충분한 보수를 받더라도 파트너로 전환시킴으로써 가능토록 해야 한다."

제4차 정보혁명

드러커의 정보에 대한 진화된 견해와 스스로 선언한 정보혁명은 드러커에 대하여 많은 것을 알게 한다. 처음에는 그가 정보를 성과 측정을 위한 내부 도구로 보았지만, 해를 거듭하면서 경영자가 외부세계(예를 들어 고객, 경쟁자, 시장)를 더 잘 이해하는 데 도움을 주는 도구로 이용해야 한다고 생각했다. 하지만 1990년대를 마감할 즈음에, 기업이 산출한 정보의 90퍼센트가 여전히 내부 목적이라는 점에 실망한다.

변화를 촉발시킨 가장 큰 계기는 고객, 비고객 그리고 시장에 관해 더욱 실용적인 정보를 원하는 고위경영자의 욕망을 충족시키지 못함에서 비롯되었다. 하지만 드러커는 정보를 동시에 몇 가지 차원으로 보았다. 그는 컴퓨터가 사업에 엄청난 파장을 미칠 것으로 인식한 최초의 사람이었으나 동시에 컴퓨터의 한계점도 분명히 보았다. 컴퓨터는 '바보 기계'이고 힘든 결정을 내리는 경영자를 대신할 수 없었다.

또한 그는 정보혁명을 시대와 시대를 구분 짓는 역사의 획기적 단계로 보았다. 제4차 정보혁명은 처음 겪는 것이 아니지만, 새로운 산업시대의 막이 열리고 있음을 알려줄 것이다. 새로운 산업이 무엇이 될지 알 수 없다. 그리고 그것이 자리 잡기까지 20년에 걸친 고생과 분투가 필요할 수도 있다.

궁극적으로 드러커는 기술보다 사람을 중시하는 그의 핵심 철학으로 돌아온다. 미래에 성공하는 조직은 스톡옵션과 다른 금전적 인센티브가 아닌, 그들을 부하직원이 아닌 파트너로 전환시킴으로써 최고의 사람들을 계속 붙잡고 있는 조직이다.

14 | Inside Drucker's Brain

리더의 가장 중요한 역할

"경영자는 조직이 폭풍을 예상하고 이를 헤쳐 나갈 수 있게 해야 하며

실제로 폭풍을 앞서가야 한다."

드러커는 많은 글에서 모든 경영자는 곧 닥칠 재난을 능동적으로 대처할 준비가 되어 있어야 한다는 점을 분명히 했다. 1990년, 드러커는 '리더십은 악천후를 대비하는 일foul-weather job'이라고 선언했다. 내게 설명했던 것처럼, '병원은 위기상황을 좋아한다.' 그러나 위기상황은 병원 응급실에 국한되지 않는다. 모든 리더는 위기에 대처할 준비가 되어 있어야 한다. "조직의 리더에게 가장 중요한 임무는 위기를 예견하는 것이다. 어쩌면 위기를 피하는 것이 아니라 예견하는 것이다. 위기가 발생할 때까지 기다리는 것은 이미 포기하는 것이다."라고 말했다.

점심을 먹는 동안, 드러커는 자신이 가장 좋아하는 주제 중 하나인 비영리조직으로 대화를 이끌었다. 나는 비영리조직 경영자들을 위한 책을 쓴다는 것을 생각해본 적이 없었고, 드러커와 함께 이 주제를 다룰 거라고 예상하지도 못했다.

솔직하게 말하면, 나는 영업 조직 또는 손익을 책임지는 회사보다 비영리단체를 운영하는 것이 '더 수월하다'고 늘 생각해왔다. 그러나 다음 두 가지 점을 곧바로 깨달았다. 하나는 이것이 드러커에게 영감을 주었던 주제였고, 두 번째는 비영리단체에 적용되는 주요 교훈이 영리기업 경영자에게도 적용된다는 것이었다.

제3장에서 보았듯이, 드러커는 일찍이 1950년대에 비영리단체와 함께 일하기 시작했다. 오랜 기간에 걸쳐 드러커는 비영리 전시 구제 단체인 케어CARE 및 구세군, 미국 적십자, 나바호 부족 자문회의Navajo Tribal Council, 미국심장연합 그리고 캘리포니아 주 라베른La Verne에 있는 자신의 미국성공회Episcolap 교회 등 여러 단체들과 가끔은 보수 없이 일했다.

1980년대에 이르러 드러커는 영리 기업보다도 비영리단체가 두 가지 특별한 이유로 드러커 자신과 자신의 지혜를 필요로 했다고 생각했다. 첫째, "너무도 많은 비영리단체 특히 대형 단체들은 분명한 사명의식을 갖고 있지 않았다."고 말했다. 그러나 다음의 두 번째 문제가 오히려 더 걱정스러웠다고 말했다. "비영리단체에는 손익과 같은 것이 없다는 게 문제의 핵심이다. 기업에서의 이익은 충분하진 않지만 기본적인 평가기준이다."

그때 나는 드러커가 즐겨 쓰는 구절의 하나인 "회사 내에는 수익

센터는 없고 오로지 코스트센터만 있을 뿐이다."를 떠올렸다.

그는 "그보다 더 나쁜 것이 있어,"라고 대꾸했다. 대다수의 비영리단체들, 특히 지역사회단체들은 원하는 결과를 얻지 못하더라도 하던 일을 단순히 반복할 뿐이라고 말했다. "그래서 그들은 아무것도 버리지 못하는데, 최고의 사람들이 결과가 없는 일을 하게 만들고 있다." "현실에서 결과를 만들어내지 못하는 일에 최고의 사람들을 배치하고 있는 것이 현실이다."라는 것은 드러커의 생각인데, 이는 영리기업과 비영리단체를 막론하고 중요한 개념이다.

악천후를 대비하는 자리

드러커는 비영리단체가 스스로 해결해야 할 문제들을 안고 있다고 생각하며, 그 밖의 누구보다 먼저 비영리단체가 관리될 필요가 있다고 생각했다. 그와 인터뷰한 TV와 신문사 사람들은 비영리단체가 드러커를 고용한 이유가 기금 모금을 돕는 것으로 생각했다고 그는 설명했다. 그러나 드러커는 다음과 같이 반박했다. "우리는 그들의 사명, 리더십 그리고 조직경영에 대해 함께 작업했다." 아마 그 기자는 "그것은 기업 경영이 아닌가요?"라고 대꾸했을 것이다. 이렇게 언론인들은 비영리단체가 생존을 위해서 오로지 기금조성만을 원하는 일차원적 기관임을 내비치면서 회의적인 반응을 보였다.

드러커는 그 언론인들을 바로잡아주었다. 그는 "비영리기관은 일반적 '손익'이 없기 때문에 더더욱 경영이 필요하다. 그들은 경영 그 자체에 압도당하지 않기 위해서 경영을 도구로 사용하는 법을 배워야 한다는 점을 알고 있다. 그들은 자신의 사명에 집중하기 위해서 경영이 필요하다는 것을 이미 알고 있다."라고 주장했다.

드러커가 『비영리단체의 경영Managing the Non-Profit Organization』*을 쓰게 된 계기가 바로 이러한 생각에서였다. 대부분의 기업 경영자들은 이 책이 뻔하다는 이유로 관심을 보이지 않았다. 하지만 그 책을 못 보고 지나친 경영자는 드러커가 리더십에 관해 설득력 있게 쓴 글 하나를 놓치는 것이다. 그것은 "리더십은 악천후에 대비하는 일이다."라는 소제목의 한 장이었다. 다음의 인용되는 구절은 무시당하던 그 책에서 발췌한 것이다.

시장이 성장하면 함께 성장하라

아이러니하게도, 위기를 부르는 몇 가지 원인 중 하나가 성공이다. "조직을 더 망가뜨리는 것은 실패의 문제보다 성공의 문제다. 왜냐하면, 일이 안될 때는 모두가 노력을 기울여야 한다는 것을 알기

---

* 이 책은 'The Non-Profit Drucker'라는 제목의 한 시간짜리 오디오 시리즈 21개에서 시작됐다.

때문이다."라고 드러커는 썼다. "성공은 그 자체로 행복감을 주므로 사람들은 자신이 지탱할 수 있는 능력의 한계를 넘어서며 힘들게 싸워야 하는 일에서 쉽게 손을 뗀다."

드러커는 자신의 이력을 하나의 예로 들었다. 그는 20년간 재직한 후 뉴욕대학교를 떠났다. 왜냐하면 이 대학의 경영대학원(오늘날은 Stern School of Business이 됨)이 급속히 증가하는 학생 수를 충족시키기 위하여 확장보다는 비용을 절감하기로 했기 때문이다.

시장(市場)은 그 대학의 선택이 어리석은 것이라고 지적했지만, 성장하지 않기로 결정하면서 스스로 위기를 만들었다. 드러커가 경영대학원을 설립하기 위해 캘리포니아 주 클레어몬트로 갔을 때, 그는 그 일을 올바르게 했다. "나는 능력 이상의 일을 하지 않도록 했다. 교수진을 일류 수준으로 하되 소수 정예로 운영되도록 주의를 기울였고 동시에 겸임교수, 시간제 인력을 썼으며 그 다음 강한 행정 조직을 만들었다. 그러고 나서 우리는 성공적으로 운영할 수 있었다. 시장이 성장하면 당신도 함께 성장해야 한다. 그렇지 않으면 뒤처진다."

핵심 역량

어떤 조직이 성공하고 그 성공을 유지하기 위해 최고경영진은 닥쳐올 폭풍에 한 발자국 앞서나갈 수 있는 역량을 갖추어야 한다. 이를 드러커의 어록에서는 '혁신, 지속적인 갱신'이라고 말한다.

"당신은 엄청난 재난이 오는 것을 막을 수 없다. 하지만 맞설 태세가 되어 있고, 높은 사기를 가지고 있으며, 위기를 극복해본 경험이 있고, 대처하는 법을 알며, 서로 신뢰하는 조직을 만들 수 있다. 군사훈련에 있어 첫 번째 규칙은 병사들에게 장교에 대한 신뢰를 심어주는 것이다. 왜냐하면 신뢰가 없다면 그들은 싸우지 않기 때문이다."

또한 드러커는 반대 유형의 리더를 기술했다. 그는 "모든 사람이 다 위기를 두려워하지는 않는다. 어떤 사람은 위기에 완벽하게 대비되어 있다. 게다가 위기 이외에는 어떤 것도 달가워하지 않는다."라고 말했다.

드러커는 극심한 압박감에서도 일을 잘 해낸 사람의 예로 윈스턴 처칠을 들었다. 드러커는 처칠을 20세기에 가장 성공한 리더라 불렀다. 그러나 "1928년부터 덩케르크(이곳에서 30만 명의 연합군이 성공적으로 해산되었음)까지 10여 년 동안 기껏해야 구경꾼이었고 거의 인정받지 못했다. 왜냐하면 처칠을 필요로 하지 않았기 때문이다."라고 드러커는 주장했다.

재앙이 발생하고 1939년 영국이 독일을 상대로 전쟁을 선포하게 되었을 때, 처칠은 중요하고도 결단력 있는 인물로 세계무대에 등장했으며 국가가 필요로 하는 인물이었다(칭찬이 결코 두 사람 간에 일방적인 것만은 아니었다. 처칠이 언젠가 드러커는 사람들을 참신한 사고로 이끄는 놀라운 능력을 가졌다고 칭찬한 바 있다).*

드러커는 "행인지 불행인지 어느 조직에나 위기가 존재한다. 그것은 항상 오게 되어 있다. 그때가 바로 사람들이 리더에 의존할 때다."라고 강조했다.

드러커는 처칠과 같은 지도자는 정말 드물다고 보았다. "그러나 또 다른 종류의 리더는 다행히도 아주 흔하다."고 썼다. "그들은 어떤 상황을 바라보고 다음과 같이 말할 수 있는 사람들이다. '이 일을 하려고 내가 고용됐거나, 내가 기대했던 일은 아니지만 꼭 해야 할 일(직책이 필요로 하는 일).'이라 말하고 나서 소매를 걷어 올리고 일에 착수한다."

"모든 리더에게는 때가 있다. 이 말에는 심오함이 있다. 하지만 그렇게 단순하지만은 않다."라고 드러커는 쓰고 있다. "처칠은 보통의 평화로운 시기에는 능력을 별로 발휘하지 못했을 것이다. 그에게는 역경이 필요했다. 프랭클린 루스벨트도 마찬가지다. 그는 천성적으로 게으른 사람이다. 나는 루스벨트가 1920년대에는 좋은 대통령이 못 되었을 것이라고 생각한다. 그의 아드레날린이 분비되지 않았을 것이기 때문이다."라고 드러커는 논평했다.

"반면에, 평상시 일상적인 일을 잘하는 사람들이 있다. 그러나 그들은 위급 상황의 스트레스를 견디지 못한다. 대부분의 조직은 어떤

---

* 처칠은 드러커가 처음 쓴 책인 『경제인의 종말The End of Economic Man』을 극찬했다.

상황에 관계없이 리드하는 사람을 필요로 한다. 중요한 것은 그가 기본 역량을 바탕으로 일을 한다는 것이다."라고 드러커는 밝혔다. 드러커는 좋을 때나 안 좋을 때나 리드하기 위해 필요한 것이 무엇인지를 명확하게 알고 있었으며, 그러한 리더의 능력에 대해 다음과 같이 설명했다.

- 첫 번째 역량은 경청이다. 리더에게 이것이 가장 필요하며 누구나 할 수 있는 일이다.

  "당신이 해야 할 일은 입을 다무는 것이다."라고 드러커는 역설했다.

- 두 번째 역량은 자기 생각을 이해시키기 위해 소통하고자 하는 의지다.

  "이를 위해서는 무한한 인내심이 필요하다. 이 점에 있어서는 3살 수준을 넘지 못하므로 반복하고 반복하고 또 반복해야 한다. 그리고 자신이 의도하는 바를 보여주어야 한다."고 드러커는 정직하게 썼다.

- 세 번째 역량은 변명하지 않는 것이다.

  드러커는 악천후를 대비하는 리더는 일이 잘 안 되는 것에 책임을 지고, 항상 완벽한 수준을 유지하려고 한다고 했다.

- 네 번째 역량은 과업과 비교할 때 자신이 얼마나 중요하지 않은가를 아는 것이다.

  리더는 어느 정도 초연함detachment을 지녀야 한다고 드러커는 생각했다. 즉 "그들은 자신보다 과업을 우선시한다. 그러나 자신과 과업을 동일시하지 않는다. 과업은 자신들보다도 더 클 뿐 아니라 다르다." 리더들이 저지르는 가장 큰 죄는 그 리더가 떠났을 때 조직이 붕괴되는 것이라고 드러커는 말했다. "그 리더는 조직을 구축하지 않았다. 그들은 능력 있는 운영자였지만 비전을 만들지 않았다."고 했다. 리더들은 조직이 수행해야 하는 모든 일에 종속될 줄 알아야 한다.

드러커는 옹졸함과 자존심이 리더십의 적이라고 생각하며, 다시 한 번 두 가지 타입의 리더를 대비하기 위하여 처칠과 루스벨트를 언급했다. 처칠의 가장 위대한 강점 중 하나는 90대의 나이에도(드러커처럼) 젊은 정치인들을 육성한 것이다. "이것이 강한 힘에 위협을 느끼지 않는 유능한 리더의 보증마크다. 루스벨트는 마지막 몇 년간, 독자적인 움직임을 보이는 사람을 모두 조직적으로 제거했다."라고 드러커는 썼다. 이는 드러커로서는 매우 논란을 일으킬 만한 말이다. 루스벨트는 20세기에 가장 사랑받은 미국 대통령 가운데 하나이고 확실히 핵심 강점을 가졌던 리더였기 때문이다.

자수성가한 리더들

드러커가 '악천후' 리더들에 관한 글을 썼을 때, 그는 타고난 리더와 후천적으로 스킬을 습득한 리더를 비교했다. "내가 보아 온 대다수의 리더들은 타고나지도 않고 만들어지지도 않았다. 그들은 스스로의 노력으로 리더가 되었다. 우리는 너무도 많은 리더를 필요로 하기 때문에 타고난 리더에만 의존할 수 없었다." 타고나지 않고, 훈련을 받지도 않았지만 유능한 리더로 발전한 리더 중 하나가 헨리 트루먼 대통령이다.

"트루먼이 대통령이 되었을 때 그는 준비된 사람이 아니었다. 트루먼이 루스벨트 대통령에게 위협적이지 않았기 때문에 그에 의해 선택되었다."라고 드러커는 주장했다.

드러커는 트루먼의 "내가 여기서 최종 책임진다(The buck stops here)."라는 말에 감명을 받았다. 하지만 더욱 중요한 것은 그가 대외정책 경험이 없었지만 국제업무에 대해서는 미국 국경 밖의 일에 초점을 맞추어야 한다는 사실을 빨리 파악했다. 그는 "반드시 성취해야 할 일은 무엇인가?"라는 드러커가 던진 핵심 질문을 자문했던 것이다.

"그는 스스로 대외업무에 대한 단기 집중과정을 밟고, 새로운 책무라고 생각하는 것에 집중했다."

드러커가 존경한 유일한 리더는 트루먼만이 아니다. 드러커는 더글러스 맥아더 장군을 몹시 잘난 체하는 사람이라고 하기도 했지만, 마지막 위대한 전략가 중 하나이고 '뛰어난 사람'이라고 생각했다. 그러나 그가 가진 강점은 지능도 전략적 사고도 아니었다. "그는 아무에게도 지지 않는 팀을 만들었다. 그는 과업을 최우선에 두었기 때문이다."라고 드러커는 주장했다. 한 가지 비밀은 그가 자신의 직관에 반하는 회의를 이끌었다는 점이다.

맥아더는 엄청난 자존심에도 불구하고, 모든 참모회의에서 하급 장교들에게 귀를 기울일 만큼 충분히 단련되어 있었다. 그에게는 고통스럽고 상식적으로 이해하기 어려운 훈련이었다. 자기 군대의 성공은 바로 그런 훈련에 달려 있음을 알고 있었기 때문에 그는 반드시 그렇게 했다. 드러커는 그것이 맥아더가 강력한 세력을 이길 수 있었던 핵심 요소라고 생각했다.

균형이 핵심이다

드러커는 리더에게 당면한 도전과제 중 하나는 과도한 신중함과 과도한 충동 사이의 균형을 유지하는 것이라고 말했다. 드러커는 자신이 항상 결과를 너무 일찍 기대한다고 말했다. 이를 경계하기 위해 그는 자신의 기대치를 줄였다. 드러커는 "만약 내가 3개월 내에 일이 일어나기를 기대한다면 5개월 만에 하라고 스스로를 타일렀다.

하지만 3개월이라고 말해야 할 때 3년을 이야기하는 사람들도 보았다. 아리스토텔레스 접근법의 제1의 법칙은 '너 자신을 알라'이다. 너의 비생산적 성향을 주지하라."라고 말했다.

드러커는 성급함과 위험 감수보다 신중함과 우유부단으로 더 피해를 본 회사들을 목격했다. "내가 기관을 운영하거나 참여할 때 과도하게 신중했기 때문에 이 점을 지금도 기억하고 있다. 나는 위험을 무릅쓰지 않았고, 특히 감수해야 할 재무적 리스크는 더욱 감수하지 않았다."라고 드러커는 말했다.

그는 또한 "기회와 리스크 사이에서 균형 잡힌 결정이 이루어져야 한다. '이미 결정된 것을 되돌릴 수 있는가?'라고 경영자는 물어야 한다. 그러면 보통은 상당한 위험을 무릅쓸 수 있다. 그 다음 단계로 '그것은 감당할 만한 리스크인가?'라고 물어야 한다."라고 설명했다. 경영자는 결코 회사를 죽일 수 있는 위험을 선택해서는 안 된다. 작은 고통은 감내할 수 있다. 그러나 회사의 미래가 잘못된 하나의 결정으로 위태로워져서는 안 된다.

경영자들에게 가장 어려운 상황 중 하나는 큰 리스크를 수반하고 있지만 너무 좋아서 이를 승인하는 것이다. 드러커는 이 상황을 설명하기 위해 개인적인 일화를 예로 들었다.

그는 한때 미술관 이사회의 일원이었는데 엄청 크고 비싼 미술품들이 미술관이 살 수 없는 가격의 매물로 나왔다. 그럼에도 불구하고 미술관은 구매 제안을 받았다.

이사회 멤버들이 드러커에게 어떻게 해야 할지 물었을 때 그는 "구더기가 무서워서 장을 못 담나요? 삽시다. 우리에게 마지막 기회입니다. 우리 미술관은 일류가 될 것입니다. 어떻게든 돈을 마련할 것입니다."라고 말했다.

내가 드러커와 인터뷰한 이후 『비영리단체의 경영』을 다시 읽었을 때 두 가지를 깨달았다. 첫째는 드러커 자신은 자서전이 아니라고 말하는 그의 자서전을 제외하면 이 책은 그의 개인적인 사항과 일화를 거의 공개하지 않은 책 중 하나라는 것이다(이 논평에 대해서는 에필로그 참고).

다른 한 가지는 드러커가 자기 희화에도 불구하고 그는 겉으로 나타나는 것보다 오히려 경영자에 가까웠다는 것이다. 그는 나에게 자신은 어떤 것도 경영해보지 않았고 내부 관점에서의 경영은 알지 못한다고 말했으나 그는 클레어몬트대학원의 피터 드러커 경영대학원(당시 이름)을 설립하고 운영하는 데 수완을 발휘했다. 그는 또한 오랜 기간 동안 수백 개의 기업과 비영리단체가 수많은 의사결정을 하는 데 도움을 주었다.

그가 경영 경험이 없는 세계에서 가장 서툰 경영자라고 고백했을 때 그는 적어도 너무 앞서나가고 있었다. 한 선생이자 컨설턴트이며 멘토로서 드러커는 일생 동안 많은 CEO들의 의사결정에 그들보다 더 많은 핵심 역할을 했다.

리더의 가장 중요한 역할

비영리단체와 기업이 공히 범하는 가장 큰 실수는 '결과를 가져다주지 못하는 일에 최고의 사람을 배치하는 것'이다. 만약 그런 실수를 통제하지 않은 채 놔두면 위기를 초래할 수 있다. 그것은 당연한 문제처럼 들리지만 인적자원은 잘못 배정되기 쉽기 때문이다. 같은 실수를 저지르지 않게 하기 위해, 반드시 최고 인재 목록과 지난 해 그들이 이룩한 결과를 나열해보는 것이 바람직하다.

당신은 그들이 최대로 기여할 수 있는 분야, 또는 최고의 기회가 있는 곳에 최고의 사람을 배정했는가? 또는 최고의 인재가 눈앞의 불을 끄느라 귀중한 자원을 낭비하고 있지는 않는가?

리더가 아무리 유능해도 모든 조직은 위기를 겪는다. 리더는 이럴 때 분발해야 한다. 위기에는 종종 정해진 직무를 뛰어넘는 행동이 필요하다. 위기가 오면 경영자는 메모나 보고서 따위를 보는게 아니라 행동해야 한다. 리더는 다음의 4가지 구체적 역량을 필요로 한다.

- 경청하는 훈련
- 자주 소통하고 자신의 뜻을 이해시키려는 의지
- 책임을 지되 변명하지 않으려는 의지
- 조직의 목표를 개인 목표보다 우선하고자 하는 의지다.

유능한 리더는 강한 자를 두려워하지 않고 오히려 그들에게 용기를 북돋아준다고 드러커는 주장했다.

마지막으로 그들은 의사결정을 함에 있어서 균형을 갖는다. 그들은 계산된 위험을 무릅쓰지만 회사의 미래 전체를 베팅하는 습관을 갖지 않는다. 하나의 예외는 드러커가 경험한 "구더기가 무서워서 장을 못 담나요?" 사례처럼 회사가 놓쳐서는 안 되는 리스크다.

15 Inside Drucker's Brain

혁신에 관한 소강좌

"기업들은 오래되고 낡고 더 이상 생산적이지 못한 것을 버리지 않으려 한다. 오히려 그것에 집착하고 계속 자금을 투입한다. 더욱 심각한 문제는, 시대에 뒤진 것을 방어하는 데 능력 있는 인재들을 배치함으로써 기업이 희소하고 값진 자원을 크게 오용하는 것이다. 회사가 미래를 원한다면 인적자원은 미래를 만드는 일에 배치되어야 한다."

피터 드러커는 혁신을 핵심적인 경영 실천요소라고 기술한 최초의 경영서 저자였다. 이 주제를 다룬 책 『혁신과 기업가 정신Innovation and Entrepreneurship』 서문에서 드러커는 경영서 저자들이 이 책에 대해 관심을 기울이기 시작한 것은 불과 최근 몇 년(1980년대 초반을 의미함)이라고 논평했다. 1985년에 발간한 이 책이 '처음으로 전체적이고 체계적인 방식으로 이 주제를 다뤘다는 점을 드러커는 지적했다.

책이 출간되기까지 드러커는 30년간 글을 쓰고 컨설팅을 하며 혁신을 가르쳐왔다. 그러나 자신이 준비가 되고 나서야 혁신이라는 주제를 전적으로 다룬 책을 쓸 수 있었다고 말했다. 문제는 드러커에게 자신이 해온 컨설팅은 이른바 실습이었다. 컨설팅 과제가 모두 달랐으며 어떤 조직도 똑같지 않기 때문에 모든 회사에 적용할 수 있는 결론을 도출하기가 어려웠다. "글로 적는 것은 마지막 단계일 뿐이다. 그 단계까지 도달하려면 이미 그것을 충분히 이해하고 적어도 얼마간 실천해본 다음일 것이다."라고 말했다. 그러고 나서 드러커는 몇 가지 추가적인 배경을 설명했다.

그는 1958년경에 혁신에 대한 첫 과정을 가르쳤고, 그 세미나를 바탕으로 6개의 주요 기업이 성장할 수 있었다. 그중 가장 잘 알려진 회사는 도널드슨Donaldson, 루프킨 앤 젠렛Lufkin & Jenrette으로 1959년 설립된 투자은행이었다. 세미나에 참석했던 또 하나의 경영자는 '쇠락해가는' 새터데이 이브닝 포스트Saturday Evening Post의 보급 담당 매니저였는데, 나중에 사이컬러지 투데이Psychology Today를 설립했다. 하지만 드러커가 혁신이라는 주제로 책을 쓰는 데는 25년 이상이 걸렸다. 드러커는 "그 주제에 대해 진짜 확신이 들만큼 충분히 검증하지 못했기 때문이다."라고 했다.

이 장이 위기 경영을 다룬 다음 장인 것은 우연이 아니다. 드러커는 위기를 극복하고 회사를 강하게 유지하는 핵심은 혁신이라고 보았다. 그리고 자만과 편협성을 혁신의 적으로 생각했다. 『경영의 실제』 이후 출판된 그의 모든 경영서에 이 점이 분명하게 나타난다.

또한 이 장에서는 2명의 저자가 1950년대에 드러커가 이미 확립한 지식체계를 바탕으로 나름대로 혁신의 분야에 대해 기여한 것도 논의할 것이다. 그 두 사람은 사업가인 앤디 그로브와 유명한 교수

겸 컨설턴트인 클레이튼 크리스텐슨이다.

미래를 구현할 책임

혁신이라는 주제에 대한 드러커의 기여를 인정하지 않고서는 어떤 책도 드러커의 생각을 이해한다고 단언하지 못할 것이다. 그의 업적 중 상당 부분은 경영자들이 모든 것을 있는 그대로 이해하고, 그 가능성을 보며 어떻게 해야 할 것인가를 알게 하는 데 초점을 맞추고 있다. 그는 의도된 버리기를 혁신의 전 단계로 보았다. 한 조직이 진정으로 '제품을 폐기할 마음이 없다면' 혁신은 제대로 뿌리내릴 수 없기 때문이다.

드러커는 많은 경영자들이 일상적인 운영업무에 매달려 꼼짝 못하고 있다고 하면서 다음과 같이 썼다. "내일은 반드시 온다. 그러나 항상 다르다. 심지어 가장 힘 있는 회사도 미래를 준비하지 않으면 곤경에 빠진다. 그 회사는 차별성과 리더십을 상실할 것이며 결국 남는 것은 커다란 비용뿐이다....(중략) 새로운 일을 벌이는 위험을 무릅쓰지 않는다면 필연적으로 실제 일어나는 결과가 가져올 더 큰 위험을 감수해야 한다....(중략) 더구나 이러한 위협은 규모가 크고 부유한 회사조차도 견딜 수 없으며 가장 작은 회사는 언급할 필요조차 없는 리스크가 된다. 고위경영자는 미래를 구현해야 할 책임을 통감해야 한다. 미래를 구현하는 것은 경영자의 최종 임무이다. 그리고 이를 의식적으로 실천하려는 의지야말로 겨우 유지하는 기업과 크고 강한 기업, 또 자리만 지키는 경영자와 기업을 성장케 하는 경영자를 구분 짓는 잣대가 된다."라고 드러커는 반복해서 강조했다.

미래사업의 핵심은 무엇일까?

드러커는 1950년대 중반『경영의 실제』에서 사업의 목적과 고객의 중요성에 대한 자신의 원칙을 다음과 같이 처음 밝혔다. "고객은 기업의 토대이며 기업을 존속하게 한다." 그는 계속해서 "기업의 목적이 고객을 창출하는 것이기 때문에, 모든 기업은 마케팅과 혁신이라는 두 가지 기본적 기능을 가지고 있다. 이 기능들은 기업가의 기본 직무다....(중략) 기업은 제품과 서비스를 시장에 판매한다는 점에서 다른 조직과는 판이하게 다르다."라고 말했다.

드러커는 "따라서 기업의 두 번째 기능은 혁신이다. 기업은 단순히 어떤 재화와 용역을 제공하는 것으로 충분치 않으며 더 좋고 더 경제적인 것을 제공해야 한다. 기업이 반드시 크게 성장할 필요는 없지만, 분명히 더 나은 기업으로 계속 성장해야 한다."라고 덧붙였다.

드러커는 낮은 가격이 혁신을 의미할 수도 있다고 했다. "하지만 혁신은 더 좋은 신제품일 수도 있고(심지어 더 높은 가격이라도), 편리함이나 필요한 것을 새롭게 창조하는 것일 수도 있다."

드러커는 심지어 경력 초기부터 혁신이 기업 DNA의 일부가 되어야 한다고 생각했으며 소수의 최고경영자에게만 부여되는 별개의 활동으로 생각하지 않았다. "혁신은 사업의 모든 단계에 걸쳐 일어나며....(중략) 사업 형태를 불문한다. 기업 내 조직에서 혁신은 마케팅만큼이나 별개의 독립된 핵심 기능이다. 실제로 고객이 생각하는 가치는 무엇인가라는 질문은 매우 복잡해서 오직 고객 자신만이 답할 수 있다. 경영진은 그 답을 추측조차 해서는 안 된다. 항상 고객에게 체계적으로 다가가 그 답을 찾아야 한다." 그는 경영진이라면 또한 이렇게 질문해야 한다고 주장했다. "미래 사업의 핵심은 무엇일까?" 이 질문에 대한 답은 아래 4가지에 근거한다.

- 시장의 잠재력과 추세는 무엇인가? 경영진은 "기본적으로 시장 구조와 기술 변화가 없다는 가정 하에," 향후 5년 내지 10년간의 시장 규모를 예측해야 한다. 또한 미래 시장을 형성하는 요소들이 무엇인지 정확하게 예상할 수 있어야 한다.
- 경제 발전, 유행 및 기호의 변화, 또는 경쟁자의 움직임에 따라 시장 구조가 어떻게 변화될 것인가? 드러커는 이른바 '경쟁competition'이라는 단어를 통해 고객의 인식을 기준으로 경쟁자를 정의해야 한다(달리 말하면, 외부의 시각으로 내부를 봐야 하며 내부의 시각으로 외부를 봐서는 안 된다)고 말했다.
- 어떤 혁신이 고객의 필요를 변화시키고, 새롭게 필요를 만들어내며, 오래된 것을 폐기하고, 고객 욕구를 만족시키는 방법을 개

발하며, 고객이 가지고 있는 가치의 개념을 바꾸거나, 더 만족스러운 가치를 제공할 것인지를 생각해야 한다.

- **고객의 욕구 중 지금 제공하고 있는 제품과 서비스로 적절히 충족되지 않는 욕구는 무엇인가?** 이것은 모든 회사가 직면하고 있는 중요한 문제다. 이 질문에 올바르게 대답할 수 있는 조직은 건실한 성장을 이룰 수 있다고 드러커는 강조했다. "올바른 대답을 할 수 없는 조직은 '경제와 산업의 물결'과 같은 외부 요인 및 상황에 좌우될 것이다. 그러한 물결에 편승하여 만족하는 사람은 그 물결과 함께 추락할 것이다."

드러커가 1982년 설명했듯이, 너무도 많은 조직이 무엇을 성장시키고 무엇을 버려야 하는지를 알아내는 데 어려움을 겪는다고 했다. "성장정책은 건강한 성장 그리고 지방과 암을 구분할 수 있어야 한다. 세 가지 모두 '성장'에 속하지만 당연히 세 가지가 모두 바람직한 것은 아니다...(중략) 인플레이션 시기에 이루어진 높은 성장은 순수한 지방이지만 그중 일부는 암으로 발전할 수도 있다."

드러커는 경영자에게 한계사업을 포기함으로써 현명한 판단을 하라고 말한다. "대부분의 경우 어제의 수익원을 빨리 버려야 한다. 그것이 여전히 수익을 낸다 하더라도 미래의 먹을거리를 창출하고 이를 성공적으로 만드는 데 장애요인이 된다."라고 설명한다.

오로지 새로운 아이디어와 계획적 혁신만이 경쟁자를 앞서게 할 수 있으며, 조직이 추세에 뒤처지고 있다면 그때가 바로 위험한 때임을 알아야 한다. 드러커는 '오래된 것'이 계속 잘 나갈 것처럼 보이더라도 그것을 과감하게 버리라고 주장한다. 또한 회사의 제품 또는 서비스가 건강해 보이거나 적어도 비용을 충당하는 등 자기 몫을 하고 있더라도 거기에서 손을 뗄 수 있어야 한다.

혁신을 위해 조직을 재편하라

드러커는 성장을 원하는 모든 기업은 스스로 '혁신을 추구하는' 조직으로 만들어야 한다고 했다. "혁신의 출발점은 변화가 위협이 아니라 기회라는 점을 인식하는 것이다."라고 말했다. 핵심은 진정한 기회가 의미하는 변화를 찾아내는 것이다. 한 예로 회사가 예상하지 않았던 뜻밖의 성공을 들 수 있다.

드러커는 자신의 논리를 증명하기 위해 두 가지 예를 들었다. 첫 번째는 1980년대 미국에서 있었던 평생교육 시장의 폭발적 성장이다. "그것은 사치나 추가적인 돈벌이 수단, 이미지 홍보를 하는 것이 아니라 지식사회로 이끄는 주요 동력이 되고 있다."라고 말했다.

경영자들이 미래의 기회를 포착하는 데 도움을 줄 수 있는 두 번째 변화의 예는 인구 다변화와 인구통계이다. 1970년대 후반 미국의 걸스카우트는 점증하는 인구의 다양성이 조직에 새로운 기회를 제공한다는 것을 알고 그 이점을 살려 성장했다.

“여기서 배운 교훈은 기다리지 말라는 것이다.”라고 드러커는 힘주어 말했다. “회사를 체계적인 혁신이 가능한 조직으로 만들라. 회사 안팎에서 기회를 탐색하는 노력이 조직에 뿌리 내리도록 하라. 혁신을 찾아내는 실마리로 변화를 탐색하라.”

혁신이 최우선 순위가 되기 위해서는 리더가 모범을 보여야 한다고 드러커는 생각했다. 리더는 모든 계층에 걸쳐 혁신적 의사결정을 독려하는 문화를 조성하고 북돋아주는 존재다. 하지만 동시에 변화가 일어나는 동안 회사가 정상 수준으로 가동되도록 해야 한다. 드러커는 이를 가능케 하는 몇 가지 방법을 개략적으로 제시했다.

“첫째, 회사가 기회를 알아볼 수 있도록 조직화하라. 창문 밖을 보지 않으면 기회를 찾을 수 없다.” 이것은 중요하다. 왜냐하면 IT 또는 회계부서가 생산한 보고서의 대부분은 단지 과거에 대한 보고서, 즉 이미 일어난 것에 대한 것이다. 이러한 보고서들은 어디에 문제가 있는지 밝혀주지만 기회를 찾아내주지는 못한다. “그래서 우리는 보고 시스템의 한계를 넘어야만 한다.”라고 드러커는 말했다. “그리고 언제든 변화가 필요할 때 다음과 같이 자문하라. ‘이것이 기회라면 우리에게 어떤 기회를 뜻하는가?’”

혁신이 확실히 그 효과를 낼 수 있도록 경영자는 반드시 몇 가지 다른 조치를 취해야 한다. 드러커는 혁신을 죽이는 1순위는 안전 위주로 배팅하려는 조직이라고 설명했다. 그런 기업은, 말하자면 양다리를 걸치는 것이며 혁신에 대해 온갖 얘기를 다 하지만 올인하지 않는 기업이다. 오히려 과거에 과도하게 집착한다.

둘째로 새로운 사업을 운영하라. 모든 새로운 벤처는 성공하기까지 충분한 여지가 주어져야 한다. 이는 벤처가 독립된 별도의 부서로 조직되어야 한다는 것을 의미한다. "어린 아기는 거실이 아니고 아기방에 있어야 한다."라고 드러커는 반복해서 주장했다. "그 벤처 사업이 무엇이든 새로운 개념, 새로운 아이디어를 기존 조직에 투입하는 것은 매우 위험하다. 기존 조직에는 매일 일어나는 위기를 해결하는 것이 미래를 준비하는 것보다 항상 우선되기 때문이다. 그래서 기존사업에서 새로운 사업을 개발하고자 할 경우 미래는 항상 미뤄질 것이다. 새로운 조직은 별도로 세워져야 한다. 하지만 기존 조직이 신규사업에 대한 흥미를 완전히 잃지 않도록 해야 한다. 그렇지 않으면 그들은 적대적이 될 뿐 아니라 무기력해진다.

위기 속에 찾아오는 혁신

어떤 경우에는 선택의 여지가 없어 혁신을 한다. 종종 시장 경쟁자 또는 다른 정치적 사건이 매우 극적으로 일어나서 경영자들의 선택을 국한시키게 된다. 그리고 그러한 일이 발생할 때 조직이 소멸하지 않으려면 혁신을 해야만 한다.

하나의 유명한 예는 샘 월튼Sam Walton의 월마트Wal Mart 설립이다. 타깃Target과 케이마트Kmart의 설립 시기와 거의 같은 1962년, 샘 월튼은 월마트를 개업했다. 그때 샘 월튼은 12개 이상의 점포를 가지고 있었으나 어느 것도 할인점은 아니었다.

할인판매업은 이미 20억 달러 산업이 되었다. 그래서 월튼은 자신의 소매업 모델을 바꾸지 않으면 미국을 휩쓸고 있는 소매 유통업의 혁신 바람에 압도당할 것을 우려했다. 새로운 유형의 경쟁자가 월튼을 행동하지 않을 수 없게 만든 것이다.

그 이상은 우리가 다 아는 이야기다. 월튼의 할인점 모델은 수년간 경쟁자 연구와 계속적인 개선 끝에 경쟁자들을 누르고 진정한 '카테고리 킬러category killer'가 되었다. 당연히 월마트는 세계 최대 소매 유통회사로 떠오르게 된다.

인텔의 공동 설립자이자 전 CEO였던 앤디 그로브는 이런 종류의 변화에 대해 많은 것을 알고 있다. 그 변화는 경영진이 회사 전체의 전략을 재검토하지 않으면 안 될 만큼 강력한 것이다. 그는 자신이 쓴 『승자의 법칙Only the Paranoid Survive』에서 이러한 현상을 기술했다.

인텔은 10년 이상 메모리 칩의 지배적 생산자였다. 인텔은 퍼스트 무버first mover의 이점을 살려 메모리 칩 시장을 거의 100퍼센트 장악했다. 그런데 막 변화가 일어나기 시작했다. 그것도 깜짝 놀랄만한 방식으로 말이다.

1980년대 중반쯤 일본 회사들은 인텔의 시장 지배력을 무너뜨릴 방법을 찾아냈다, 일본 제품이 품질에서 우월할 뿐 아니라 가격도 더 저렴했다. 그로브는 인텔이 핵심 신제품을 시장에 제때 내놓지 못함으로써 스스로 문제를 초래했고 신규 공장을 너무 늦게 착공했다고 생각했다.*

일단 일본 회사들이 메모리 칩 시장에서 우위를 점하자 인텔의 운명은 빠르게 결정되었다. 아무리 인텔이 경쟁우위를 되찾으려 해도 그 노력은 허사였다. 그로브는 나중에 그와 같은 절박한 상황을 이렇게 묘사했다. "전략이 잘못되면 망한다. 전략이 좋아도 실행을 제대로 못하면 망한다....(중략) 그러나 우리의 경우 전략과 실행에 모두 결함이 있었다."

상황이 매우 나빠서 회사에 선택의 여지가 없다는 것이 불행한 현실이었다. "출혈을 멈추게 할 다른 메모리 전략의 필요성이 점점 시급해졌다."라고 그로브는 회고했다.

만약 인텔이 메모리 칩 시장에서 철수함으로써 도저히 생각할 수 없는 일을 한다면 그동안 회사를 지탱해준 캐시카우를 버리게 될 것이다. 그러나 선택의 여지가 없었다. 그로브가 설명했듯이 그들은 "일본 경쟁자들에 의해 뒤처지게 되었다. 우리가 빠져나올 수 있는 현실적인 옵션은 실제로 없었다. 회사의 핵심 사업은 단지 단순한 어려움에 빠진 것이 아니라 최대의 난제에 봉착하게 된 것이다. 그래서 우리는 필사적인 조치를 취해야만 했다."

---

* 이 이야기는 내가 2003년 쓴 『7인의 베스트 CEO What the Best CEO's know』에 포함되어 있다.

그와 공동 설립자가 메모리 사업에서 철수하기로 운명적인 결정을 내린 것은 바로 그때다. 그들은 3년에 걸쳐 회사의 약 3분의 1을 강제로 제거하지 않으면 안 되는 뼈아픈 고통을 겪었다. 그러나 한 줄기 희망의 빛이 보이기 시작했다.

인텔은 마이크로프로세서에 초점을 맞추기로 했다. 그것이 회사에서 큰 규모를 차지하는 사업은 아니지만 인텔은 5년 동안 IBM에 PC용 마이크로프로세서를 공급해오고 있었다. 또한 마이크로프로세서는 미래산업이었다.

메모리 칩이 메모리를 저장하는 데 국한되지만 마이크로프로세서는 실제로 계산 기능을 수행했다. 그것은 컴퓨터가 사고하는 부분이었다. 매우 고통스럽게 몇 년을 보낸 후 인텔은 마이크로프로세서 생산에 있어 업계의 리더가 된다.

그로브와 인텔에게 불행스러웠던 것은, 그들이 어려운 상황에서 능동적으로 대응하지 않았다는 것이다. 그들은 어쩔 수 없이 변화하지 않으면 안 되었다. 이는 드러커가 다음과 같이 경고했던 상황과 정확히 일치한다. "크고 강한 회사조차 미래를 준비하지 않으면 곤경에 빠진다." 인텔은 "새로운 것을 만드는 위험을 감히 무릅쓰지 않았다."

그로브의 책 『승자의 법칙』이 지향하는 주요 목표는 경영자들에게 이러한 종류의 거대한 변화를 사전에 경고하는 것이었다. 그는 이 변화를 '전략적 변곡점a strategic inflection point' 또는 '10배의 파괴력a ten times force'이라고 불렀다. 그 정도의 변화는 회사가 문을 닫게 할 수 있는 잠재력을 가지고 있다. 그로브는 전략적 변곡점을 '기업의 생애에서 근본이 막 변하려 하는 때'라고 묘사했다.

그로브는 전략적 변곡점이 "경쟁 환경에서 주요 변화가 발생했을 때 기업에 일어나는 것을 의미한다."고 나중에 덧붙여 말했다. 또한 그것은 기술의 변화에 국한되지 않음을 관찰했다. 규제의 변화, 새롭거나 바뀐 경쟁자 또는 새로운 유통 채널을 포함한 많은 것들이 전략적 변곡점에 다다를 수 있다.

그가 일본 회사들과 싸운 사례는 전략적 변곡점을 설명하는 최고의 사례다. 1960년대 초에 샘 월튼이 직면했던 소매업의 세계도 마찬가지였다. 그때 대형 할인소매업이라는 경이로운 현상이 막 나타나기 시작했다. 이러한 두 가지 사례에서 보는 가장 큰 차이는 월튼이 변화에 한 발자국 앞서갔다는 것이다.

월튼은 자신의 사업 모델을 바꾸기 전에 할인업계 리더들을 찾아가서 셀 수 없이 많은 질문을 하고 경쟁자 점포를 방문하면서 배울 수 있는 만큼 최대한 배웠다.

드러커의 표현에 따르면 '그는 어쩔 수 없이 변화하기 전에' 먼저 변했다. 할인점은 소매 판매의 주된 행태로 자리 잡기까지 아직 수년의 간격이 있었기 때문이다(아이러니하게도, 그 이전 또는 이후에 다른 어떤 소매 유통기업보다도 더 많은 점포를 폐업시킨 곳이 월마트였다).

전략적 변곡점에 나타나는 확실한 징후는 "과거에 효과가 있었던 것이 더 이상 작동하지 않는 것이다." 그로브는 자신의 사례에서 다음을 인정했다. "우리는 방향감각을 상실했다. 우리는 '죽음의 계곡'에서 방황하고 있었다. 그로브는 죽음의 계곡을 '낡은 사업방식이 새롭게 바뀌는 위험한 전환의 과정"이라 정의했다 그는 또 다음과 같이 말했다. "동료 중 몇 사람은 계곡을 건너 반대편으로 가지 않을 것을 익히 알면서도 당신은 행군을 계속한다. 이때 고위경영자의 임무는 사상자가 나오더라도 목표점까지 행군을 이끄는 것이다. 중간관리자의 책임은 그러한 결단을 뒷받침해 나가는 것이다. 그 외에 달리 길이 없다."

앤디 그로브는 『승자의 법칙』에서 여러 차례 피터 드러커를 인용했으며 나중에 드러커가 앤디 자신의 생각에 기여한 바를 인정했다. 그로브는 드러커에 대해 다음과 같이 썼다. "많은 철학자들처럼 그는 보통 경영자들이 공감하는 쉬운 언어로 말했다. 결과적으로 그가 언급한 간략한 말들은 수많은 일상 행동에 영향을 미쳤다. 그의 말은 나의 행동에 수십 년간 영향을 미쳤다."

그로브는 드러커를 언급하면서 조직을 탈바꿈하는 과정, 즉 '죽음의 계곡'을 통과하는 과정에서 요구되는 핵심 행동은, 과거 사업 개념에 적합한 것에서 새로운 사업 개념에 적합한 것으로 자원을 대대적으로 재배정하는 것이라 설명했다. 죽음의 계곡을 성공적으로 건너게 하기 위해서, "당신이 제일 먼저 해야 할 일은 당신이 건너편에 도달할 때 회사의 모습에 대한 이미지를 마음속에 그리는 것이다."

라고 말했다.

그로브는 이후 3년에 걸쳐 회사의 자원을 메모리 칩에서 마이크로프로세서로 이동시켰다고 했다. “그들은 희귀하고 가치 있는 자원을 가치가 낮은 분야에서 더 높은 분야로 이동하고 있었다.” 그로브는 그것이 드러커가 정의한 기업가 정신이라고 지적했다. 즉 생산성이 낮은 분야에서 더 높은 생산성과 더 큰 성과를 가져다주는 분야로 자원을 옮기는 것이다.*

그로브와 드러커는 전환 배치되어야 하는 것이 단지 물질 자원만이 아니라 동시에 인적자원이라는 점에 생각의 일치를 보았다. “어느 조직에서나 가장 귀한 자원은 성과를 내는 사람이다.”라고 드러커는 결론지었다.

전략적 변곡점은 모든 산업과 모든 회사에 언제든지 닥칠 수 있다. 예를 들어, 티디 아메리트레이드TD AMERITRADE 또는 이 트레이드E*TRADE와 같은 온라인 증권브로커 회사는 메릴린치Merrill Lynch 같은 전통적 증권 브로커 회사에 하나의 변곡점을 제공했다. 사실상 하루 저녁에 수백만 달러의 수수료가 날아갔다. 투자자들이 뉴욕 시내 영화티켓 값 정도의 수수료로 수천 주의 주식을 살 수 있는 힘을 가지

---

* 드러커는 프랑스 경제학자인 세이J.B. Say가 1800년경, 『혁신과 기업가정신Innovation and Entrepreneurship』에서 생산성이 더 높은 분야로 자원을 옮긴다는 개념에 힘입은 바 크다고 했다.

게 되었기 때문이다.

그로브는 『승자의 법칙』에서 기업이 변곡점을 예상하거나 그 충격을 경감하는 데 도움을 주기 위해 몇 가지 아이디어를 내놓았다. 한 가지 중요한 방법은 '유용한 카산드라(그리스 신화에 나오는 저주받은 예언자-역자 주)'에 귀를 기울이는 것이다. 그들은 하늘이 무너지고 종말이 다가온다고 늘 걱정하는 사람들이다. 그로브는 이런 사람들은 전략적 변곡점이 눈에 띄기 전에 지각변동을 제일 먼저 찾아낼 수 있는 별난 사람들이라고 생각했다. 그들은 보통 현장에 나가 있고 외부 관점에서 내부를 보는 시각을 가지고 있다. "그들은 보통 고위경영진보다 다가오는 변화를 더 잘 안다. 실제 세상의 바람을 정면으로 맞으면서 외부에서 많은 시간을 보내기 때문이다."라고 그로브는 강력히 주장했다. 그런 사람들은 종종 중간 경영자로 판매부서에서 근무하는 사람들인데 그들을 찾는 것은 걱정할 필요가 없다. 오히려 그들이 당신을 찾을 것이다. 그들은 자신이 염려하는 것을 경영진에 직접 넘기고 싶어 한다고 그로브는 주장했다.

이렇게 경영자들이 빈번히 실험해온 것을 알고 있는 그로브는 "혼돈이 상황을 주도하도록 하라."고 충고했다. 조직이 새로운 아이디어, 개념, 프로세스, 제품 등을 가지고 끊임없이 실험하지 않으면, 전략적 변곡점이 나타났을 때 그 변곡점의 강력한 펀치를 막아내기에는 이미 늦다.

그런 생각은 드러커의 생각을 반영하고 있었다. 드러커는 수십 년 동안 직접 관련된 주제인 '의도적 버리기'에 대해서 책을 써왔다.

그는 경영자들이 앤디 그로브가 주창한 것을 하나의 규칙으로써 충분히 실천하지 않는다고 생각했다. 대부분의 CEO는 너무 고립되어 있고 그들이 참여하는 시장으로부터 격리되어 있다. 그들은 새로운 기회를 찾기보다 내부 문제를 다루는 데 너무 많은 시간을 보낸다.

CEO들은 적절하고 충분한 질문을 자주해야 한다. 그러나 현실은 그렇지 않다. 또한 추세 변화를 찾는 데에도 충분한 시간을 들이지 않는다. 드러커는 추세 관찰이 충분치 않다고 느꼈다. 경영자들이 그로브가 묘사한 종류의 지각변동을 찾아낼 수 있도록 도와주는 것은, 차이를 만들어내는 추세의 변화를 모니터링 하는 것이다. 만약 내버려두면 회사를 침몰시킬 수 있는 그런 종류의 변화를 말한다.

파괴적 기술

시장을 뒤엎는 힘에 대해 주장하고 글을 쓴 사람들은 드러커와 앤디 그로브만이 아니다. 하버드 경영대학원의 클레이튼 크리스텐슨은 1990년대에 가장 성공적인 경영서 중 하나인 『혁신기업의 딜레마The Innovator's Dilemma』의 저자다(양장본이 너무 성공적이어서 무선제본 보급판을 출간하는 권리인 선급금이 1백만 달러에 달했다. 이는 경영서로는 거의 전대미문의 금액이었다). 그로브는 실전 경영자이고 크리스텐슨은 학자 겸 컨설턴트였지만, 두 사람이 세상을 보는 시각은 비슷했다.

크리스텐슨은 『혁신기업의 딜레마』에서 많은 경우 가장 성공적인 기업이야말로 새롭게 떠오르는 기술에 의해 자주 허를 찔리는 기업이라는 결론을 내렸다. 클레이튼 크리스텐슨은 기존 시장을 대혼란에 빠지게 하는 새로운 제품을 '파괴적 기술disruptive technology'이라 명명했다. 앤디 그로브는 그것을 '크리스텐슨 효과'라고 불렀고 〈포브스〉는 이를 '스텔스 공격'이라고 칭했다.

파괴적 기술은 새로운 가치 경쟁우위를 제공해준다. 그것은 "더 간단하고 저렴하며 더 낮은 생산성을 가진다."라고 크리스텐슨은 주장했다. 그것은 보통 더 적은 마진과 더 낮은 수익성을 수반한다. 대부분의 회사가 마진이 적은 신제품을 추구하지 않기 때문에 대규모의 주력 회사들이 파괴적 기술이 등장했을 때 기습을 당하는 것은 당연하다.

클레이튼 크리스텐슨이 『혁신기업의 딜레마』에서 보여주고자 했던 요점은 최고로 잘 나가던 많은 회사가 왜 쓰러지는지 알아보는 것이었다. 크리스텐슨의 연구에서 확인된 것은 한 회사의 성공이 다음과 같은 실패 원인이 된다는 것이다. "업계 리더가 되게 해준 그 경영방식이 결국 자신의 시장을 잠식하는 파괴적 기술을 개발하기 어렵게 만들기 때문에, 성공한 기업일수록 실패할 때가 많다."

크리스텐슨의 '파괴적 기술' 또는 '파괴적 혁신'은 항상 기존 시장을 대체하는 새로운 제품과 서비스를 창출하고 시장의 역학관계를 변화시키는 기술 혁신을 의미한다. 그것은 보다 넓은 개념이다. 그것은 비기술적인 요소나 사건에 의해서 생길 수 있기 때문이다(1920년~1933년 미국 금주령이 주류산업에 끼친 영향들을 생각해보라).*

다음은 파괴적 기술과 도전받거나 교체되는 기존 기술의 사례다.

기존 기술	파괴적 기술
말과 마차	자동차
전통 서점	온라인 서점
경영대학원	기업대학(맥도널드의 햄버거 대학, 도요타대학 등-역자 주)
표준 교과서	맞춤형 디지털 교과서
전통적 35mm 사진 촬영기술	디지털 사진 촬영기술
인쇄된 백과사전 전집	위키피디아 (무료 온라인 백과사전)

『혁신기업의 딜레마』를 결론짓는 부분에서 크리스텐슨은 경영자

* 2008년, 크리스텐슨은 그의 뉴스레터인 '전략과 혁신Strategy & Innovation'에서 파괴에 대한 그의 견해를 확립했는데, 파괴란 기술에만 국한되지 않는다고 단언했다. 예를 들면 낮은 가격이 다른 공급자들과 다른 가치사슬value chain과 작용하면서 파괴를 야기할 수 있다는 것이다.

에게 다음과 같이 충고한다. “기업은 자원이 파괴적 기술 쪽으로 흘러가도록 하기 위해, 파괴적 기술을 원하는 조직에 그 기술에 대한 책임을 부여해야 한다.”

그는 또한 파괴적 기술에 대한 책임이 다른 주력 상품들과 섞이게 해서는 안 된다고 했다. 그 대신 회사는 “작은 성과에도 매우 기뻐할 정도로 작은 규모의 조직을 별도로 세워야 한다.”고 권고했다. 앞서 논의했듯이 이와 똑같은 권고를 드러커가 했었다.

그 다음으로, 크리스텐슨은 경영자들에게 ‘실패에 대비한 계획’을 세우라고 말했다. 그는 한 번의 시도로 성공할 거라고 믿고 모든 것을 걸지 말라고 촉구했다. 대신 ‘학습 기회’로서 파괴적 기술을 상업성 있는 제품으로 만들고 필요시 방향을 수정하라고 말했다.

마지막으로, “획기적 발명에 의존하지 말라.”고 한다. 그는 경영자들에게 발 빠르게 움직여 주력 시장의 밖에서 기회를 찾으라고 가르쳤다. 거기에 새로운 시장이 있을 것이다. 새로운 것이 작은 신흥 시장에서 매력적이더라도 기존의 주력 시장에서는 비매력적일 수 있다.

이러한 비상식적 사고를 바탕으로 비평가, 기업가 그리고 학자들이 기꺼이 받아들일 정도로 『혁신기업의 딜레마』는 설득력 있는 제안되었다.

그로브와 크리스텐슨은 둘 다 드러커에 대해 칭송을 아끼지 않았다. 1998년 8월, 미국 경영학회Academy of Management에서 그로브는 출판된 지 30년이 지난 드러커의 책 『경영의 실제』를 읽고 자신이 어떻게 변화했는지를 공개적으로 밝혔다. 크리스텐슨은 드러커를 '지적 차원의 테러리스트'라 불렀다. 종종 관련 사건을 계기로 그가 심은 폭탄이 아무런 예상도 하지 못했던 독자들의 머릿속에서 몇 년 뒤에야 터지게 되기 때문이다.

혁신에 관한 소강좌

드러커는 혁신이라는 주제를 체계적인 방법으로 접근한 첫 번째 경영서의 저자다. 요점은 반드시 혁신을 위한 조직을 구성해야 한다는 것이다. "창밖을 보지 않는다면 내일을 보지 못할 것이다. 내일은 반드시 온다. 하지만 항상 다르다. 그리고 가장 강한 회사라도 미래를 준비하지 않으면 곤경에 빠질 것이며 차별성과 리더십을 상실할 것이다."라고 드러커는 말했다.

앤디 그로브와 클레이튼 크리스텐슨은 시장을 뒤엎을 수 있는 강력한 세력이 기업을 변화시키거나 또는 무의미하게 만들 수 있다고 말한다. 하지만 그로브의 전략적 변곡점과 크리스텐슨의 파괴적 기술이 경영용어집에 포함되기도 전에 이미 드러커는 비슷한 위험을 경고했다. 그가 훨씬 더 멋진 용어를 쓰지 않았을 뿐이다.

그로브와 크리스텐슨의 책 못지않게 드러커의 책이 획기적이었지만, 드러커의 업적은 언론의 관심을 받지 못했다. 이것은 드러커의 경력 중 특히 후반부에 관한 이야기이기 때문에 놀랄만한 일은 아니다. 1990년대까지 드러커와 그가 쓴 책들은 반세기 동안 인용되어 왔다. 그의 책이 계속 많이 팔렸어도(그로브와 크리스텐슨의 수십만 권에 비하면 수만 권에 불과하지만), 많은 사람이 그를 옛날 사람으로 생각했다.

대조적으로 그로브와 크리스텐슨은 참신하고 인기도 많았다. 그 인기는 언론이 숨 가쁘게 그들의 업적을 발표한 것에서 알 수 있다. 최고의 예는 1997년 〈포브스〉가 그로브와 크리스텐슨을 함께 게재한 표지 특집이었다(크리스텐슨은 표지를 액자에 넣어 사무실에 걸어놓기도 했다).

드러커가 2005년 타계한 직후까지 그의 인생 마지막 몇 년간은 〈포춘〉이나 〈비즈니스위크〉와 같은 주요 경영 전문지의 표지에서 그의 얼굴을 보기 힘들었다.

괴물에서 양에 이르기까지
피터 드러커에게 영향을 끼친 사람들

"50년 동안 써온 내 글이 조직설계, 분권화 그리고 다양성을 강조하는 한편, 그 글은 추상적 개념을 가진 여러 사상을 다루고 있다. 나는 내가 가르칠 수 있는 것은 어떤 것이든 경영진이 그것을 적용하길 원한다. 내 목표는 학문적 접근이 아니었다. 다시 말해, 인정받고자 한 것이 아니었다. 대신 항상 의미 있는 일을 하는 것이었다."

이 책을 만드는 데 나는 5년 이상 걸렸다. 하지만 1990년대 초 잭 웰치에 관한 책*을 처음 편집한 이래 오래전부터 이 책을 구상했다.

내가 웰치, GE 그리고 드러커 간의 뿌리 깊은 관계를 발견한 것은 바로 그때였다. 나는 장막 뒤에 가려져 있는 수수께끼 같은 사람에 대해 더 알고 싶었다. 그 사람은 바로 스스로가 아무 것도 경영해보

* 로버트 슬레이터Robert Slater가 쓴 『새로운 GE: 웰치는 어떻게 GE를 탈바꿈시켰나?The New GE : How Jack Welch Revived an American Institution』로 1991년 가을에 출간되었음.

지 않은 채 한 학문을 만들어낸 사람이었다.

드러커가 GE에서 했던 것을 알기 시작할 때 내게 떠오른 첫 번째 질문은 '그가 한 일들이 왜 이렇게 엄청난 영향력을 주었는가?'였다. 나는 가장 성공한 대부분의 CEO가 귀를 기울였고 스스로 '작가'라고 불렀던 이 사람을 움직이게 한 원동력이 무엇인지 알고 싶었다.

드러커와 인터뷰할 때 녹취한 것을 오랜 기간 동안 받아 적었다. 그의 매우 강한 악센트와 청력 문제로 그 테이프를 필사하는 데 1년을 꼬박 보냈다(시간이 허용될 때 작업을 했지만 말이다).

그 결과 그의 말이 귓전에서 계속 맴돌았기 때문에 인터뷰를 다시 '곱씹어' 보았다. 그러는 동안 나는 그의 책 몇 권을 두세 번씩 읽었다. 같은 책이었지만, 그와 함께 했던 시간 이후에는 그 책들은 다른 의미로 다가왔다. 그는 경이로운 지성을 가지고 있었는데 이는 작가로서는 장점이자 단점이었다. 드러커가 놀라울 정도로 많은 글을 쓴 작가임에도 불구하고 그의 책을 이해하기가 쉽지 않다는 것을 알게 되었다. 그가 이름 붙인 사상 또는 개념들은 대부분 그가 사용한 단어들보다 대단한 것이었다. 심지어 그의 기념비적인 글 중에는 문맥을 이해하기 힘든 장이나 단락도 있었다.

그는 반복적으로 주제에서 벗어나 있어서 독자들의 집중을 방해하고, 다소 이해하기 어려운 사상들을 소개하는 경향이 있었다. 이는 마치 글을 쓰는 그의 생각이 저만치 앞서가서 보조를 맞추기 위해 일부러 노력해야만 하는 것 같았다. 그는 종종 자신의 책을 제대로 만들어주는 내부 편집자 없이도 모든 생각을 책에 담았다. 나는 가끔 그가 함께 일하는 편집자로부터 얼마나 도움을 받았을까 하고 궁금해 했다(도와주겠다고 해도 거절했으며, 각 책마다 자기 뜻대로 편집했다는 생각이 든다). 그의 글을 전문 편집자가 잘 편집해주었다면 어떻게 되었을까 궁금했다.

내가 서둘러서 다시 읽고 싶었던 책은 드러커가 가장 마음에 들어 하고 그의 개인적인 사항을 깊이 다룬 『피터 드러커의 자서전』이었다. 이 책은 흔히 그의 자서전으로 불리지만 오히려 회고록과 같은데, 드러커의 설명에 의하면 자신을 위해 쓴 책이라 했다. 영국 판의 부제목 '타인의 삶과 나의 인생Other Lives and My Times'은 그 책의 목적한 바를 압축해서 잘 표현한 듯 보인다. 드러커에게 가장 큰 영향을 끼친 사람들의 모습을 생생하게 그린 그 책에 잘 어울리는 부제목이라 하겠다.

그는 서문에서 "이 책은 자서전이 아니듯, 우리 시대의 책이거나 내 시대의 책도 아니다."라고 주장했다. 하지만 우리는 그 책에 만족해야 한다. 이 책이 드러커의 실제 자서전에 최대한 가깝기 때문이다. 그는 너무 겸손해서, 주로 자신에 관한 이야기를 하는 책을 쓸 수 없었다. 그는 인생이 회고록을 낼 만큼 흥미로운 것이 아니라는 생각을 여전히 갖고 있었다.

그는 "극중의 구경꾼들은 자신에 관한 이야기가 없기 마련이다."라고 썼다. 그들은 무대에 오르지만 중요한 역할을 하지 않는다. 그렇다고 관객도 아니다. 연극의 성공은 물론 무대에 서는 배우의 성공도 관객에 달려 있다. 반면에 구경꾼의 행동은 자신 외에는 아무런 영향을 주지 못한다. 그러나 그 구경꾼은 옆에 서 있으면서 배우나 관객이 알아차리지 못하는 것들을 본다. 무엇보다도 그는 배우 또는 관객이 보는 방식과 다르게 본다. 구경꾼은 빛을 반사한다. 그 반사는 직접 비추는 거울이라기보다 프리즘이다. 프리즘은 빛을 굴절시킨다."

자신이 참여자라기보다 구경꾼이라는 드러커의 생각은 그와의 인터뷰에서 자주 나왔다. 처음에 나는 거짓 겸손에 불과하다고 생각했지만 그것은 그가 생애 마지막 날까지 한결같이 한 이야기였다. 드러커는 타계하기 6개월 전에 〈비즈니스위크〉의 존 번에게 자신이 1950년대에 일을 최고로 잘했고 그 이후의 일들은 '그보다 못한 것'으로 말했다.

드러커가 타계하기 직전에 이루어진 존 번과의 인터뷰에서 그에 대한 많은 것을 엿볼 수 있었다. 그날 드러커는 심신이 모두 힘든 모습이었다. 아마도 그것이 드러커가 자신과 자신의 정신적 유산을 평가 절하한 이유였는지도 모른다.

그는 복부암에 시달려왔고 2004년 고관절 골절이 있었다(그가 부상을 당했을 때 여전히 나와 연락을 주고받았는데, 병상에서 나에게 간단한 편지를 보낸 바 있다). "오래 사는 것보다 편히 죽게 해달라고 기도한다."라고 그는 반복적으로 말했다.

드러커가 생을 마감하는 날까지 흥미를 가진 것은 무엇보다도 사람들, 특히 타인이었다. 자신은 "어느 한 사람도 재미없는 사람을 만나본 적이 없다. 아무리 전통을 따르고 순응하며 튀지 않는 사람이라도 자신이 하는 일, 알고 있는 지식 그리고 관심사에 관해 이야기하는 순간 모두 매력적이 된다."라고 썼다.

"나는 전적으로 흥미를 끄는 사람이 아니다."라고 〈비즈니스위크〉의 존 번에게 말했다. 그리고 자신의 정신적 유산에 대해 질문 받았을 때 "나는 자기고찰적인 편이 아니다."라고 대답했다. "내가 하고 싶은 말은 몇몇 사람이 올바른 일을 효과적으로 할 수 있도록 도와주었다는 것이다. 나는 작가이지만 작가의 삶은 재미 없다. 하지만 내가 쓴 책과 작업물은 다르다."라고 중요하지 않은 듯 말했다.

나는 남들에게 많은 관심을 가졌던 사람은 당연히 그들로부터 영향을 받게 된다고 생각했다. 만약 글을 쓴 사람을 이해하려면 오늘의 그가 있게 해준 사람들, 특히 그의 인생에 많은 영향을 끼친 사람들을 이해할 필요가 있다.

다행히도 드러커는 우리와 가진 인터뷰, 그의 책들 그리고 수많은 기고문에서 다른 사람들에 관해 얘기하기를 좋아했다. 그는 어떤 리더들을 가장 존경했고 어떤 이들을 존경하지 않으며 누가 확실히 잘못되었거나 그 이상인지를 말해주었다.

세계 무대에서 드러커는 제2차 세계대전 당시의 처칠에게 최고의 점수를 주었으나 그 전쟁 이전의 처칠에게는 그렇지 않았다. 전쟁 이전의 처칠은 주류에서 벗어나 있었고, 아직 주요 인물이 아니었다. 드러커는 사건이 인물을 만들 수 있거나 적어도 그 인물로부터 장점을 이끌어낼 수 있다고 생각했다.

대통령에 관한 화제에서, 드러커는 해리 트루먼이 대통령 직을 갈수록 잘 수행한 점에 경의를 표했지만, 루스벨트 대통령이나 케네디 대통령은 별로 존경하지 않았다. 루스벨트는 자신감이 없었고 다른 사람의 능력에 위협을 느껴 주변에 잠재적 위협이 되는 사람이면 누구든 제거하곤 했다고 드러커는 주장했다.

드러커는 케네디가 다른 어떤 대통령보다 강한 카리스마를 가졌지만 거의 아무것도 이룬 것이 없다고 주장했다. 두 대통령, 특히 루스벨트는 가장 칭송 받는 세기의 지도자 중 한 사람이기 때문에 이러한 드러커의 평가는 논란을 일으킬 수 있고 사람들이 좋아하지 않는 견해였다.

그러나 대통령 또는 수상에 대한 그의 비평으로 드러커의 진면목을 알기는 어렵다. 우리는 과거로 돌아가 드러커에게 가장 영향을 준 사람들, 즉 그가 기억하고, 수십 년이 지난 후에도 기억하고 있으며, 그의 글에서 언급한 사람들의 삶을 탐구할 필요가 있다.

아래의 5가지 개략적인 이야기는 드러커의 인생의 중요한 전환점을 의미한다. 이야기들은 하나의 간단한 전기 같은 것이라기보다 오히려 시기를 달리하며 찍은 스냅사진 같은 것으로, 하나하나가 그에게 중요한 것을 가르쳐주었고 동시에 구경꾼인 우리에게도 분명한 가르침을 주고 있다.

시작

드러커의 어린 시절 이야기는 자주 거론된다. 그는 오스트리아 빈의 조용한 교외에서 자랐다. 부모는 교육을 잘 받은 분들이었다. 부친인 아돌프Adolphe는 '고위 정부관리'였고 어머니 캐롤라인Caroline은 의사였다. 어린 드러커는 오스트리아의 유명한 건축가인 조셉 호프만Josef Hoffman이 설계한 '연립주택'에서 자랐다.

그의 어린 시절에서 가장 주목할 만한 것은 부모가 주최하는 저녁 모임이었다. 매주 두세 번씩 철학자, 지성인, 변호사, 정부관리 등 많은 사람이 그의 집 응접실에 모였다. 이런 귀한 손님들 중에서 가장 눈에 띄는 사람은 비엔나 학파Vienna Circle 회원들이었다.

엘리트 철학자들은 오스트리아에서 최고이자 가장 명석한 사람들이었고 비슷한 신앙과 세계관을 가지고 있었다. 그들은 "경험은 유일한 지식의 원천이며 다음으로 기호논리학을 바탕으로 한 논리적 분석이 철학적 문제를 푸는 데 선호되는 방법론이다."라고 믿었다.

한 단골손님은 20세기에 가장 유명한 경제학자 중 하나로, 드러커 아버지와 사업상 관계가 있었던 조지프 슘페터Joseph Schumpeter였다. 사회에서 기업가의 중요성에 대해 처음으로 글을 쓴 사람이었으며, 기술 변화와 혁신을 기업가의 공으로 돌렸다. 그는 나중에 하버드대학에 재직하면서 대기업들이 연구 개발에 필요한 자원을 가지고 있었기 때문에 혁신을 촉발했다고 주장했다.

드러커는 8살 때 지그문트 프로이트를 만났다. 프로이트와 드러커 가족은 같이 점심을 먹고 가까운 호수에서 휴가를 보내곤 했다. 드러커 아버지는 어린 드러커에게 "오늘 너는 오스트리아에서, 그리고 아마 유럽에서도 가장 중요한 분을 만났다는 사실을 기억하라." 고 말했다. "황제보다도 더 중요한 분인가요?" 하고 묻자 "그럼! 황제보다 더 중요하지."라고 확실하게 대답해주었다.

피터는 그날뿐 아니라, 자기 집에서 열린 많은 파티에서 배운 것을 잊지 않았다. 젊은 사람으로서는 대화의 수준이 높았지만 피터는 이러한 모임에 참여하도록 허락 받았다(다시 말해서, 9시 30분 취침할 때까지였다. 10시 30분쯤에는 손님들이 도심으로 가는 기차를 타기 위해 돌아갔다). 드러커는 훗날 당시 저녁에 열렸던 열띤 토론에 대해 언급했을 때 "그것은 나에게 많은 교육이 되었다."라고 말했다.

그것은 분명히 그가 받은 교육의 시작이었다. 비엔나 학파 회원들과 조지프 슘페터와 같은 주요 사상가들의 신념과 이론에서 드러커 철학의 뿌리가 형성되기 시작했음을 알 수 있다. 또한 미술, 철학, 종교, 과학, 법률, 사회학, 사업, 문학 등 많은 주제에 대한 드러커의 뜨거운 관심은 그의 집에 오는 사람들이 공유한 다양한 분야를 반영하고 있다.

일생을 통틀어 드러커에게 영향을 미친 사람들이 많다. 그들을 모두 적는다면 그 자체로 책 한 권이 될 것이다. 드러커는 실제로 『피터 드러커의 자서전』이라는 책을 썼다. 이 에필로그의 대부분은 그 책에서 유래하고 있다. 그가 쓴 많은 책들과 마찬가지로, 이 책은 아주 주의 깊게 보면 보석 같은 내용이 많이 있음에도 불구하고 잘 알려지지 않았다.

드러커는 "『피터 드러커의 자서전』은 하나하나가 짧고 독립적인 이야기를 담은 책이다. 그러나 사회를 묘사하고자 한 책으로 지금 살아있는 사람들은 거의 상상할 수 없는 것들(예를 들어 유럽 내전, 뉴딜시대, 제2차 세계대전 직후의 미국)에 대한 본질, 맛, 느낌을 포착하고 전달하고자 했다."고 말했다.

이 책이 전하고자 하는 내용은 대단했지만, 나는 다른 것을 발견했다. 그가 쓴 많은 책, 기사, 인터뷰 그리고 그에 관한 다른 책들에서는 좀처럼 그를 이해하기 어려웠는데 이 책에서 나는 인간 드러커를 발견했다. 드러커와 같이 보기 드문 사람이 어떻게 나타났는지를 이른바 '다른 사람들의 삶' 속에서 알아낼 수 있었다.

바보 할머니

『피터 드러커의 자서전』 첫 장은 자신의 할머니에 대해 말하고 있다. 상상력이 가장 풍부한 시나리오 작가조차도 꾸며낼 수 없는 인물인 피터의 할머니는 40살에 과부가 되었다. 그녀는 심장을 상하게 한 류마티스 열을 포함하여 매우 많은 병에 시달렸다. 또한 심한 관절염으로 손가락 마디가 부풀었고, 거의 귀가 들리지 않았다. 그러나 건강에 문제가 있어도 그녀는 계속 돌아다녔다. 피터가 기억하기에 할머니는 지팡이로 썼던 커다란 검은색 우산과 '그녀 자신만큼이나 무게가 나가는 쇼핑백'을 들고 시내를 바쁘게 돌아다녔다고 한다.

그를 아는 모든 사람과 그녀의 딸, 조카들조차 그녀를 할머니라고 불렀다. 모든 가족이 즐겨 거론하는 할머니에 대한 이야기를 들으면, 아무리 터무니없는 일이라도 자기 방식대로 사는 기이한 노파였음을 알 수 있다.

그런 이유로 그녀는 '가족 중 제일 바보'라는 별명을 얻었다. 본인도 이를 부인하지 않았다. 사실 그녀는 기회가 있을 때마다 스스로를 '바보 할매'라고 불렀는데 그녀가 하는 질문과 그녀가 한 일들을 보면 왜 그런지 알 수 있었다. 예를 들면, 그녀의 남편이 '큰 재산'을 물려주었음에도 오스트리아의 인플레이션으로 인해 그녀는 '교회의 쥐'처럼 가난해졌다. '가족들이 인정하는 경제학자'라고 불렀던 드러커의 아버지조차 아무리 노력해도 그녀에게 인플레이션의 개념을 설명할 수 없었다.

예를 하나 더 들면, 계속 나빠지는 그녀의 경제 상황 때문에 2개의 조그만 방이 있는 집으로 규모를 줄였다. 그녀의 물건들이 그 집에 더 이상 어울리지 않자 소지품을 큰 쇼핑백에 싸서 은행으로 가져갔다. 그때 그녀의 은행계좌에는 단지 '몇 푼'밖에 없었다. 그러나 사망한 남편이 그 은행을 설립하고 죽기 전까지 회장으로 있었기에 그에게 느꼈던 존경심으로 그녀는 직원들로부터 예우를 받았다.

그녀가 쇼핑백에 든 물건들을 그녀의 계좌에 입금하려 하자 은행 관리자가 '물건'은 계좌에 입금할 수 없고 돈만 가능하다고 설명했다. 할머니는 그 남자를 '치사하고 배은망덕한' 놈이라며 계좌를 폐쇄하고 손에 몇 푼을 쥔 채 같은 은행의 다른 지점으로 가서 새 계좌를 열었다. 하지만 '바보 할매' 이야기는 드러커가 분명히 소중하게 생각하고 있는 그런 할머니의 전부는 아니었다. 그녀는 자신이 만났던 사람들과의 의미 있는 일을 항상 기억했고, 모든 사람을 존경심을 갖고 대했다.

심지어 할머니는 자신의 아파트 밖에서 사는 창녀에게도 자신의 브랜드인 예의를 갖추었다. 모든 사람이 창녀를 무시했지만 할머니는 항상 리지 양에게 인사를 건넸고, 밤 날씨가 추울 때는 따뜻하게 입었느냐고 묻고, 그녀에게 약을 갖다 주기 위해 다섯 계단을 오르내리기도 했다.

아무도 할머니가 똑똑하다고 생각하지 않았지만 그녀는 다른 사람들이 할 수 없는 일들을 했다. 예를 들면, 1918년 이전에는 누구도 어느 곳을 가기 위해 여행 서류를 준비할 필요가 없었다. 그러나 '구 오스트리아'가 붕괴된 이후 정부는 여행을 가급적 까다롭게 하고 여권과 비자를 받도록 했다. 그러한 서류를 발급받는 것은 계속해서 몇 시간씩 줄서서 기다린 다음, 결국 추가 서류 또는 다른 서류가 필요하다는 얘기를 듣고 새로 모든 일을 다시 하는 것을 의미한다. 그러나 할머니는 그런 절차를 피해서 지름길을 찾았다. 드러커의 아버지가 오스트리아 경제부처 고위 공무원이었기 때문에 그녀는 경제부처 연락관에게 가서 하나도 아닌 4개의 여권을 받아냈다(영국, 오스트리아, 체코, 헝가리).

드러커의 아버지가 그녀가 한 일을 듣고 알았을 때 "부처의 연락관은 공무원이며 개인적 용무로 이용되어서는 안 된다."고 소리쳤다. 할머니는 조용히 이렇게 대꾸했다. "내가 그것을 모르는 건 아니지만 나도 공무원 사회의 일원 아닌가?"

그러나 할머니에 관한 최고의 일화는 그녀의 삶에서 마지막으로 일어난 것이다. 드러커는 그 이야기를 『피터 드러커의 자서전』에서 자부심을 갖고 말한다.

때는 바야흐로 1930년대 초, 할머니와 피터가 시내 전차를 타고 가고 있는데 나치당의 만(卍)자 배지를 단 젊은 남자가 차에 올랐다. 할머니는 조용히 앉아 있을 수가 없어서 일어나 자신이 가지고 있던 우산으로 그 젊은 나치 당원을 찌르며 "나는 너희 정치가 무엇인지 신경 쓰지 않아. 어느 정도는 공감하지만 당신은 지적이고 교육받은 젊은이 같은데(그 배지를 가리키며) 이 물건이 어떤 사람들에게는 감정을 해칠 수 있다는 걸 알아? 여드름을 가지고 놀리면 예의 없듯이 누구의 종교를 모독하는 것도 예의가 아니야. 당신도 여드름투성이

망나니로 불리고 싶지 않지?"

드러커는 무슨 일이 일어날까 두려워 숨을 죽이고 있었다고 썼다. 당시만 해도 나치 당원들은 '양심의 가책을 느끼지 않고 노인의 입을 발로 차도록 훈련' 받았기 때문이다. 그 젊은 나치 당원은 배지를 떼어 주머니에 넣었고 몇 분 뒤 전차에서 내릴 때 할머니에게 모자에 손을 대고 인사하자 드러커는 안도의 한숨을 쉬었다. 가족들은 그녀가 모험삼아 무작정 해버리는 일에 아연실색하면서도 그녀의 행동이 멋지다고 생각하며 즐거워했다.

당시, 드러커의 아버지는 오스트리아에서 나치 활동을 금지하려 했으나 뜻대로 되지 않았다. "할머니가 내내 모든 전차에 탈 수 있으면 좋으련만," 하고 드러커는 웃었다.

드러커가 할머니의 신분인 '바보 할머니'에 의문을 갖기 시작한 것은 바로 그때였다. "그녀의 어리석음이 톡톡히 효과를 본 경우는 한두 가지가 아니다."라고 책에 썼다. "할머니는 며칠간 계속해서 줄을 설 필요 없이 전쟁 후 국경을 넘나들었고, 식료품 가게 주인한테 가격을 내리게 했고, 그 젊은이의 나치 배지를 떼도록 했다."

드러커는 "수년 동안 나치들과 논쟁을 벌여왔으나 조금도 성과가 없었다고 설명했다. 그러나 여기에 바로 막무가내의 할머니가 있었고 그것이 통했다."라고 했다. 드러커는 할머니가 세련되거나 명석하거나 지성은 부족해도 "지혜를 가지고 있지 않았는가 하고 생각하기 시작했다. 물론 할머니가 웃기기도 했지만, 혹시 할머니가 정말로 옳았던 것은 아닐까?"라고 말했다. 드러커는 할머니가 "기본적인 가치를 실천했으며 그 가치를 20세기 속으로 투입시키고자 했고 최소한 자신의 가치 세계로 투입시키려 노력했다."라고 결론지었다

드러커의 가장 위대한 스승들

일류 교육자로 입증되었고, 하버드대학과 세계적인 교육기관의 교수직 제안을 거절했던 피터 드러커는 4학년 때 만난 2명의 교사보다 더 나은 선생님을 만난 적이 없었다. 그들은 미스 엘사와 미스 소피로 자매였다.

엘사 선생님은 그가 다닌 학교가 12년 전 개교한 이래로 줄곧 교장선생님을 역임하고 있었다. 그녀는 또한 드러커의 담임이었다. 그것은 그녀가 드러커와 매주 6일씩 하루 4시간을 함께 했다는 것을 의미했다.

엘사 선생님은 학생들이 얼마나 알고 있는지 측정하기 위해 3주간 퀴즈와 시험으로 학기를 시작할 것이라고 설명했다. 드러커는 벌어질 상황에 겁을 먹었으나 결국 재미있다는 것을 알았다. 학생들 스스로가 또는 서로가 등급을 매기도록 했기 때문이다.

3주간의 테스트 기간을 마치고 선생님은 학생들과 일대일 대화를 했고 학생들이 무엇을 잘했다고 생각하는지 물었다.

그녀는 드러커가 읽기를 아주 잘한다는 점에 드러커와 생각을 같

이 했다. 그리고 드러커에게는 작문 실습이 더 필요하다고 말하면서 드러커에게 매주 2개의 작문을 써오라고 했다. 하나의 주제는 선생님이 내주고 다른 하나는 스스로 생각한 것이었다.

마지막으로, 선생님은 드러커에게 수학 실력을 과소평가하고 있다고 말했다. 선생님은 드러커에게 수학을 잘한다고 말했는데 그 말을 들은 드러커는 깜짝 놀랐다. 다른 선생님들은 드러커가 수학을 못한다고 했기 때문이다. "시험 성적은 별로야. 하지만 네가 수학을 몰라서가 아니라 너무 건성으로 보고 검산을 안 하기 때문이야. 너는 다른 학생들보다 실수를 더 하지는 않는데 단지 어느 것이 실수인지를 알지 못하는구나. 올해에는 실수를 찾아내는 방법을 가르쳐 줄 텐데, 네가 그렇게 할 수 있도록 네가 속한 줄과 앞줄에 앉는 5명의 친구들과 함께 수학 풀이를 해보라고 할 거야."라고 침착하게 설명했다.

엘사 선생님은 드러커를 매주 한 번씩 만나 잘하고 있는지 점검할 것이라고 했다. 어떤 학생이 반복적으로 부정행위와 같은 부적절한 행동을 했을 때 엘사 선생님은 '혹독하게' 혼냈다. 그러나 다른 학생들 앞에서는 꾸짖지 않고 항상 따로 불러 말했다.

엘사 선생님은 학생 각각의 강점에 초점을 맞춘 다음, 강점을 개발하기 위해 단기와 장기 목표를 세웠다. 그 다음에, 반드시 그 다음에 약점에 초점을 맞추었다. 그리고 나서 학생들이 자신의 실력을 향상시키고 스스로를 지도할 수 있도록 일종의 피드백을 해주었다

(이것은 나중에 드러커의 핵심 원리가 되며 '모든 발전은 스스로 이루어지기 때문에' 근로자에게 스스로를 지도하도록 피드백을 해주어야 한다고 말했다).

학년 초에 선생님은 드러커에게 뛰어나게 잘한 점에 대해서도 칭찬을 남발하지 않을 것이며, 칭찬은 아주 드물게 할 것이라고 말했다. 그리고 말은 하지 않았지만 "우리가 강화할 필요가 있는 부분과 특히 잠재력을 가지고 있는 분야에서 향상되거나 진보하지 않는다면 벌을 주는 천사처럼 우리를 혼냈을 것이다."라고 드러커는 썼다.

엘사 선생님의 위대한 점을 기술하면서 드러커는 "선생님은 조금도 '어리다는 것에'가 아닌 그들이 '배우는 것'에 관심을 가졌다. 그러나 선생님은 첫 주가 지나기도 전에 모든 학생의 이름과 특징 그리고 무엇보다도 그들의 강점을 알아냈다....(중략) 우리는 선생님을 사랑하진 않았지만 존경했다."라고 말했다.

"대조적으로, 소피 선생님은 전적으로 '어린이 관점' 위주였다."라고 드러커는 말했다. 학생들이 모두 "그녀에게 모여들었다." 그녀의 무릎에는 항상 한 학생이 앉아 있었고 어떤 일이 잘못되었을 때 심지어 가장 키가 큰 아이조차도 선생님에게 달려갔다.

학생들은 소피 선생님에게 자신의 문제와 자랑거리를 가져왔고 학생의 이름을 모른다 해도 항상 그 자리에서 등을 두드려주거나 안아주며 칭찬하고 축하해주었다.

선생님은 작업실에서 미술과 공예를 가르쳤는데, 작업실은 드러커의 묘사에 의하면 매력적인 곳으로 이젤, 크레용, 붓, 손 연장, 해며, 어린이용 재봉틀 등 학생들이 찾고 싶은 모든 것이 있었다.

소피 선생님은 학생들이 거의 모든 것을 시도해보도록 했다. "항상 도와주려 했고, 충고하거나 비판하지 않았다."라고 썼다. 선생님은 학생들을 '몸짓 또는 표정으로 그리고 조용하게' 가르쳤다. 그림을 그리거나 목공 작업을 하고 있는 학생을 관찰하면서 잠시 기다렸다가 자신의 조그만 손(그녀는 왜소했다)을 가지고 그 학생이 이해할 때까지 손을 이끌어주곤 했다. 또는 만약 어떤 학생이 그림을 그릴 수 없으면 크레용이나 붓을 들고 고양이를 고양이로 알아보는 모든 요소를 가진 단순한 모양을 그렸다. 그 학생이 형체가 다 나오기 전의 고양이를 보고 갑자기 웃기 시작했다. 그 모습에 선생님은 얼굴에 미소를 머금었다. 미소는 선생님이 할 수 있는 유일한 칭찬이었다. 선생님은 무엇으로든 한 번도 학생들을 비판하지 않았다.

드러커는 엘사 선생님을 '소크라테스 문답교수법의 전형'이라고 칭했고 소피 선생님은 '도(道)의 대가'라고 칭했다. 그러고 나서 드러커는 이런 고백을 했다. "소득이 필요해서 내가 교직에 몸담았지만, 아무튼 2명의 훌륭한 선생님이 없었다면 가능하지 않았을 것이다. 내 기억에 엘사와 소피 선생님이 없었다면 스스로 공부조차 하지 못했을 것이다." 그들은 드러커에게 높은 자질과 열정 그리고 재미있게 가르치고 배우는 것이 가능하다는 것을 알려줬다. 이 두 선생님이 기준을 세웠고 모범을 보여주었다.

괴물과 양

1932년 봄, 드러커는 프랑크푸르트를 떠나기로 결심한다. 나치당이 그 이듬해에 정권을 잡게 되면 독일이 의미하는 바가 무엇인지를 알기 때문이었다.

1927년, 드러커는 함부르크에 있는 한 수출회사에서 일하기 위해 독일에 갔다. 1년 정도 지난 후 프랑크푸르트로 옮겨 처음에는 월스트리트에 본사를 둔 상업은행의 유럽지점에서 일을 시작했다. 그러나 1929년 대공황으로 일자리는 사라졌고 대신 프랑크푸르트에서 가장 인기 있는 신문사의 재무담당 기자가 되었다. 드러커는 2년이 지나자 외국과 경제뉴스를 담당하는 고위직으로 고속 승진했다.

드러커는 자기가 잘 나서가 아니라 제1차 세계대전 종전 후 유럽의 상황 덕분에 잘나갈 수 있었다고 말했다. "내가 20대 초반에 큰 신문사에서 선임편집자가 되었는데 그것은 내가 잘해서가 아니고 나보다 앞선 세대가 별로 없었기 때문이다. 내가 20살 때는 30대가 없었다. 그들은 격전지였던 플랑드르Flanders, 베르던Verdun, 러시아 및 이손초Isonzo 등에 있는 묘지에 누워 있었다....(중략) 오늘날 사람들, 특히 미국 사람들은 제1차 세계대전으로 유럽의 리더십이 어떻게 짓밟혔는지를 거의 모른다."

드러커는 일을 잘했고 심지어 국제법과 공법 분야에서 1931년에 22살의 나이로 박사학위를 받았다. 그는 정규직 기자로 일하면서 법을 가르쳤고 여러 잡지에 기고를 했다. 그리고 본인이 신문사에서 일하기에는 너무 성장했다고 느낀 나머지, 새로운 일자리를 찾기 시작했으며 동시에 독일을 떠날 채비도 했다. 히틀러와 나치 하의 미래는 드러커에게 생각조차 할 수 없는 것이었다. 그래서 그는 "나치가 나를 끌어들이지 못하게 하고 마찬가지로 나도 나치와 관계를 맺지 못하게 하는 계획"을 생각해냈다고 설명했다.

드러커는 책을 쓰기로 결정했다. 책이라고 할 수는 없었고 실제로는 소책자로, 같은 유태인이자 독일에서 유일한 정치 철학자였던 프리드리히 슈탈Friedrich Julius Stahl에 대해 쓰기로 결심했다. 드러커의 말을 빌리면, 자유를 지지하는 학자를 긍정적으로 묘사한 이 책은 '나치즘에 대한 정면 공격'이었다.

드러커가 예상한 대로, 그 책은 빛을 보지 못했고 나치에 의해 불태워졌다. 그럼에도 드러커가 그 일을 추구한 것은 중요했다. "그것은 내가 어디에 서 있는가를 매우 명확하게 해주었고, 아무도 신경 쓰지 않는다 해도 나 자신이 떳떳하기 위해서 내 목소리를 내야만 했다."라고 드러커는 밝혔다.

드러커는 슈탈에 관한 책이 나온 후 4년이 지나 소책자에 지나지 않는 작은 책을 또 하나 출간했다. 그것은 『독일에서의 유태인 문제The Jewish Question in Germany』였으며 이 책 역시 불태워졌다. 유일하게 남은 한 권은 책에 나치의 상징인 만(卐)자 도장이 찍힌 채, 오스트리아 국립문서고에 있다.

드러커는 히틀러가 선거에서 이기고 1933년 1월 31일 정권을 잡은 것에 놀라지 않았지만, 그는 히틀러와 나치당원들을 두려워했다. 그리고 1927년(히틀러가 선거에서 진 직후) 나치당이 언젠가 집권할 것이라고 정확히 예견했다.

하나의 주목할 만한 사건을 계기로 드러커는 완전히 독일을 떠나야 한다고 결심했다. 그는 프랑크푸르트대학의 교수로 있으면서 한 번도 교수회의에 나간 적이 없었지만, 새로 설치된 나치 정치위원이 주관하는 첫 회의에 참석했다. 그 회의는 재앙이었다.

첫 발표 내용은 모든 유태인 교수의 강의를 즉시 폐강하며 급여 없이 해고된다는 것이었다. 그 다음 나치 정치위원이 장황한 욕설 연설을 시작했을 때 상황은 훨씬 더 나빠졌다. 드러커는 교수단 개개인에게 명령을 따르든지 아니면 강제수용소로 가든지 선택하라고 협박했다. 드러커는 이틀 내에 독일을 떠나야겠다고 결심했다.

드러커는 집에 도착했을 때 슈탈에 관한 책의 인쇄 교정본이 있어서 감사하게 생각했다. 드러커는 그날 밤 바로 교정본을 읽었다. 10시쯤 피곤해질 무렵 누군가가 노크를 했다. 현관에서 히틀러의 돌격부대원을 보았을 때 그는 깜짝 놀랐다. '심장이 멈추는 것' 같았다고 말했다. 그 사람이 드러커가 근무했던 신문사의 동료였던 헨슈임을 알아차리고는 조금 안도가 되었다.

헨슈에 관해 두 가지 기억할 만한 일은 그에게 예쁜 유태인 여자 친구(히틀러가 정권을 잡은 후 헤어졌음)가 있었고, 헨슈가 공산당과 나치당의 당원이라는 것이었다.

헨슈는 드러커가 신문사를 그만둔(교수직도 포함) 사실을 듣고 신문사를 떠나지 말라고 했다. 드러커는 들으려 하지 않았다. 그러고 나서 헨슈는 태도를 돌변하여 격한 감정을 쏟아냈다. 그는 드러커에게 자신이 드러커를 많이 부러워했고 드러커만큼 영리하지 못했으며 자신도 신문사를 떠나고 싶었지만 떠날 수 없었다고 말했다. 그는 돈과 지위와 권력을 원했다. 그리고 나치당에서 당원 서열이 높기 때문에(더 많은 힘이 있음을 의미함) 이제 중요한 인물이 될 거라고 말했다. "내 말을 기억해! 이제 나에 대해서 많은 것을 듣게 될 것이야."라고 드러커에게 말했다.

그때 드러커는 미래를 보았다. 그는 히틀러 자신이 쓴 책 『나의 투쟁Mein Kampf』(1925년 출간되었을 때는 실패작이었으나 히틀러가 권력을 장악한 후 성경만큼 팔린 베스트셀러가 되었다)에서 한 약속을 지킬 것으로 예상했다. 그 책은 몇 년 후 유럽을 사로잡은 대량 학살 방법서였다. "그는 끔찍하고 피비린내 나는 잔학한 일이 세계를 급습하며 갑자기 다가오고 있음을 알았다."

드러커는 처음 쓴 책(경영서는 아님)인 『경제인의 종말The End of Economic Man: A Study of the New Totalitarianism』에서 홀로코스트를 예상했다. 그리고 헨슈가 찾아온 그날 밤 드러커는 히틀러가 살육을 자행할 것으로 예견했다. 헨슈는 보통 사람이었고 인상적이지 않았다. 그가 평범하다는 것은 수십만, 심지어 수백만 명의 사람이 그와 같이 히틀러의 조직적인 살육에 기꺼이 굴복하고 있음을 의미했다.

드러커는 1937년 미국에 도착했다. 그리고 헨슈에 대해서는 다시 듣지 못했다. 그러나 나치가 1945년 패망한 후 〈뉴욕타임스〉에 난 다음의 짧은 기사가 그를 놀라게 했다.

'미국이 수배중인 1급 전범인 라인홀트 헨슈는 프랑크푸르트의 폭격 맞은 어느 집 지하실에서 미군들에 의해 생포되었을 때 자살했다. 헨슈는 중장 계급을 달고 나치 친위대의 부부대장으로서 악명 높은 정예부대를 지휘했고 유태인과 다른 적국에 대한 말소작전을 맡고 있었다....(중략) 그는 매우 잔인하고 흉포했으며 피에 굶주렸기 때문에 부하들에게조차 '괴물'로 알려져 있었다.'

드러커는 1933년 독일을 빠져나와 계획대로 빈으로 갔고, 몇 주 후 영국으로 옮겼다. 거기서 한 사람을 알게 되는데 그는 백작 알버트 몽트겔라스로 매우 존경받는 독일 언론인이었다. 드러커는 빈을 떠나기 전에 그에게 메모를 보냈는데 백작에게서 가급적 빨리 오라는 전보를 받고는 놀랐다. 전보 문구는 "나는 당신이 필요해."였다.

드러커가 도착했을 때 백작은 나치가 권력을 장악한 직후 직책을 사임하고 사무실에서 짐을 싸고 있었다. 백작은 뉴욕 출신의 존경받는 기자 폴 쉐이퍼가 베를린 신문의 편집자 자리를 제안 받고 이를 수락할 것이라고 몹시 걱정했다. 50년 이상 그 신문은 〈뉴욕타임스〉나 영국의 〈더 타임〉 못지않은 평판을 누렸다고 드러커는 설명했다. 쉐이퍼는 루스벨트 대통령이 뉴욕 주지사였을 때부터 대통령

취임 때까지 줄곧 그에 대한 기사를 써왔다.

쉐이퍼는 누구한테도 바보 취급받는 것을 허락하지 않았다. 그는 누구보다도 나치가 꾀하는 것이 무엇인지 잘 알고 있었다. 그러나 그는 의미 있는 일을 할 수 있을 것이라고 생각했다. "이 일을 수락한 것은 정확히 공포 때문이었다."라고 그는 밝혔다. 또한 "최악을 예방할 수 있는 사람은 나밖에 없다. 나치는 나와 〈베를린신문〉을 필요로 할 것이다....(중략) 그들은 나처럼 서방세계를 알고 인맥을 갖고 있고 실력자들을 알고 있는 사람을 필요로 할 것이다."

백작은 쉐이퍼에게 나치가 당신을 이용해서 "나치를 찬양하게 하고 외부세계를 속이는 것" 아니냐고 물었다. 쉐이퍼는 더욱이 〈타임지〉 출판국의 헨리 루스로부터 〈타임〉, 〈포춘〉 그리고 장차 예정된 사진잡지 〈라이프Life〉의 수석 유럽 특파원 자리를 서면으로 제안 받았으며, 그 자리가 최고 직책에 오를 수 있는 서열이라는 언질도 받았다. 쉐이퍼의 아내는 루스의 일을 맡아줄 것을 애원했다. 그러나 쉐이퍼는 누구의 말도 듣지 않았다. 그는 나치가 정권을 잡은 직후 해고되었지만 자신의 멘토인 〈베를린신문〉의 유태인 편집자에게 은혜를 입었다고 느꼈다. 그리고 또한 조국에 은혜를 입었기 때문에 그 일을 수락했다고 생각했다.

처음부터, 나치는 드러커와 백작이 걱정한 그대로 그를 이용했다. "그에게 직책과 돈 그리고 명예가 쌓였다."라고 드러커는 설명했다. "나치의 언론은 그를 편집장으로 임명한 것을 예로 들어 해외 언론이 말하는 나치에 관한 이야기와 나치의 언론에 대한 태도는 유태인들의 야비한 거짓말이라고 했다. 나치의 잔학성이 외부에 알려질 때마다 그런 사건들은 예외적인 것으로 더 이상 재발되지 않을 것임을 확신시키기 위해 쉐이퍼는 베를린 주재 외국대사관이나 해외 특파원들과의 미팅에 급파되었다.

쉐이퍼가 그 일을 맡은 지 2년 후, 그는 물론 〈베를린신문〉도 나치에 철저히 이용당한 후 "청산되어 흔적도 없이 사라졌다."라고 드러커는 전했다.

드러커는 '괴물과 양'이라고 명명한 어느 장에서 라인홀트 헨슈와 폴 쉐이퍼 두 사람의 의미를 회고했다. 그는 독일계 미국인 철학자 한나 아렌트Hannah Arendt가 나치 전범인 아돌프 아이히만Adolf Eichmann에 대해서 쓴 책에서 그녀가 언급한 '악의 평범성the banality of evil'을 인용했다. 드러커는 그 말을 '매우 부적절한 표현'이라고 말했다.

"악은 결코 눈에 잘 띄지 않는다. 그러나 악을 행하는 사람들은 종종 눈에 띈다. 악은 괴물과 같고 인간은 보잘것없기 때문에 헨슈와 쉐이퍼 같은 사람들에 의해 작동한다....(중략) 그리고 악은 결코 명백히 드러나지 않지만 악을 행하는 인간은 매우 잘 드러난다. 그렇다고 어떤 조건에서도 인간을 악으로 다뤄서는 안 된다. 그 조건은 악에 기반을 둔 것이지 결코 인간에 기반을 둔 것이 아니기 때문이다. 인간은 헨슈류의 사람들처럼 자신의 야욕을 위해 악을 이용할 생각을 할 때는 악의 수단이 되며, 쉐이퍼류의 사람들처럼 더 나빠지는 것을 막기 위해 악의 소굴로 들어간다."라고 드러커는 주장했다.

드러커는 '누가 더 해로운가? 그 괴물? 아니면 그 양?'이라는 질문을 하면서 그 기사를 마쳤다. 어느 것이 더 나쁜가? 권력에 대한 욕망을 가진 헨슈인가, 쉐이퍼인가? 아마도 가장 무거운 죄악은 이 두 사람의 죄악 중 어느 것도 아닌 새로운 21세기의 무관심일 것이다. '나의 주를 십자가에 매달 때 거기 너 있었는가?'라는 찬송가 가사처럼 죽이지도 않고 거짓말도 하지 않았으나 증언하기를 거부하는 유명한 생화학자의 죄악일 것이다.

이들은 피터 드러커를 드러커라는 인물이 되도록 도와준 단지 몇 사람 그리고 몇 개의 사건에 불과하다. 다른 사람들도 셀 수 없이 많다. 나는 이 사람들이 드러커에게 매우 광범위하게 영향을 미쳤기 때문에 이 사람들을 고른 것이다.

그들은 다른 사람이 하지 않았던 방식으로 드러커에게 영향을 주었다. 이 주제는 드러커의 글과 인생에서 항상 나타난다. 이들은 드러커의 정신세계에 미친 영향 이상으로 드러커의 인간성에 영향을 미쳤다. 그들은 또한 드러커에게 제한적이 아닌 다각적인 세계관을 제공했다.

드러커 부모님의 파티에 참석했던 사람들은 정치학, 미술, 과학, 법률, 경제학 등을 포함해 많은 것에 관심을 갖도록 드러커를 가르쳤다. 그들은 드러커의 마음을 열어주었고 그가 훗날 하게 될 일들을 모두 준비하게 해주었다.

드러커의 할머니는 물론 '바보 할매' 그 이상이었다. 그녀는 겸손과 지혜로 가득했다. 그녀는 또한 대단한 용기를 드러내 보였는데 그것은 드러커도 듬뿍 지니고 있는 자질이다. 할머니와 드러커는 둘 다 훗날 나름대로 나치즘에 맞서게 된다. 그의 할머니는 전차에서, 드러커는 금지된 원고로 말이다.

엘사 선생님과 소피 선생님은 가르치는 일이 매력적인 직업이라는 사실을 드러커에게 가르쳐주었다. 만약 4학년 때 그 두 분이 없었다면 가르치는 일에 인생을 바치지 않았을 거라고 고백했다.

두 선생님은 드러커에게 강점에 초점을 맞추라고 가르쳤다. 엘사 선생님은 결과가 가장 중요하기 때문에 최종 결과물, 즉 배우는 것에 초점을 맞추라고 가르쳤다. 사람은 배우기 위해 자기가 무엇을 제일 잘하는지 그리고 더 노력해야 할 분야는 무엇인지 알아야 한다는 것이다.

엘사 선생님의 테스트 그리고 이어진 학생들의 자기 평가는 학생 개개인이 자기 개발을 하기 위해 필요로 하는 강점들을 발견하는 데 도움을 주었다. 그것은 드러커의 핵심 경영 원리가 되었다. 『경영의 실제』에서 그는 이렇게 썼다. "경영자는 자기 자신의 실적을 측정하기 위해 필요한 정보를 가지고 있어야 하며, 원하는 결과를 위해서는 변화할 수 있도록 곧바로 그 정보를 입수해야 한다.

드러커는 동시대 작가들이 거의 경험하지 못한 두 차례의 세계대전을 직접 겪었다. '괴물과 양'에 대한 그의 경험은 파시즘과 나치즘을 자신의 직접적인 문제로 받아들이게 만들었다. 1920년대 후반부터 1933년 히틀러가 승리할 때까지 나치가 정치적으로 부상하는 것을 그는 직접 목격했다. 그는 독일을 떠나기 전날 밤, 나중에 괴물로 알려지게 되는 헨슈가 찾아왔을 때 미래를 내다보았다. 그는 나치즘을 하나의 사회적 현상으로 생각했다. 그로부터 한참 뒤 그가 쓴 『경제인의 종말』을 학자들이 거부하는 이유다. 또한 드러커는 교만이라는 것도 헨슈와 같은 괴물처럼 강력하게 파멸시킬 수 있다는 것을 깨달았다.

나만이 최악을 막을 수 있다는 폴 쉐이퍼의 믿음은 재앙적 결과를 초래했다. 그의 좋은 의도에도 불구하고 곧바로 나치에 좋도록 행동한 공범이 되었다. 그는 세계 무대에서 나치의 앞잡이가 되어 그들이 계속 저지른 전쟁과 대량 학살을 정당화했다. 나치가 지배하던 유럽에서 실제 벌어지고 있는 일을 숨김으로써 다른 세계 지도자들이 중립을 지키도록 도왔던 것이다.

종국적으로 드러커는 양을 괴물만큼 파괴적이라 생각했다. 둘 다 공히 그의 마음속에 선명한 이미지를 남겼다. 이 두 사람을 알게 되면서, 자신이 무엇을 반대하는지 정확히 알았다. 그가 글을 쓰고, 가르치고, 컨설팅을 하는 모든 과정에서 지식과 학습을 확산하고, 사람들을 육성하며, 우리의 기관을 향상시키고, 다른 사람들에게 그들도 할 수 있는 방법을 보여주고자 노력했다. 그는 일생 동안 교만이라는 죄악에 굴복한 적이 없는 겸손한 사람이었다. 그는 실수했을 때 인정했고 거기에서 배웠으며 다시 시작했다.

드러커의 전기 작가인 엘리자베스 하스 에더샤임에 따르면, 드러커가 20세기 첫 10년 동안 유럽에서 일어난 사건들을 가까이서 보며 가진 견해가 그의 미래를 결정지었다고 했다.

그녀는 『피터 드러커, 마지막 통찰』에서 "피터의 견해는 1930년대 유럽 경제의 붕괴를 목격하면서 얻은 결과물이었다. 1930년대에 그가 대상으로 쓴 실패와 붕괴는 기업과 정부의 서툰 경영과 직접 연관이 있다고 생각했다. 움직일 수 있는 경제적 엔진이 유럽에 없었기 때문에 히틀러가 권력을 장악하게 되었다고 확신했다."고 썼다.

"파시즘과 공산주의의 등장은 어느 사회에서나 왕성한 기업이 매우 필요하다는 드러커의 생각을 확인시켜주었을 뿐이다. 적절한 경제적 기회가 없는 상태에서 유럽의 대중은 이 사회에서의 존재가 이성과 합리가 아닌 무분별하고 비이성적이며 악한 힘에 의해 좌지우지된다는 것을 처음으로 깨닫게 되었다. 경제적 엔진의 부재가 개인을 고립시키고 대중을 파괴적으로 만든다."라고 그는 기술했다.

드러커가 쓴 첫 2권의 책(나치가 불태운 2권의 소책자는 제외함)은 이러한 주제를 다루었다. 『경제인의 종말』은 드러커가 최초로 쓴 책으로 1939년 봄에 출간되었다. 그 책이 나왔을 때, 특히 첫 책을 낸 작가로서 엄청난 관심을 끌었다. 그 책은 다가올 홀로코스트를 정확하게 예견했다.

처칠은 그 책에 찬사를 아끼지 않았다. 그리고 수상이 된 후 영국 관료 후보학교 졸업생 개개인에게 주는 선물함에 그 책을 넣어주었다(다른 책 하나는 루이스 캐럴의 『이상한 나라의 엘리스』였고, 드러커는 누군가가 유머감각을 가졌다고 말했다).

그 책은 1939년 제2차 세계대전 발발 직전에 출간되었지만, 드러커는 훨씬 이전부터 책을 쓰기 시작했는데 그때는 1933년 히틀러가 권력을 장악한 지 몇 주 후였다. 책이 학계에서 배척당한 과정은 드러커의 경력 전체를 예시하는 듯 했다. 1960년대와 1970년대에 그 책은 학계에서는 무시당했다고 드러커는 말했다. 이유는 그 책이 당시 나치에 대한 두 가지 보편적 견해인 '독일적 현상'이나 '죽어가는 자본주의의 마지막 호흡' 중 어디에도 부합하지 않았서 였다.

오히려 그 책은 나치 독일이란 가장 극단적이고 병적인 발현이고, 스탈린주의도 다를 것이 없으며, 전체주의를 포함한 나치를 유럽적인 병으로 간주했다. 그 책이 배척당한(드러커가 생각하는) 두 번째 이유는, 사회의 중요한 사건을 '사회적' 현상으로 다루었기 때문이다. 이것은 여전히 이설(異說)로 간주되고 있다고 1994년 글에서 밝혔다.

드러커가 쓰게 된 두 번째 책은 『산업인의 미래The Future of Industrial Man』로 GM을 연구하던 시기 이전이고 그의 첫 경영서인 『기업의 개념』이 나오기 전이었다. 그 책에서 드러커는 "산업사회에서 넓은 의미의 기관은 사회적 지위를 부여하는 공동체가 되어야 할 뿐 아니라 운용될 수 있는 기능을 부여하는 사회여야 한다. 기관 스스로가 그렇게 할 수 있는 자체적인 특별한 기관을 가져야 한다. 나는 이러한 기관을 아직 '조직organization'이라고 부르지 않았다."

드러커는 제2차 세계대전 이후까지 아무도 '조직'이라는 단어를 사용하지 않았고 『기업의 개념』에서 자신이 처음 사용했을 것이라고 말했다. 『산업인의 미래』에서 그는 "떠오르는 산업사회는 그 이전 것과는 다르다. 19세기와 20세기 초 사회와는 구조적으로 다르며 다른 도전, 다른 가치, 다른 기회들을 가지고 있다."고 말했다.

이 첫 2권을 통하여 드러커는, 오늘날 우리가 알고 있듯, 현대 경영분야를 발명한 사상가임에 의심의 여지가 없다. 그는 나치즘과 전체주의를 하나의 '사회적' 현상으로 보았다.

『산업인의 미래』에서 드러커는 다가오는 산업사회, 다가오는 조직(아무도 아직 그렇게 부르지 않았지만)을 1800년대 초의 기관과는 매우 다른 것으로 보았다. 그리고 그 비교는 조직의 구조 또는 형태에서 훨씬 앞서 있다. 새로운 조직은 다른 기회들과 다른 가치들을 가지게 될 것이다.

드러커와 인터뷰를 시작한 지 한 시간이 지났을 때 그는 어떻게 기업 경영을 하나의 사회적 조직으로 확립했는지에 대해 말했다. 어느 누구도 그 이전에는 회사를 사회적 조직으로 본 적이 없었다. 그러한 접근은 큰 반향을 불러오지 않았지만 커다란 파급 효과를 가져왔다고 주장했다. 드러커는 만약 처음 2권의 책이 없었다면 『기업의 개념』은 출간되지 않았을 것이라고 말했다. 같은 출판사가 이 책을 출간했는데 그것은 단지 처음 2권의 책이 좋은 성과를 거두었기 때문이었다. 만약 『기업의 개념』이 나오지 않았다면 우리가 알고 있는 경영 발명가인 드러커는 아마 다른 길을 택했을 것이다.

그것은 내가 생각하고 싶지 않은 결과다.

피터 드러커의 협조가 없었다면 이 책은 쓰일 수가 없었을 것이다. 드러커 박사는 내가 무슨 책을 쓰고자 하는지를 알고는, 자기가 할 수 있는 한 무엇이든 돕겠다고 했다. 그리고 자신의 약속을 여러 차례에 걸쳐 지켰다. 나는 그로부터 잊지 못할 큰 신세를 졌다. 또한 그를 가장 위대한 사람으로 기억할 것이다.

처음부터 원고를 읽어준 몇 분이 있다. 어떤 분은 원고를 다듬는데 여러 제안을 주셨고 친절하게도 모든 분이 서면으로 추천서를 보내주셨다. 이 고귀한 분들은 워런 베니스, 필립 코틀러, 로버트 허볼드, 바바라 분드, 잭 젱거, 크리스토퍼 바틀렛 그리고 빌 맥더멋이다. 바쁜 중에도 시간을 내어 원고를 읽고 비평해주신 점에 대해서 이 자리를 빌려 감사드린다.

펭귄의 포트폴리오 팀도 빼놓을 수 없이 감사드린다. 그 팀은 전적으로 포트폴리오의 설립자일 뿐 아니라 나의 편집자(그리고 나의 보스!)인 에이드리언 잭하임이 만들었다. 그리고 출판사에 관해 말씀드리자면, 한 권의 책으로 드러커의 많은 핵심 개념을 정리하면서 드러커의 인간적인 면을 부각시킴으로서 책의 가치를 높여주었다.

코트니 영은 그녀가 하던 대로 뛰어난 편집과 올바른 제안을 해주었다. 또 완벽한 본문디자인을 해준 윌 와이써와 모린 콜, 대니얼 래긴에 감사드린다. 인쇄 작업을 하느라 애쓴 노이린, 영감 있는 표지를 디자인한 조셉 페레즈에게 역시 감사드린다. 또한 내 에이전트인 마가렛 맥브라이드 그리고 그녀의 훌륭한 팀원인 도나 데뷰티스, 페이 에치슨 그리고 앤 밤키에게 감사의 빚을 지고 있다. 이 책은 그분들의 노력 덕분에 훨씬 더 좋은 책이 되었다.

나에게는 이 세상에서 가장 나를 지지하는 가족 아내와 쌍둥이 아들 노아와 조수아가 있다. 왼팔에 한 아이를, 다른 팔로 또 한 아이를 안아주고 있지만 이 아이들은 나에게 글 쓰는 시간을 주었다. 아이들은 나의 인생이며 내가 하는 모든 일에 의미를 준다. 나는 그들과 함께하므로 진정으로 행복하다.

마지막으로, 오늘의 나를 있게 해주신 아버지와 어머니에게 감사드린다.

이 책은 피터 드러커의 협조가 없었다면 완성되지 못했을 것이다. 그가 나에게 응해준 폭넓은 인터뷰에 추가하여 자신이 쓴 책을 어느 것이든(그에 대하여 쓴 모든 책을 포함하여) 모두 인용할 수 있게 해줄 만큼 그는 너그러웠다.

『기업의 개념』에서 『21세기 지식경영』에 이르기까지 그의 말과 지혜는 바로 이 책의 근간을 이루었으며 그렇기에 나는 내 인생 끝날까지 그에게 빚을 지게 되었다. 인용문 중 많은 부분이 2003년 12월 22일 캘리포니아 클레어몬트에 있는 그의 집에서 가졌던 인터뷰에서 직접 나왔다. 몇 개의 다른 인용문은 인터뷰 전후에 주고받은 편지에서 가져왔다. 하지만 많은 양의 드러커 인용문은 아래의 목록처럼 그의 책들에서 발췌했다.

가장 도움이 많이 된 책들 중 『경영의 실제』는 시대를 앞서 1954년 나온 명저로 지금까지 쓰인 책 중 최고다. 다른 2권의 책은 『결과를 위한 경영』과 『목표를 달성하는 경영자』인데, 그의 최고 작품이자 초기에 쓴 글들이다.

『21세기 지식경영』은 드러커의 마지막 작품 중 하나로, 다양한 주요 주제에 대한 그의 통찰력을 보여주고 있다는 점에서 고귀하다.

『피터 드러커의 자서전』은 그의 유일한 회고록으로 그 책의 에필로그에서 훌륭한 내용들을 많이 인용했다.

이 책을 완성함에 있어서 또한 고귀한 다른 기사들과 책들이 있었다. 조사와 연구 그리고 책을 쓰는데 사용된 광범위한 출처들을 아래에서 살펴볼 수 있다. 추가로 가장 많이 도움이 된 몇 권의 출처를 밝힌다.

존 번이 드러커에 대해 썼으며 〈비즈니스위크〉의 커버스토리로 알려진 『경영을 발명한 사람』은 드러커가 타계한 지 며칠 후 출간되었는데 그 책에서 드러커 생애의 마지막 몇 달 간의 그와 그의 생각에 대해 몇 가지 중요하고도 통렬한 사항들을 채워주었다.

엘리자베스 하스 에더샤임의 『피터 드러커, 마지막 통찰』 또한 드러커가 쓴 초기 글과의 차이점을 채워 넣는 데 도움이 되었다(다른 주제들과의 차이를 포함하여).

리치 칼가드Rich Karlgaard가 드러커와 인터뷰한 내용인 『드러커가 말하는 리더십Peter Drucker on Leadership』은 2004년 11월 19일 〈포브스닷컴〉에 게재된 바 있는데, 인터뷰가 있은 지 1년 후 다양한 주제에 대한 드러커의 생각을 전해주었다.

존 미클스웨이트와 에이드리언 울드리지의 『누가 경영을 말하는가?The Witch Doctors: Making Sense of the Management Gurus,』는 대단한 참고 서적이며 뛰어난 인용문들과 배경자료를 제공해주었다.

그 밖에 특별히 도움이 된 책은 다음과 같다.

• 앤디 그로브 『승자의 법칙Only the Paranoid Survive』(1996)

• 클레이튼 크리스텐슨 『혁신기업의 딜레마The Innovator's Dilemma』(1977)

• 래리 보시디와 램 차란 『실행에 집중하라Execution』(2002)

• 존 젠거와 조셉 포크먼 『탁월한 리더는 어떻게 만들어지는가The extraordinary Leader』(2002)

• 마커스 버킹엄과 도널드 클리프턴 『강점혁명Now Discover your Strength』 (2001)

•Beatty, Jack. The World According to Drucker. New York: Free Press, 1998.

•Bezos, Jeff. 1997, 1998, 1999, 2000 Annual letter to Amazon.com shareholders.

•Bossidy, Larry, and Ram Charan. Execution: The Discipline of Getting Things Done. New York: Crown Business, 2002.

•Buckingham, Marcus, and Donald Clifton. New, Discover Your Strengths. New York: Free Press, 2001.

•Byrne, John. "The Man Who Invented Management." BusinessWeek, November 28, 2005.

•Christensen, Clayton. The Innovator's Dilemma: When New Technologies Cause Great Firms to Fail. Cambridge: Harvard Business School Press, 1997.

•Collins, Jim. Good to Great: Why Some Companies Make the leap... and others Don't. New York: Collins, 2001.

•------. From the foreword in The Daily Drucker: 366 Days of Insight and motivation for Getting the Right Things Done. New York: Collins, 2003.

•Colvin, Geoffrey. "Blue Cross Blue Shield." Fortune, October 16, 2006.

•Drucker, Petter F. The End of Economic Man. New York: The john Day Company, 1939. Transaction edition, 1994.

•------. The Future of Industrial Man. New York: The John Day Company, 1942

•------. Concept of the Corporation. New York: The John Day Company, 1946.

•------. The Practice of Management. New York: Harper & Row, 1954(copyright renewed in 1982).

•------. Managing for Results. New York: Harper & Row, 1964.

•------. The Effective Executive. New York: Harper & Row, 1967.

•------. Technology, Management and Society. New York: HarperCollins, 1970.

•------. Management: Tasks, Responsibilities, Practices. New York: Harper & Row. 1974.

•------. The Changing World of Executive. New York: Times Books, Times Books, 1982.

•------. Innovation and Entrepreneurship. New York: HarperCollins, 185.

•------. "The Coming of the New Organization. "Harvard Business Review, January-February, 1988.

•------. Managing the Non-Prifit Organization. New York: Harpercollins, 1990.

•------. Managing for the Future. New York: Plume, 1993.

•------. The Post-Capitalist Society. New York: Harpercollins, 1993.

•------. Adventures of a Bystander. New York: Harpercollins, 1998.

•------. Peter Drucker on the Profession of Management. Cambridge: Harvard University Press, 1998.

•------. Management Challenges for the 21st Century. New York: Collins, 1999.

•------. The Essential Drucker: The Best of sixty Years of Peter

Drucker's Essential Writings on Management. New York: Collins, 2001.

•------. Management in the Next Society. New York: St. Martin's Press, 2002.

•------. Letter to Jeffrey A. Krames, November 14, 2003.

•------. "Clayton Christensen on Peter Drucker." Thought Leader's Forum, Peter F: Drucker Biography, The Peter F: Drucker Fooundation for Nonprofit Organizations.

•Drucker Peter F., and Joseph A. Maciariello. The Effective Executive in Action: A Journal for Getting the Right Things Done. New York: Collins, 2005.

•Edersheim, Elizabeth Haas. The Definitive Drucker. New York: McGraw-Hill, 2007.

•Grove,, Andrew S. Only the Paranoid Survive. New York: Doubleday Currenc, 1996.

•------. "And Grove on Intel." Upside, October 12, 1997.

•------. Academy of Management speech, San Diego, California, August 9, 1998.

•------. Interview with John Heilemann. Wired Magazine, June, 2001.

Humby, Clive, Terry Hunt, and Tim Phillips. Scoring Points: How

•Tesco Continues to Win Customer Loyalty. London: Kogan Page, 2007.

•Karlgaard, Rich. Peter Drucker interview Rich Karlgaard, "Peter Drucker on Leadership. "Forbes.com, November 19, 2004.

•Kennedy, Carol. Guide to the Management Gurus. Lomdon: Random Hours, UK, fifth edition, 1991.

•Krames, Jeffrey A. What the Best CEOs Know. New York: MeGraw-

Hill, 2003.

•Lafley, A. G., from the Foreword, in Edersheim, The Definitive Drucker.

•Magee, David. How Toyota Became #1. New York: Portfolio, 2007.

•Micklethwait, John, and Wooldridge, Adrian. The Witch Doctors: Making Sense of the Management Gurus. New York: Times Books, 1997.

•Montgomery, David. Full of the House of Labor. Boston: Cambridge University Press, 1989.

•O'Toole, James. Leadership A to Z: A Guide for the Appropriately Ambitions. New York: Jossey-Bass, 1999.

•Rothschild, William E. The Secret to GE's Success. New York: McGrawHill, 2007.

•Spector, Robert. Amazon.com: Get Big Fast. New York: HarperBusiness, 2000.

•Tichy, Noel M., and Stratford Sherman. Control Your Destiny or Someone Else Will. New York: Doubleday Currency, 1993.

•Watson, Thomas J. Father, Son & Company: My Life at IBM and Beyond. New York: Bantam books, 1991.

•Welch, Jack. Jack: Straight from the Gut. Mew York: Warner Books, 2001.

•Zenger, John H. HR.com Webcast, July 1, 2005.

•Zenger, John H., and Joseph Folkman. The Extraordinary Leader: Turning Good Managers into Great Leaders. New York: McGraw-Hill, 2002.

마지막 인터뷰

한 권으로 읽는 피터 드러커 일생의 통찰

지은이 제프리 크레임스
옮긴이 장진원

이 책의 편집과 교정은 최효원, 출력과 인쇄 및 제본은 꽃피는 청춘의 임형준이, 종이 공급은 대현지류의 이병로가 진행해 주셨습니다. 이 책의 성공적인 발행을 위해 애써주신 다른 모든 분들께도 감사드립니다. 티움출판의 발행인은 장인형입니다.

초판 1쇄 인쇄 2016년 12월 22일
초판 1쇄 발행 2016년 12월 30일

펴낸 곳 티움출판
출판등록 제313-2010-141호
주소 서울특별시 마포구 월드컵북로4길 77, 353
전화 02-6409-9585
팩스 0505-508-0248
홈페이지 www.tiumbooks.com

ISBN 978-89-98171-31-5 03320

잘못된 책은 구입한 곳에서 바꾸실 수 있습니다.

티움은 책을 사랑하는 독자, 콘텐츠 창조자, 제작과 유통에 참여하고 있는 모든 파트너들과 함께 성장합니다.